MANEIRAS DE ENCONTRAR A PAZ E A FELICIDADE

Vencendo a Ansiedade, o Medo e o Descontentamento Todos os Dias

MANEIRAS DE ENCONTRAR
A PAZ E A FELICIDADE

JOYCE MEYER

MANEIRAS DE ENCONTRAR
A PAZ E A FELICIDADE

Vencendo a Ansiedade, o Medo e o Descontentamento Todos os Dias

Belo Horizonte

Edição publicada mediante acordo com FaithWords, New York, New York. Todos os direitos reservados.

Diretor
Lester Bello

Autora
Joyce Meyer

Título Original
21 Ways to Finding Peace and Happiness

Tradução
Maria Lucia Godde / Idiomas & Cia

Revisão
Idiomas & Cia / Silvia Calmon / Ana Lacerda
/Elizabeth Jany

Diagramação
Julio Fado
Ronald Machado (Direção de arte)

Design capa (adaptação)
Fernando Duarte
Ronald Machado (Direção de arte)

Impressão e Acabamento
Promove Artes Gráficas

BELLO
PUBLICAÇÕES

Av. Silviano Brandão, 1702
Horto - CEP 31.015-015
Belo Horizonte/MG - Brasil
contato@bellopublicacoes.com
www.bellopublicacoes.com.br

© 2007 por Joyce Meyer
Copyright desta edição
FaithWords
Hachette Book Group
New York, NY

Publicado pela
Bello Comércio e Publicações Ltda-ME
com a devida autorização de
Hachette Book Group e todos
os direitos reservados.

Primeira edição — Maio de 2012
2ª Reimpressão — Setembro de 2014

Todos os direitos reservados. Nenhuma parte desta publicação poderá ser reproduzida, distribuída ou transmitida sob qualquer forma ou meio, ou armazenada em base de dados ou sistema de recuperação, sem a autorização prévia por escrito da editora.

Exceto em caso de indicação em contrário, todas as citações bíblicas foram extraídas da Bíblia Sagrada Nova Versão Internacional (NVI), 2000, Editora Vida. Outras versões utilizadas: ARA (Almeida Revista e Atualizada, SBB) e ARF (Almeida Revista Fiel, Sociedade Bíblica Trinitariana do Brasil). As seguintes versões foram traduzidas livremente do idioma inglês em função da inexistência de tradução no idioma português: AMP (*Amplified Bible*), TM (*The Message*) e KJV (*King James Version*, Trechos do Antigo Testamento). Todos os itálicos e negritos nos versículos são da autora e não constam no original.

CIP-BRASIL. CATALOGAÇÃO NA FONTE

Meyer, Joyce
M612   21 maneiras de encontrar a paz e a felicidade:
vencendo a ansiedade, o medo e o descontentamento
todos os dias / Joyce Meyer; tradução de Maria Lúcia
Goode / Idiomas & Cia. – Belo Horizonte: Bello
Publicações, 2014.
296p.

Título original: 21 ways to finding peace and
happiness.

ISBN: 978-85-61721-86-2

1. Auto-ajuda - Aspectos religiosos. I. Título.

CDD: 158.1   CDU: 159.942

SUMÁRIO

Introdução   **7**

Parte I
FIQUE EM PAZ COM DEUS   **11**

Mantenedor da Paz N° 1	Confie no Senhor da Paz	**13**
Mantenedor da Paz N° 2	Promova a Paz Por Meio de uma Vontade Rendida a Deus	**21**
Mantenedor da Paz N° 3	Conheça Seu Inimigo	**36**
Mantenedor da Paz N° 4	Não se Preocupe com o Futuro	**52**
Mantenedor da Paz N° 5	Não Tenha uma Mente Dividida	**72**
Mantenedor da Paz N° 6	Fique Sobrenaturalmente Relaxado	**86**
Mantenedor da Paz N° 7	Evite as Contendas para Manter a Paz com Deus	**95**

Parte II
FIQUE EM PAZ CONSIGO MESMO   **107**

Mantenedor da Paz N° 8	Pare de Correr	**109**
Mantenedor da Paz N° 9	Aceite-se	**126**
Mantenedor da Paz N° 10	Concentre-se nos Seus Pontos Fortes e Exclusivos	**135**
Mantenedor da Paz N° 11	Mantenha Suas Prioridades em Ordem	**147**
Mantenedor da Paz N° 12	Proteja Sua Saúde	**157**
Mantenedor da Paz N° 13	Evite a Pressão Financeira	**175**
Mantenedor da Paz N° 14	Mantenha o Seu Pensamento Acima das Tempestades da Vida	**193**

Parte III
FIQUE EM PAZ COM OS OUTROS

215

Mantenedor da Paz Nº 15	Considere os Outros Superiores a Você	**217**
Mantenedor da Paz Nº 16	Adapte-se às Necessidades dos Outros	**232**
Mantenedor da Paz Nº 17	Cuidado com as Conversas Fúteis	**243**
Mantenedor da Paz Nº 18	Estabeleça Limites para as Pessoas	**250**
Mantenedor da Paz Nº 19	Esqueça as Ofensas	**265**
Mantenedor da Paz Nº 20	Mantenha uma Vida Interior Tranquila	**274**
Mantenedor da Paz Nº 21	Busque a Paz com Determinação	**285**

Sobre a Autora

295

INTRODUÇÃO

Durante os primeiros quarenta anos de minha vida, vivi sem a bênção e o benefício da paz e, por isso, posso dizer por experiência própria que a vida sem paz é *muito infeliz*. Não é possível desfrutar a vida se primeiramente não temos paz. Sem ela, vivemos em confusão — sempre preocupados, ansiosos e angustiados com alguma coisa.

Cheguei a um ponto da minha vida em que eu tinha tanta fome de paz que estava disposta a fazer todas as mudanças necessárias para alcançá-la. Como resultado dessa decisão e do investimento que fiz durante os anos seguintes, hoje tenho uma vida de paz que ultrapassa a compreensão. Em outras palavras, tenho paz *durante* as tempestades da vida e não apenas quando elas cessam. Não estou dizendo que cheguei a um ponto de perfeição na minha busca por paz, mas progredi muito. Como o apóstolo Paulo disse em Filipenses 3:12, ainda não cheguei lá, mas prossigo para o alvo.

Houve momentos em minha vida em que eu conseguia me sentir em paz: era quando tudo estava correndo do jeito que eu queria; mas como isso raramente acontecia, eu raramente tinha paz. Agora aprendi a mudar o que posso mudar, a aceitar o que não posso mudar, e a estar constantemente buscando sabedoria para saber distinguir a diferença entre os dois. O que posso fazer faço com a ajuda de Deus; o que não posso fazer, entrego-lhe para que Ele possa trabalhar. Isto me deixa livre para desfrutar a vida.

Uma vida de frustração e luta — uma vida sem paz — é o resultado de tentarmos fazer alguma coisa a respeito de algo sobre o qual não podemos fazer nada. O apóstolo Paulo disse: "Não andem ansiosos por coisa alguma, mas em tudo, pela oração e súplicas, e com ação de graças, apresentem seus pedidos a Deus. E a paz de Deus, que excede todo o entendimento, guardará os seus corações e as suas mentes em Cristo Jesus" (Filipenses 4:6-7).

Quando percebemos que estamos enfrentando dificuldades e nos sentimos angustiados por isso, precisamos começar a orar e entregar essa situação imediatamente a Deus. Você e eu não fomos chamados para uma vida de frustração e de dificuldades. Jesus veio para que pudéssemos ter justiça, paz e alegria (ver Romanos 14:17). Ele disse: "O ladrão vem apenas para furtar, matar e destruir; eu vim para que tenham vida, e a tenham plenamente" (João 10:10). A Palavra nos ensina a "buscar a paz (a harmonia, o destemor diante dos medos, das paixões inquietantes e dos conflitos morais) e a buscá-la avidamente [Não apenas *desejar* ter relações pacíficas com Deus, com os seus irmãos e consigo mesmo, mas *buscá-las e persegui-las!*]" (1 Pedro 3:11, AMP, itálicos da autora).

Simplesmente desejar ter relações pacíficas não basta. Devemos buscar a paz com Deus, a paz com nós mesmos, e a paz com o nosso próximo. Neste livro, vou compartilhar com você muitas coisas dentro dessas três áreas de relacionamentos que precisam mudar para que tenhamos paz.

Se você deseja sinceramente ter uma vida de paz, precisa estar disposto a mudar também. A paz não acontece espontaneamente; é preciso buscá-la, persegui-la e correr atrás dela. Andar em paz deve ser uma prioridade, do contrário não faremos o esforço necessário para vê-la acontecer. Passei anos orando para que Deus me *desse* paz e finalmente entendi que Ele já havia me dado paz, mas seria necessário eu me *apropriar* dela.

Jesus disse em João 14:27: "Deixo-lhes a paz; a minha paz lhes dou. Não a dou como o mundo a dá. Não se perturbem os seus corações, nem tenham medo." Faremos referência a esse versículo muitas vezes ao longo deste estudo.

Podemos ver que Jesus já nos deu paz, então agora precisamos agir e parar de reagir às circunstâncias desagradáveis ficando angustiados. Ficar assim não muda nada, mas certamente nos faz sentir infelizes e faz com que também deixemos as pessoas que nos cercam infelizes.

Jesus fez a afirmação registrada em João 14:27 depois de Sua morte e ressurreição e antes de Sua ascensão ao céu. Ele poderia ter ensinado muitas outras coisas aos Seus discípulos, mas escolheu falar sobre a paz.

Este fato por si só me faz pensar no quanto é importante ter paz. Que tragédia seria se passássemos a nossa vida sem paz quando ela estava disponível o tempo todo.

Algumas pessoas não têm paz com Deus porque não nasceram de novo e precisam confiar em Jesus Cristo para ser o seu Salvador. Mas algumas, até mesmo cristãs, ainda têm falta de paz porque simplesmente não responderam à direção do Espírito Santo para fazer o que é certo. Elas não têm paz porque estão vivendo em desobediência ou criaram ao longo dos anos o mau hábito de se preocupar. Outras não têm paz porque estão zangadas com Deus. Talvez tenham orado por algo que não aconteceu. Talvez alguém que amavam morreu, e não entendem o porquê. Talvez estivessem orando por uma cura que não aconteceu.

Há muitas, realmente muitas razões pelas quais as pessoas não confiam em Deus, mas para desfrutar a paz precisamos aprender a confiar nele em todas as coisas. Precisamos confiar que Deus é total e completamente justo, isso significa que Ele sempre transformará as coisas ruins em coisas boas se continuarmos a depender Dele. A Bíblia diz que conhecemos "em parte". Creio que Deus tem um plano para cada um de nós. Ele é perfeito; Deus nunca faz nada errado. Às vezes ficamos infelizes por não *confiarmos* nele o suficiente.

Nós sempre queremos que Deus transforme as nossas circunstâncias, mas Ele está mais interessado em nos transformar do que em transformar a nossa situação. Muitas pessoas têm fé para pedir a Deus para libertá-las *de* alguma coisa, mas não têm fé suficiente para lhe pedir ajuda para *enfrentar* alguma coisa.

Jó disse: "Embora Ele me mate, ainda assim esperarei nele" (ver Jó 13:15). Se pedimos algo a Deus e não o obtemos, precisamos acreditar que Deus sabe mais do que nós. Precisamos confiar em Deus para realizar algo além do que vemos e além do que sabemos. Não podemos ter paz sem esse tipo de confiança em Deus.

Temos a tendência de pensar que as pessoas de maior fé são aquelas que experimentam milagres. Eu mesma não estou certa disso. Fazemos um grande alarde dos milagres quando eles acontecem. Pensamos: *Ah, que fé enorme eles têm! Eles conseguiram um milagre.* Mas acho que aqueles que têm mais fé são os que *mantêm a sua paz* mesmo quando não conseguem ver os milagres que desejariam ver. Em minha opinião, a maior fé está naqueles que têm de seguir em frente e decidem amar a Deus de qualquer forma. Pessoas que ao pedir não conseguem tudo, e talvez não entendam por que não conseguem, mas continuam a amar e a louvar a Deus, essas sim estão realmente confiando em Deus. Elas continuam na igreja, entregam seus dízimos e ofertas, e permanecem cheias de paz. Isto sim, em minha opinião, é uma fé notável.

Tomé queria provas de que Jesus havia realmente ressuscitado dos mortos. Ele disse que nunca acreditaria a não ser que pudesse ver nas mãos de Jesus as marcas feitas pelos cravos e realmente colocar os dedos nas marcas e a mão no lado de Jesus. Jesus permitiu que Tomé fizesse isso, mas lhe disse que aqueles que acreditavam sem precisar ver eram abençoados, felizes e dignos de admiração (ver João 20:24-29).

Todos nós, ao termos uma necessidade, gostaríamos de sempre experimentar uma reviravolta em nossa vida por meio de um milagre, mas deveríamos ter fé suficiente para permanecer no caminho certo caso Deus escolha nos levar por uma estrada mais longa e difícil.

Se você está pronto a fazer o que for preciso para desfrutar uma vida de paz, este livro é para você. Não posso lhe prometer que todas as circunstâncias desagradáveis que o cercam mudarão. Entretanto acredito sinceramente que você pode ter paz para desfrutar a vida independentemente de quais sejam as circunstâncias, basta estar disposto a aprender a reagir às pessoas e às situações como Jesus reagia.

Oro para que o Espírito Santo ilumine você e lhe conceda revelação à medida que prosseguir em direção a uma vida de paz. Este livro inclui 21 maneiras pelas quais você pode fazer isso. Mesmo depois de ter terminado a leitura, sugiro que você volte a lê-lo com frequência para lembrar a si mesmo os princípios da paz. Se você descobrir que está voltando aos seus velhos caminhos (algo que fazemos ocasionalmente), volte e releia os princípios e veja onde começou a reincidir no erro. Oro para que este seja um daqueles livros que você pode usar pelo resto de sua vida para ajudá-lo a manter a sua paz, pois acredito que ela é um dos benefícios e uma das bênçãos mais importantes que Deus nos deu.

Parte I

Fique em Paz com Deus

Tendo sido, pois, justificados (absolvidos, declarados justos e tendo recebido uma posição reta diante de Deus) pela fé, temos a paz da reconciliação para desfrutar paz com Deus, por nosso Senhor Jesus Cristo (o Messias, o Ungido).

— APÓSTOLO PAULO, Romanos 5:1 AMP

Mantenedor da Paz Nº 1

CONFIE NO SENHOR DA PAZ

Deus quer que desfrutemos a vida e contemplemos dias felizes. Na verdade, a Palavra de Deus nos diz para *buscarmos* a paz, e para a buscarmos com empenho (ver 1 Pedro 3:11). Não devemos apenas desejar ter relações pacíficas com Deus, com o nosso próximo e com nós mesmos, mas devemos perseguir e correr atrás de relacionamentos pacíficos!

A primeira maneira de encontrar a paz é aprendendo a confiar em Deus através de um relacionamento com Jesus Cristo. Jesus é o Príncipe da Paz. Não podemos ter paz com Deus, com as pessoas ou com nós mesmos sem Seu senhorio em nossas vidas. A Bíblia diz que Jesus é a nossa sabedoria vinda de Deus (ver 1 Coríntios 1:30). A Sua Palavra nos ensina como viver adequadamente. Ele não apenas nos dá sabedoria — Ele *é* a nossa sabedoria. Confiando no Príncipe da Paz e tendo um relacionamento pessoal com Ele, nós realmente temos a sabedoria da presença de Deus habitando dentro de nós.

Se nos aquietássemos por tempo suficiente para deixarmos essa sabedoria nos alcançar e ministrar a nossa mente, não cometeríamos tantas tolices. Muitas vezes, reagimos através das nossas emoções e não damos ouvido à voz da sabedoria que está em nosso coração. Temos a tendência de tomar decisões de acordo com os nossos pensamentos e não com o nosso discernimento e com o que o Espírito Santo está colocando em nossos corações. Consequentemente, acabamos arrumando problemas.

Creio que Jesus é tudo de que precisamos em qualquer situação. Ele é suficiente para suprir a necessidade para cada circunstância que possamos enfrentar. Então, precisamos certamente aprender a nos achegarmos a Ele para receber muito mais do que apenas salvação ou uma entrada para o céu. Precisamos recebê-lo como sendo tudo para nós nesta vida, inclusive como nosso Príncipe da Paz.

Jesus Governa Nossas Vidas

Isaías 9:6-7 diz: "Porque um menino nos nasceu, um filho nos foi dado, e o governo está sobre os seus ombros. E ele será chamado Maravilhoso Conselheiro Deus Poderoso, Pai Eterno, Príncipe da Paz. *Ele estenderá o seu domínio, e haverá paz sem fim...*" (itálicos da autora).

O governo que está sobre os ombros de Jesus não é político; o versículo se refere ao governo das nossas vidas. Nós não devemos governar a nossa própria vida. Na verdade, não somos capazes nem estamos qualificados para governá-la. Nenhum de nós é inteligente o suficiente para saber o que é melhor. É por isso que devemos ser gratos a Deus por Sua interferência.

Gosto da promessa de que Ele estenderá o Seu governo e haverá paz sem fim. Quanto mais o Seu governo aumentar em minha vida (quanto mais Ele governar minha vida, meus pensamentos, minhas conversas, minhas decisões e meus atos), mais paz eu terei.

A paz não vem do sucesso, do dinheiro, das promoções ou de nos sentirmos bem com tudo em nossa vida. Encontramos paz no reino de Deus, que é justiça, paz e alegria dentro de nós. Estar bem com Deus, saber que estamos bem com Deus, e fazer a coisa certa por sabermos quem somos em Cristo é um processo, mas ele nos leva à paz, e a paz nos leva à alegria.

E se não temos justiça, paz e alegria, significa que não estamos desfrutando o Reino de Deus como deveríamos. Às vezes precisamos "tirar férias" de todas as outras coisas que procuramos e no lugar disso buscar o Reino de Deus. Mateus 6:33 diz: "Busquem, pois, em primeiro lugar o Reino de Deus e a sua justiça, e *todas essas coisas* lhes serão acrescentadas" (itálicos da autora).

Nós trabalhamos, nos esforçamos e lutamos por "todas essas coisas" como alimento, roupas e posição na sociedade. Mas deveríamos sim estar buscando o Reino de Deus; deveríamos buscar Jesus e o Seu governo para as nossas vidas. Colossenses 1:10 diz: "... que vocês vivam de maneira digna do Senhor e em tudo possam agradá-lo".

SEJA UM DISCÍPULO DE JESUS

Jesus disse: "Se alguém quiser acompanhar-me, negue-se a si mesmo, tome a sua cruz e siga-me" (Marcos 8:34). Se quisermos ter paz, precisamos parar de seguir outras vozes; precisamos ser pessoas que agradam a Deus, e não a homens, e devemos escolher seguir Jesus diariamente.

Durante muitos anos, estive em uma igreja onde recebi um excelente fundamento no que diz respeito à salvação, mas nunca aprendi muito além disso. Tinha muitos problemas em minha vida, mas não estava tendo vitória sobre nenhum deles. Com certeza eu não sabia como buscar ou perseguir a paz. Satanás me distraía me envolvendo em muitas atividades que não produziam bons frutos em minha vida.

Ninguém me ensinou a estudar sozinha a Palavra de Deus, e como eu não a conhecia, não estava ciente dos muitos enganos que podem desencaminhar as pessoas de maneira brutal. Por exemplo, antes de dar início ao meu ministério, eu trabalhava em um escritório onde uma colega de trabalho estudava astrologia. Naquela época, as coisas que ela dizia pareciam fazer sentido (porque eu não tinha conhecimento da Palavra de Deus sobre esse assunto). Ela acreditava que a posição dos planetas e estrelas dirigia sua vida. Dizia inclusive que havia até um momento ideal para se cortar o cabelo a fim de obtermos um melhor resultado.

Hoje, é fácil obter conselhos de videntes, de cartomantes que leem cartas de tarô, de feiticeiros e de pessoas experientes em adivinhação que gostariam de poder governar a vida dos outros. Eles podem dar informações que parecem fazer sentido, mas não produzirão uma paz duradoura na vida de ninguém. Quando olho para trás, para aquele período da minha vida cristã, sinto-me triste ao dizer que ninguém na minha igreja me aconselhava a não seguir aquelas vozes do engano; ninguém me avisou que a Bíblia diz claramente que aqueles que praticam esse tipo de coisa não entrarão no Reino dos céus (Apocalipse 21:8). Devemos seguir a Deus, e não os médiuns, os astrólogos, os videntes, as cartomantes que leem cartas de tarô, ou qualquer coisa do gênero. A Palavra de Deus na verdade diz que essas coisas são abominação para Ele. Para desfrutar a paz, precisamos ser guiados pelo Senhor da Paz.

Ser um discípulo de Jesus significa estudar Seus ensinamentos, imitar Sua vida e analisar corretamente a Palavra da Verdade (ver 2 Timóteo 2:15). Assim teremos o poder de Deus para viver nossas vidas bem se dedicarmos nossa atenção à Palavra de Deus e permitirmos que Jesus nos transforme seguindo a paz que só Ele pode dar.

A paz é nossa herança da parte de Jesus, mas para tê-la precisamos escolher segui-lo diariamente. Colossenses 3:15 nos ensina que a paz deve ser o "árbitro" em nossas vidas, resolvendo cada questão que exija de nós uma decisão. Para adquirir e manter a paz em nossos corações, nós provavelmente teremos de aprender a dizer não a algumas coisas.

Por exemplo, se não sentimos paz com relação a alguma coisa, nunca devemos seguir em frente e praticá-la. E se não sentimos paz *enquanto* fazemos algo, então não devemos esperar sentir paz quando *acabarmos* de fazê-lo. Muitas pessoas se casam com alguém mesmo não sentindo paz com relação a isso, e depois se perguntam por que não têm paz no casamento. Outras compram coisas dispendiosas que não sentiram paz em comprar, e depois continuam perdendo a paz todo mês quando precisam pagar por elas.

Quero repetir o texto que usei anteriormente porque ele é vital para vivermos bem nossas vidas. Colossenses 3:15 diz que a paz de Cristo "governe (atue como um árbitro continuamente)" em nossos corações. A presença da paz ajuda nossa mente a tomar decisões com determinação sobre todas as questões que surgirem. Se você deixar que a Palavra de Deus habite no seu coração e na sua mente, ela lhe dará percepção, inteligência e sabedoria (ver v. 16); você não precisará se perguntar: *Devo ou não devo? Não sei se isto é certo. Não sei o que fazer.* Se você é um discípulo de Cristo, Ele o chamou para seguir a paz.

Meu marido Dave e eu estávamos tentando tomar uma decisão sobre uma compra grande que precisávamos fazer. Chamamos alguns membros da diretoria do nosso ministério e apresentamos essa necessidade a eles, perguntando: "O que vocês acham?" Todos eles deram a sua opinião, mas enquanto eu os ouvia, de repente percebi que não sentia paz para seguir em frente com o plano. Aprendemos por experiência própria a esperar se não sentimos paz com relação a alguma decisão. Todos concordaram em esperar em Deus para que Ele desse paz a todos antes de prosseguirmos.

Recentemente saí para fazer compras e fui a uma loja de roupas infantis. Não ia àquela loja havia pelo menos um ano. Vi alguns artigos que considerei perfeitos para duas de minhas netas. Eram pequenas saias cor-de-rosa com corações de zircônio. Era Dia dos Namorados e queria dar alguma coisa a elas, então liguei para minha filha para saber o tamanho que elas vestiam antes de fazer a compra.

Ela disse: "Não posso acreditar! Estive nessa loja ontem à noite procurando exatamente por essas saias, mas não senti paz em gastar nenhum dinheiro. Eu realmente queria comprá-las para as meninas, mas senti que precisava honrar a Deus não fazendo algo a respeito do qual eu não sentia paz". Então ela disse: "Mamãe, creio que Deus está me abençoando porque eu o obedeci". Minha filha ficou muito contente.

Deixar que suas filhas ganhassem as saias de presente era muito mais legal do que comprá-las. Se ela tivesse desobedecido ao sentimento que teve em seu coração e feito o que não sentia paz em fazer, minha filha provavelmente ficaria desconfortável em seu espírito, talvez até infeliz. Ambas fizemos parte de um milagre porque ela escolheu seguir a paz!

Seguir o Senhor da paz pode significar que você tenha de fazer alguns ajustes em sua vida. Talvez você não possa fazer tudo que seus amigos fazem. Talvez não possa comprar tudo o que quer. Talvez não possa ter algo só porque uma amiga, uma irmã ou um irmão tem. Talvez você precise esperar. Mas acredito que a paz é a coisa mais importante e mais valiosa que podemos ter. Se a seguirmos, por fim teremos vidas santas e poderemos desfrutá-las de forma completa.

Muitas pessoas não conseguem ouvir a voz de Deus porque há um excesso de tumulto em suas vidas. O interior delas é como uma rua na hora do *rush*. Elas literalmente não sabem como viver em paz; é como se fossem viciadas em confusão. Mantêm tudo ao seu redor em constante agitação, aparentemente de propósito. Na verdade, elas se sentem confortáveis vivendo em um estado de caos. Isso passou a ser o seu estado normal, muito embora na economia de Deus isso não seja nem um pouco normal.

Pode parecer estranho, mas quando comecei a aprender a ter paz eu me sentia entediada no começo! Estava tão acostumada a ter sempre algo mais acontecendo em minha vida que o tempo todo me perguntava: *O que devo fazer comigo mesma?* Romanos 3:17 diz: "E não conhecem o caminho da paz". Esse versículo descreve como era a minha vida. Eu não tinha nenhuma experiência em desfrutar de uma vida pacífica e nem sequer sabia por onde começar. Havia crescido em uma atmosfera de conflitos, e era só isso que eu conhecia. Precisei aprender uma maneira completamente nova de viver.

Mas agora sou viciada em paz. Assim que minha paz desaparece, pergunto a mim mesma como foi que a perdi e começo a procurar uma maneira de recuperá-la. Creio que enquanto ler este livro, você ficará tão faminto por ter paz com Deus, paz consigo mesmo e paz com os outros que estará disposto a fazer os ajustes necessários para tê-la. Também creio que você começará a seguir a paz em todo o tempo, porque a paz o levará à perfeita vontade de Deus.

Jesus disse que se o seguirmos, Ele nos dará paz (gratuitamente). Na verdade, Ele disse que nos deixará como herança a Sua própria paz (ver João 14:27).

O EVANGELHO DE JESUS TRAZ PAZ

Quero ver as pessoas amando a Palavra de Deus e colocando-a em primeiro lugar em suas vidas. Creio que há uma unção sobre a Palavra; ela possui um poder intrínseco que efetua mudanças positivas em nós. A Palavra de Deus é a verdade, e João 8:32 diz: "E conhecereis a Verdade, e a Verdade vos libertará" (ARA). Quando seguimos a verdade ela nos liberta da confusão e nos conduz a uma vida de paz.

O evangelho da salvação por meio de Jesus torna a paz disponível a nós em todas as áreas de nossa vida. 1 Coríntios 1:21 diz que a partir do momento em que as pessoas deixaram de encontrar Deus através da sabedoria terrena ou por meio da sua própria filosofia, Deus as salvou mediante a pregação da salvação "adquirida por Cristo". A Concordância Bíblica de Strong diz que a palavra grega traduzida como "salvar" nesse versículo é *sozo*, que significa Deus "liberta, protege, cura, preserva, salva e torna são" aqueles que creem, confiam nele e dependem Dele.

Teremos paz em nossa vida quando pararmos de tentar fazer tantas coisas por nós mesmos e simplesmente dependermos de Deus para nos libertar, proteger, curar e salvar, como Ele quer fazer.

E Deus sempre nos conduzirá à paz nos nossos relacionamentos. Efésios 2:14 é uma passagem bíblica poderosa que diz: "Pois ele é a nossa paz (o nosso vínculo de unidade e harmonia). Ele de ambos [judeus e gentios] fez um [corpo] e destruiu (derrubou, aboliu) a barreira, o muro de inimizade entre nós" (AMP). Onde não há unidade nem harmonia, o próprio Deus derrubará e abolirá os muros que separam as pessoas. Ele derrubou muros entre as classes sociais. Ele torna iguais aqueles que têm educação superior e aqueles sem qualquer educação. Para Ele, uma pessoa que tem muito dinheiro não é melhor do que alguém que não tem dinheiro. O pregador não é melhor do que o faxineiro.

O Senhor ama cada um de nós incondicionalmente. A mão de Deus criou de forma singular e projetou pessoalmente cada um de nós, mas isso não significa que não precisamos de uma lixa para aparar nossas arestas ou de polimento para podermos brilhar. Todos nós precisamos mudar e crescer, mas ainda podemos ficar em paz com quem somos sem nos compararmos com outras pessoas. Podemos parar de pensar que somos imperfeitos por não sermos iguais a ninguém que conhecemos. Precisamos ter paz com nós mesmos antes de podermos ter paz com os outros.

Creio que Deus quer que você tenha paz a respeito do momento em que você se encontra com relação ao seu crescimento espiritual e entenda que não ficará assim para sempre. Qualquer pessoa que buscar a Deus regularmente estará sempre mudando, mas podemos apreciar o momento que estamos vivendo enquanto estamos a caminho do lugar para onde estamos indo.

No próximo capítulo, compartilharei mais detalhes sobre como podemos render a nossa vontade à direção de Deus. Ele não quer que esperemos para ter paz somente depois de conquistarmos todas as coisas que queremos e desejamos ou que consideramos necessárias para nossa vida. Ele não quer que sintamos ciúmes ou inveja das pessoas por possuírem o que queremos e não temos ou daqueles que podem fazer algo que nós não podemos fazer. Deus quer nos provar que Ele *é* a nossa paz.

Deus tem um plano individualizado e feito sob medida para a sua vida. No momento em que você confiar nele, Ele fará com que esse plano se concretize no tempo Dele, não no seu. Esperar o plano e o tempo de Deus é sábio porque os caminhos Dele são sempre melhores. Ele é o Senhor da paz, e à medida que você render o seu coração e a sua vida a Ele, experimentará a paz que excede todo entendimento.

Mantenedor da Paz Nº 2

PROMOVA A PAZ POR MEIO DE UMA VONTADE RENDIDA A DEUS

O apóstolo Pedro desafiou os crentes a encontrarem "todo tipo de paz e bênção, principalmente a paz com Deus, e a libertação dos medos, das paixões inquietantes e dos conflitos morais" (1 Pedro 5:14, AMP). Render a nossa vontade a fim de manter a concordância com Deus é a base de toda a paz em nossa vida. Deus tem um bom plano para cada um de nós, mas quando vamos contra a Sua vontade buscando nossos próprios desejos, tudo fica tumultuado, confuso e não temos paz. Deus é a fonte de toda a paz, e é lógico que Ele não liberará a paz para nós se não estivermos seguindo os Seus caminhos e não os nossos. Deus deseja que vivamos livres dos medos e das paixões inquietantes, e não quer que sejamos cativos de qualquer tipo de imoralidade.

A Bíblia ensina que a vontade de Deus nos guiará por meio da presença da paz. Mais uma vez a paz é o árbitro em nossa vida e nos faz saber se estamos dentro da vontade de Deus ou fora dela. Faça a si mesmo a seguinte pergunta, e seja sincero na resposta: você está fazendo o melhor possível para andar dentro daquilo que sabe ser a vontade de

Deus, ou existem áreas da sua vida nas quais sabe que não está obedecendo a Ele?

Você não terá paz se Deus estiver puxando para uma direção e você para outra; você se sentirá como se estivesse sendo dividido ao meio. Deus não nos obrigar a fazer o que é certo. Ele nos mostra o que fazer, mas deixa a escolha por nossa conta. Se fizermos as escolhas certas, colheremos bons resultados com os quais poderemos ser felizes; se fizermos as escolhas erradas, só teremos decepções. Muitas pessoas querem que suas vidas mudem, mas não querem fazer o que Deus está lhes mostrando. Se realmente levamos a sério o desejo de mudar, precisamos seguir a direção Deus, independentemente do quanto seja difícil.

Carnalidade e Deus não se misturam bem. Fomos chamados para andar no Espírito, para sermos guiados e controlados de bom grado pelo Espírito Santo, que nos guiará, de forma a fazermos escolhas que produzem e mantêm a mais perfeita paz.

Lemos no livro de Jonas como Deus disse ao profeta para ir a Nínive e pregar arrependimento para o povo da cidade. Mas Jonas não queria fazer isso, então foi para Társis, que geograficamente fica na exata direção oposta a Nínive. Mas fugir de Deus não nos ajuda a estar em paz com Ele.

O que acontece quando caminhamos na direção oposta àquela que Deus nos apontou? O que aconteceu com Jonas? Quando ele embarcou em um navio e seguiu a sua própria direção, uma tempestade se levantou. Muitas das tempestades que enfrentamos na vida são o resultado da nossa própria teimosia, e nada mais. Podemos tentar colocar a culpa em outras coisas e em outras pessoas, mas a verdade é que em muitos casos, fomos desobedientes à voz e à liderança de Deus.

A violenta tempestade que veio sobre Jonas assustou os homens a bordo do navio, e eles sabiam que se alguma coisa não mudasse, todos morreriam. Eles tiraram a sorte para ver quem estava causando o problema e a sorte caiu sobre Jonas. Eles perguntaram a Jonas o que ele havia feito para deixar Deus tão irado. Ele sabia que havia desobedecido a Deus, então disse aos homens para lançá-lo para fora do navio e assim livrá-los do perigo. Eles fizeram conforme o pedido dele; a tempestade cessou, e um grande peixe engoliu Jonas. Da barriga do peixe (um lugar nada agradável), ele clamou a Deus por libertação e se arrependeu de sua teimosia.

O peixe vomitou Jonas na terra seca, e no capítulo 3 do livro, versículo 1, vemos que a palavra do Senhor veio ao profeta pela segunda vez, e não foi diferente da primeira: Deus lhe disse para ir a Nínive e pregar para o povo de lá.

Por mais que evitemos a instrução de Deus, ela ainda estará lá para lidarmos com ela quando pararmos de fugir. A vontade de Deus só nos deixa desconfortáveis enquanto não a estivermos buscando. Em outras palavras, sempre sabemos quando algo não está certo em nossa vida e, no fim, percebemos que estar *dentro* da vontade de Deus, e não *fora* dela, é o que nos traz paz e alegria. Precisamos render a Ele as nossas próprias vontades, porque andar nos nossos caminhos egocêntricos é o que nos deixa infelizes.

Fugir das coisas difíceis nunca dá certo por muito tempo. Conheço uma mulher que fugia de todas as coisas difíceis em sua vida. Ela ignorava as situações com as quais precisava lidar, entre elas inclusive o abuso em seu lar. Vivia com medo e tinha uma vida muito infeliz. Ela acabou abrigando tanto tumulto do qual confusão dentro de si que teve um colapso emocional e mental total, do qual nunca se recuperou completamente. Fingir que seus problemas não existiam não fez com que eles desaparecessem. Eles estavam lá, pressionando-a o tempo todo. Deus estava tentando levá-la a lidar com os conflitos, mas ela não queria confiar nele o bastante para fazer isso.

Deus nunca nos leva a um lugar onde Ele não possa nos manter. Se Ele está conduzindo você a lidar com alguma situação desagradável em sua vida, não fuja disso. Ele promete estar com você o tempo todo e nunca deixá-lo ou abandoná-lo.

Render-se pode ser assustador quando começamos a praticar isso, porque não sabemos qual será o resultado se nos rendermos à vontade de Deus. Entretanto, ao nos rendermos começamos a experimentar a paz que excede todo entendimento, e aprendemos rapidamente que o caminho de Deus é melhor do que qualquer plano que poderíamos desenvolver.

Não saber exatamente o que vai acontecer no futuro, mas confiar em Deus para cuidar de nós e desfrutar a paz é muito, muito melhor do que pensar de forma equivocada achando que nossa vida já está resolvida enquanto continuamos a viver com medo e ansiedade. Para desfrutar a paz com Deus, precisamos nos sentir confortáveis com o fato de não sabermos o que o futuro nos reserva. Não existe confiança sem perguntas não respondidas. Se Deus está lhe direcionando a fazer algo difícil, simplesmente comece a dar pequenos passos de fé, e depois de cada um Ele lhe mostrará o que fazer em seguida. Não precisamos ter um projeto completo para o futuro; não precisamos ter todas as respostas. Tudo o que precisamos é conhecer Aquele que tem o projeto e sabe as respostas: o próprio Jesus.

Precisamos entender que não somos nem de longe tão inteligentes quanto imaginamos. A Palavra de Deus nos aconselha a não sermos arrogantes em nossa própria sabedoria e a não nos considerarmos acima do que deveríamos. Deus tem as respostas; nós não. Precisamos buscá-lo, e Ele nos guiará.

Provérbios 3:5-7 é uma de minhas passagens bíblicas favoritas e que preciso voltar a ler com frequência. Elas dizem: "Confie no Senhor de todo o seu coração e não se apóie em seu próprio entendimento; reconheça o Senhor em todos os seus caminhos, e ele endireitará as suas veredas. Não seja sábio aos seus próprios olhos; tema o Senhor e evite o mal". Observe que nos é dito para não sermos sábios aos nossos próprios olhos. Para mim, isso significa simplesmente que não devemos sequer achar que somos inteligentes o bastante para governar a nossa própria vida. Precisamos ter uma atitude de humildade que nos ajude a depender de Deus para tudo. Uma atitude independente do tipo "eu faço sozinho" e a dependência de Deus não podem coexistir.

Racionalizar, debater-se e tentar entender tudo na vida roubará a nossa paz. Deus diz para confiarmos nele de todo o nosso coração e mente. Eu costumava dizer que confiava em Deus, mas eu me preocupava; portanto, eu não confiava realmente nele. À medida que aprendi a entregar os meus caminhos ao Senhor para que Ele mudasse a direção deles de acordo com a Sua vontade, Ele começou a guiar os acontecimentos de minha vida, e a qualidade dela melhorou grandemente.

Deus Nos Guia Através da Paz

Uma das principais maneiras de ouvirmos a Deus é através da paz. Como mencionei antes, a paz é o nosso árbitro na vida. "Que a paz de Cristo seja o juiz em seus corações, visto que vocês foram chamados a viver em paz, como membros de um só corpo" (Colossenses 3:15).

Devemos seguir a paz. Se as nossas decisões e atitudes produzem paz, sabemos que Deus aprova e temos segurança para seguir em frente. Se não temos paz, precisamos parar ou pelo menos esperar. O que estamos fazendo ou considerando fazer pode estar errado ou o momento pode estar errado.

As pessoas fazem muitas coisas sem sentir paz, e depois se perguntam por que têm uma vida tão caótica. Se seguirmos a Sua Palavra, Deus nos prometeu que desfrutaremos vidas abençoadas e pacíficas. Ele também nos adverte que seremos infelizes e viveremos de forma tumultuada se seguirmos a nossa própria vontade e andarmos nos nossos próprios caminhos (ver Deuteronômio 28:15-33).

Sempre ouço as pessoas dizerem coisas como:

- "Sei que não deveria fazer isto, mas..."
- "Sei que não deveria comprar isto, mas..."
- "Eu provavelmente não deveria dizer isto, mas..."

O que elas estão dizendo é: "Sei que isto é errado, mas vou fazer assim mesmo". Elas têm um termômetro em seu espírito, certo sentimento de desconforto bem lá no fundo, uma "certeza" de que o ato que estão cometendo não está certo ou não é bom para elas, mas não querem render sua vontade à direção de Deus.

Precisamos aprender a deixar de lado os nossos planos quando não sentimos paz e esperar para encontrar o bom plano de Deus para nossa vida. Quando sentimos que estamos perdendo a nossa paz, deveríamos saber que prosseguir no caminho em que estamos significa perigo. Realmente precisamos ter um medo saudável de não seguir a paz. Deveríamos respeitar o que Deus diz na Sua Palavra sobre a paz ser o árbitro em nossas vidas e deixar que ela dirija as nossas decisões de forma definitiva.

Ao longo dos anos, aprendi muitas coisas, mas uma das mais significativas foi a importância de andar em paz e permanecer no descanso de Deus. É a vontade Dele que vivamos livres da angústia e da frustração. Ele quer que desfrutemos nossas vidas, e não podemos fazer isso se não tivermos paz.

Você vive em uma atmosfera de paz durante a maior parte do tempo? Mantém a sua paz durante as tempestades da vida? Está em paz com Deus? Essas perguntas são importantes. Precisamos fazer um "inventário da paz", verificando cada área de nossa vida para ver se precisamos fazer algum ajuste. Jesus disse: "A minha paz vos dou". Se Jesus nos deu a Sua paz, Ele quer que andemos nela e a desfrutemos.

Precisamos resistir ao diabo desde o início. No minuto em que sentimos que estamos perdendo a nossa paz, precisamos tomar a decisão de nos acalmarmos. Até mesmo o fato de nos permitirmos ficar irritados nos coloca fora da vontade de Deus. Com o fim de estabelecê-la em nossos corações, vamos ver de novo o que Jesus disse:

> Deixo-lhes a paz; a minha paz lhes dou. Não a dou como o mundo a dá. Não se perturbem os seus corações, nem tenham medo. *[Parem de se permitir ficar angustiados e perturbados; e não se permitam ter medo e ficar intimidados, acovardados e inquietos]*. (João 14:27, AMP, itálicos da autora)

Podemos ver claramente a partir desse versículo que Jesus nos deu a Sua paz, mas precisamos tomar posse dela, não permitindo que os nossos corações fiquem perturbados ou temerosos. Não podemos apenas esperar passivamente para nos sentirmos em paz. Devemos buscá-la e nos recusar a viver sem ela. Como Jesus disse, "Parem de se permitir ficar angustiados".

Em 1 Pedro 3:10-11, a Bíblia nos ensina que se quisermos desfrutar a vida e ver dias bons, devemos manter a nossa língua livre do mal, devemos fazer o que é certo e buscar a paz e a harmonia com Deus, com nós mesmos e com o nosso próximo. Esses versículos exerceram um profundo impacto em minha própria vida, e oro para que eles exerçam impacto na sua também, pois existem princípios essenciais para desfrutarmos a paz em nossas vidas.

De que vale a vida se estivermos em guerra no nosso relacionamento com Deus, com as pessoas e com nós mesmos? No meu entender não vale muito. Conforme mencionei, a paz com Deus é a base para toda a paz em todas as áreas da nossa vida. Como podemos estar em paz com nós mesmos se não estivermos em paz com Deus, e como podemos desfrutar de paz com outras pessoas se não tivermos paz com nós mesmos?

Pode haver questões pessoais que você precise resolver com Deus antes de poder desfrutar essa paz. Talvez Deus esteja tratando com você há muito tempo com relação a certas questões e você tem ignorado isso. Lembre-se de que ignorar a vontade de Deus não muda as circunstâncias. Você pode ficar andando em volta das mesmas montanhas sem parar, passar por tempestades ou encontrar-se em lugares desconfortáveis como aconteceu com Jonas, mas no final das contas, a vontade de Deus permanece a mesma.

Você sente como se houvesse um cabo de guerra sendo disputado em seu interior no que diz respeito a certas questões em sua vida? Em caso positivo, eu o encorajo a não passar nem mais um dia sequer em meio a esse caos. Encare os fatos, e dê a Deus o direito de tomar a frente. Em outras palavras, abra mão do seu jeito e adote o jeito Dele. Tome a decisão de parar de fugir e enfrente qualquer problema que Deus possa estar colocando diante de você. Está fazendo algo que está incomodando a sua consciência? Caso esteja, é Deus lhe dizendo que não está satisfeito com essa atitude ou com essa decisão. A função da sua consciência na verdade é ser sua amiga; ela é uma grande bênção na vida. Ela o manterá longe dos problemas se você aprender a respeitá-la e a ouvi-la.

Quando Deus tem a Sua vontade para nossa vida e nos temos uma vontade diferente, a vida fica difícil e desagradável. Mas podemos ter paz e desfrutá-la rendendo a nossa vontade à Dele. Deus não vai se render a nós; Ele está esperando que nós nos rendamos a Ele.

A Verdade Nos Leva à Paz

Adquirimos a paz com Deus ao encararmos a verdade sobre as mudanças que Ele está nos pedindo para fazer. Deus nunca nos pede para fazer algo sem nos dar a capacidade para isso. Não é fácil encarar a verdade, mas esse é o caminho para a paz. Quando nos escondemos de Deus, o evitamos e nos evadimos de Sua presença, geralmente estamos fugindo da Sua vontade para nós.

Um homem me disse certa vez que havia fugido da verdade de Deus por tanto tempo até finalmente perceber que havia fugido de si mesmo. Ele quis dizer que havia se perdido totalmente, perdendo também qualquer compreensão do que Deus queria para ele. Estava confuso, infeliz e se sentia um fracasso total, como se tivesse desperdiçado sua vida completamente. Ele estava deprimido, desanimado e sem visão para o futuro.

Não creio que alguma vez eu tenha visto alguém mais infeliz e digno de pena do que ele. Por quê? Porque passou sua vida toda fazendo o que queria, o que tinha vontade de fazer, em vez de andar dentro do plano de Deus para ele. Aquele homem estava colhendo o que havia plantado, assim como todos nós acabamos fazendo.

Agradeço a Deus pela capacidade de darmos meia-volta e seguir na direção certa. Na verdade, esse é o verdadeiro arrependimento. Não é apenas um sentimento, do tipo "eu sinto muito", mas uma decisão de seguir na direção certa dali em diante. Nós nos envolvemos em problemas quando tomamos uma série de decisões erradas — e podemos endireitar a nossa vida tomando uma série de decisões certas. Foi necessário mais do que um dia para nos envolvermos em problemas, e também será necessário mais do que um dia para nos livrarmos deles. Qualquer pessoa que está pronta e disposta a fazer um investimento real de tempo e de escolhas certas poderá ver a sua vida se transformando para melhor. A misericórdia de Deus se renova a cada manhã. Ele está esperando para lhe conceder misericórdia, graça, favor e ajuda; você só precisa dizer sim ao que Deus estiver pedindo.

O homem infeliz a quem me referi fez o que era certo por cerca de dois anos, e sua vida realmente começou a mudar. Ele teve todas as oportunidades de ter uma vida maravilhosa, mas não "perseverou em perseverar". Por fim ele acabou voltando aos seus velhos caminhos.

Recentemente, conversei com uma irmã cristã que estava muito deprimida e sentia que estava à beira de um colapso nervoso. Enquanto conversávamos, descobri que ela havia passado anos tomando decisões erradas e depois se viu sobrecarregada pelo resultado de suas próprias escolhas equivocadas. Ela não havia criado seus filhos na igreja, e dizia que eles estavam fora de controle e impossíveis de administrar. Ela foi uma pessoa de convivência extremamente difícil, e o resultado havia sido a perda de diversas amizades e de relacionamentos familiares. Ela com certeza tinha sérios problemas, e eu não tinha uma solução fácil para ela.

Ela queria que eu lhe dissesse o que fazer, então refleti seriamente diante do Senhor sobre o que eu deveria sugerir-lhe. Só pude dizer que ela precisava começar a tomar as decisões certas, e finalmente elas assumiriam o controle da colheita que ela estava colhendo agora devido às suas decisões erradas anteriores. As pessoas geralmente querem superar uma vida inteira de escolhas erradas em um curto período de tempo sem muito esforço de sua parte, ou querem que as outras pessoas as livrem do caos em que elas se meteram.

Senti por ela uma compaixão sincera, mas também sabia que ela era cristã há mais de vinte e cinco anos e havia passado muito tempo (pelo menos nos primeiros anos de sua caminhada com Deus) estudando a Palavra e a maneira de Deus agir. Percebi que ela conhecia suficientemente o que era certo para se comportar da maneira como estava se comportando. Quando nos falta conhecimento, costumamos experimentar uma "graça especial" da parte de Deus. Entretanto, uma vez que tenhamos conhecimento da Palavra de Deus, nós nos tornamos responsáveis por aplicá-la às nossas vidas, e eu pessoalmente acredito que colhemos o que plantamos muito mais depressa quando somos pessoas que têm conhecimento e não pessoas ignorantes.

Deus queria trabalhar com essa irmã e ajudá-la. Ele lhe concedeu misericórdia, graça e uma nova chance. Mas realmente não havia uma resposta fácil como a que ela parecia estar buscando. Geralmente não conseguimos acertar logo de primeira — precisamos prosseguir tentando fazer o que é certo. Jesus disse: "Se vocês *permanecerem* firmes na minha palavra, verdadeiramente serão meus discípulos. E conhecerão a verdade, e a verdade os libertará" (ver João 8:31-32).

Tanto o irmão quanto a irmã que mencionei obtiveram ajuda em suas vidas ao aplicar os princípios de Deus, mas não perseveraram. Eles não continuaram na verdade que haviam aprendido. Gálatas 5:1 nos ensina a *permanecermos* firmes na liberdade que temos; isto significa conquistar e manter a nossa conquista. Isso me ajudou a entender que preciso ficar firme pelo resto da minha vida.

Não podemos ser preguiçosos e começar a deixar as coisas passarem. Toda vez que Deus nos convence de um comportamento errado, precisamos ouvi-lo. A qualquer momento em que percamos a nossa paz, ainda que seja ligeiramente, precisamos parar e descobrir o que está errado. Essa perda da paz é Deus nos dizendo que algo não está do jeito que Ele quer.

Conquistamos um relacionamento correto com Deus por intermédio de uma rendição completa a Ele, e por meio do arrependimento de todos os nossos pecados. E nós o mantemos através de um viver correto *contínuo*: fazendo escolhas certas, honrando nossa consciência e seguindo a paz. Ser um cristão de sucesso é um trabalho em tempo integral; precisamos ficar de guarda o tempo todo contra os enganos de Satanás.

Simplesmente ir à igreja por uma hora no domingo de manhã não basta para manter a paz. Precisamos de altas doses da Palavra de Deus, de oração e de comunhão regular com Ele e com outras pessoas tementes a Deus a fim de ficarmos firmes dentro da Sua vontade.

A paz com Deus está disponível a todos, mas não podemos tê-la nos nossos próprios termos. Render-se parece tão assustador porque não temos certeza do que Deus pode exigir. Será que vamos sofrer? Será que Ele vai nos pedir para fazermos coisas que não queremos ou que nem sabemos como fazer? Será que algum dia conseguiremos ter alguma das coisas que queremos? Todos nós fazemos essas perguntas.

Talvez não consigamos ter as coisas do jeito que queremos, mas podemos confiar que o jeito de Deus é melhor. Deus é um bom Deus, e Ele disse que tem boas coisas planejadas para os Seus filhos: "'Porque sou eu que conheço os planos que tenho para vocês', diz o Senhor, 'planos de fazê-los prosperar e não de lhes causar dano, planos de dar-lhes esperança e um futuro'" (Jeremias 29:11).

Não devemos temer que algo mal aconteça, porque Deus não é um ogro, Ele não é mau. Ele é bom. Tudo de bom na vida vem de Deus. Ele quer que confiemos nele, e quando dermos um passo de fé nessa direção, veremos a bondade de Deus manifesta em nossa vida. Quanto mais nos rendemos, melhor a vida se torna.

O Espírito Santo Nos Enche de Paz

Em Atos 2:4, vemos que os crentes foram todos "cheios do Espírito Santo", e mais tarde em Efésios 5:18, encontramos a instrução sobre como sermos "cheios do Espírito". A primeira passagem bíblica nos conta o que aconteceu no dia de Pentecostes, e a segunda é uma ordenança.

O que significa ser cheio do Espírito? Não implica vivermos em um estado de grande agitação ou sermos perfeitos em todos os nossos caminhos, nem significa atingirmos um estado no qual não precisemos mais crescer. Ser cheio do Espírito é ter toda a nossa personalidade rendida ao Espírito Santo e sermos cheios por completo do Seu tremendo poder diariamente. Trata-se de uma rendição *diária*, de nos entregarmos aos caminhos e aos planos de Deus para a nossa vida cotidiana.

As Escrituras a seguir são absolutamente maravilhosas; eu o encorajo a meditar nelas com frequência.

> Oro para que, com as suas gloriosas riquezas, ele os fortaleça no íntimo do seu ser com poder, por meio do seu Espírito, para que Cristo habite em seus corações mediante a fé; e oro para que vocês, arraigados e alicerçados em amor, possam, juntamente com todos os santos, compreender a largura, o comprimento, a altura e a profundidade, e conhecer o amor de Cristo que excede todo conhecimento, para que vocês *sejam cheios de toda a plenitude de Deus.* (Efésios 3:16,19, itálicos da autora)

Imagine simplesmente ter a sua personalidade cheia do Espírito Santo do Deus vivo e ser um corpo cheio do próprio Deus! O apóstolo Paulo era um homem cheio do Espírito Santo; ele também foi um homem que havia abandonado tudo para seguir Jesus. Qualquer área de nossa vida que retemos de Deus é uma área onde não podemos ser cheios com o Seu Espírito. Eu o encorajo a abrir e entregar todas as salas do seu coração a Deus. O seu tempo é Dele, o seu dinheiro é Dele, assim como os seus dons e talentos, sua família, sua carreira, suas atitudes e desejos. Ele quer estar envolvido em todas as áreas da sua vida: na maneira como você se veste, em quem você escolhe como amigos, no que você faz para se divertir, no que você come, e daí por diante.

Após a conversão, Jesus passa a ser o nosso Salvador, mas será que Ele é o nosso Senhor? Qualquer área que reivindicamos como nossa é uma área em que não nos rendemos ao senhorio de Jesus Cristo.

Vivi uma vida de derrota por muitos anos simplesmente por não ter me rendido completamente. Eu havia aceitado Jesus como meu Salvador; eu tinha o suficiente de Jesus para ficar fora do inferno, mas não o havia aceitado como meu Senhor, não havia aceitado o bastante Dele para andar em vitória — e há uma grande diferença entre essas duas coisas. Eu tinha falta de paz porque ainda estava tentando administrar minha própria vida.

A bênção de ser cheio do Espírito Santo é claramente visível na mudança na vida das pessoas após o Pentecostes. Pedro, por exemplo, que havia demonstrado muito medo ao não estar disposto sequer a admitir que conhecia Jesus, tornou-se um apóstolo ousado que se levantava nas ruas de Jerusalém e pregava o evangelho com tanto fervor que três mil almas foram acrescentadas à Igreja em um único dia. A rendição completa traz boas mudanças à nossa vida. Na verdade, a rendição a Deus abre a porta para as coisas que desejamos e, no entanto, desperdiçamos a nossa própria energia tentando ter acesso a elas do nosso jeito.

Entenda que cada ato de obediência traz com ele uma bênção correspondente. Consagração, compromisso, rendição, entrega, obediência: todas essas palavras podem parecer assustadoras, mas lembre-se de que o medo não provém de Deus. O medo vem de Satanás; ele o usa para nos impedir de experimentar o plano de Deus para nossa vida. Ele usa o medo para impedir o progresso. Todas as vezes que sentimos medo, devemos reconhecê-lo como uma oposição do inimigo das nossas almas.

Compartilho mais experiências sobre viver uma vida cheia do Espírito em meu livro *Knowing God Intimately* (Conhecendo a Deus Intimamente). Eu o encorajo a ler esse livro se você sente que precisa se render ao Senhor de uma maneira mais profunda. Ser cheio do Espírito é como encontrar a "pérola de grande valor" de que falam os versículos a seguir:

> O Reino dos céus é como um tesouro escondido num campo. Certo homem, tendo-o encontrado, escondeu-o de novo e, então, cheio de alegria, foi, vendeu tudo o que tinha e comprou aquele campo. O Reino dos céus também é como um negociante que procura pérolas preciosas. Encontrando uma pérola de grande valor, foi, vendeu tudo o que tinha e a comprou. (Mateus 13:44-46)

O reino dos céus, como Deus pretendia que desfrutássemos, inclui ser totalmente cheio do Espírito Santo. Esses versículos bíblicos nos ensinam que precisamos "vender tudo" para comprar a pérola de grande valor. Isso significa simplesmente que entregamos tudo que agora temos a fim de ganhar a única coisa de que realmente precisamos para desfrutar a vida do reino. O reino de Deus é justiça, paz e alegria no Espírito Santo (ver Romanos 14:17).

Enquanto lê este livro hoje, talvez você perceba que tem alguma coisa contra alguém. Talvez Deus tenha tratado com você de forma a fazê-lo abrir mão de alguma atitude de amargura, mas você tem se agarrado teimosamente a ela, sentindo-se justificado pela sua ira. Eu lhe digo que se você abrir mão dessa atitude, Deus lhe dará paz em lugar dela.

Você pode passar muitos dias sentindo pena de si mesmo ou com inveja do que outra pessoa tem, mas Deus lhe pede para deixar de lado essas atitudes negativas e viver contente. Se fizer isso, a paz e a alegria Dele encherão a sua vida.

As pessoas podem ter mais bens do que você, mas elas nunca poderão ter mais paz e alegria do que você se estiver seguindo a direção do Espírito Santo. Não é o que possuímos que nos torna felizes e nos dá paz; Ele é a nossa alegria e a nossa paz.

UMA VIDA CONSAGRADA E DEDICADA RESULTA EM PAZ

A Palavra de Deus nos instrui a sermos vasos aptos (consagrados) para o uso do Mestre. Ser consagrado é ser separado para um uso especial, como estes versículos explicam:

> Numa grande casa há vasos não apenas de ouro e prata, mas também de madeira e barro; alguns para fins honrosos, outros para fins desonrosos. Se alguém se purificar dessas coisas, será vaso para honra, santificado, útil para o Senhor e preparado para toda boa obra. (2 Timóteo 2:20-21)

Para Deus, somos tesouros preciosos. De acordo com o Seu grande plano, somos vasos que Ele separou com um propósito especial. Deus quer mostrar a Sua glória através de nós. Ele quer nos usar para trazer outros para Si. Somos os Seus representantes, Seus embaixadores aqui na Terra. Deus está fazendo o Seu apelo ao mundo por meio dos Seus filhos (ver 2 Coríntios 5:20).

Dedicar é dar, oferecer a outro ou separar com um propósito. Se eu dissesse que um quarto da minha casa é dedicado à oração, isso significaria ter aquele quarto específico para ser usado principalmente com esse propósito, e não para outras coisas.

Tenho alguns vestidos que uso somente em festas sofisticadas. Eu os separei em um determinado lugar do meu closet e os guardo dentro de capas para roupas com o objetivo de protegê-los. Isso os faz especiais; eles não são usados para fins comuns, mas são separados com um propósito especial. É assim que Deus nos vê; não devemos ser usados para os propósitos do mundo, mas para os propósitos de Deus. Estamos no mundo, mas Jesus nos diz que não somos "do" mundo. Não seja mundano, adotando os caminhos e os métodos do mundo. Mesmo depois de nos dedicarmos a Deus, deveríamos nos reconsagrar ao nosso verdadeiro propósito, como o versículo a seguir nos encoraja: "Portanto, irmãos, ROGO-LHES, em vista das misericórdias de Deus, que façam uma dedicação decisiva dos seus corpos [apresentando todos os seus membros e faculdades] como um sacrifício vivo, santo (dedicado e consagrado) e agradável a Deus; este é o culto racional (inteligente, razoável) de vocês e a sua adoração espiritual" (Romanos 12:1, AMP).

Não é um exagero da parte de Deus nos pedir para dedicarmos cada aspecto do nosso ser. Essa é na verdade a nossa adoração e o nosso culto espiritual. Sob a antiga lei da aliança, Deus exigia sacrifícios de animais para fazer expiação pelo pecado. Mas agora Ele não quer mais sacrifícios mortos Deus quer que ofereçamos a nós mesmos a Ele como "sacrifícios vivos" para o Seu propósito e uso.

Não há nada que possamos oferecer a Deus que Ele não nos tenha dado primeiro, de modo que estamos oferecendo apenas o que de qualquer maneira já lhe pertence. Na verdade, somos mordomos, não proprietários. Andrew Murray ensinou em seu livro *Consecrated to God* (Consagrados a Deus) que se Deus nos dá tudo e recebemos tudo, então o que vem em seguida é muito claro: precisamos devolver tudo a Deus. Ele nos dá o livre arbítrio para podermos nos entregar de volta a Ele liberal e voluntariamente. Ele não quer robôs que não têm escolha servindo a Ele, mas deseja que nós o *escolhamos*! Isso é um privilégio. Que honra podermos nos dar a Deus voluntariamente!

Ofereça a Deus sua boca para que Ele fale através dela, suas mãos para que Ele toque através delas, seus pés para que Ele ande através deles, sua mente para que Ele pense através dela. Dedique todas as áreas da sua vida a Ele, lembrando-se de que ao darmos alguma coisa ao Senhor Ele nos devolve muitas vezes mais — e nós a recebemos em condições muito melhores do que quando a demos.

Quando entreguei minha vida ao Senhor, ela estava em completa ruína. Ele agora me deu uma vida maravilhosa muito além da minha imaginação. Efésios 3:20 afirma que Ele é poderoso para fazer muito mais do que poderíamos imaginar se lhe dermos a oportunidade de fazer isso.

Deus quer que você desfrute uma vida de paz, a paz que excede todo entendimento. E ela começa com você estando em paz com Ele. Isso requer rendição, consagração e dedicação constantes, e uma disposição de deixar Deus se sentar no banco do motorista da sua vida em todo o tempo. Mas cuidado; você tem um inimigo que pretende dificultar a rendição da sua vida a Deus. A seguir, vamos ver o que a Palavra de Deus diz sobre esse inimigo.

Mantenedor da Paz Nº 3

CONHEÇA SEU INIMIGO

Se encontrar paz é uma luta para você, isso é sinal de que o seu inimigo está trabalhando duro para impedi-lo de receber o que é seu por direito. Você está confuso com relação a quem é o seu verdadeiro inimigo? De acordo com a Palavra de Deus, seu inimigo não é uma pessoa, e nem mesmo as circunstâncias — é o próprio Satanás. Conhecer seu inimigo e as armas que Deus lhe deu para derrotá-lo é a terceira maneira de se manter em perfeita paz com Deus.

"Porque a nossa luta não é contra o sangue e a carne, e sim contra os principados e potestades, contra os dominadores deste mundo tenebroso, contra as forças espirituais do mal, nas regiões celestes" (Efésios 6:12). Nunca poderemos vencer nossas batalhas se estivermos lutando contra o oponente errado e da maneira errada. A fonte de todos os problemas é Satanás e seus demônios. Não podemos combatê-los com armas carnais (naturais), mas apenas com armas sobrenaturais que Deus nos dá para a destruição das fortalezas de Satanás (ver 2 Coríntios 10:4).

Quais são exatamente essas armas? Creio que as armas que Deu nos dá incluem a Sua Palavra usada na pregação, no ensino, nos cânticos, na confissão ou na meditação. Nossas armas são a justiça, a paz e a alegria no Espírito Santo, e podemos e devemos usá-las contra Satanás, o nosso inimigo. Sim, a paz é uma arma! A Bíblia fala sobre calçarmos as sandálias da paz. A justiça também é uma arma! "Proferindo a palavra da verdade, no poder de Deus; com as armas da justiça na mão direita [para atacar] e na mão esquerda [para defender]" (2 Coríntios 6:7, AMP).

Por meio da fé em Cristo somos colocados em posição de retidão diante de Deus. E pela fé, somos cobertos com o Seu manto de justiça (ver Isaías 61:10). Em outras palavras, porque confiamos na justiça de Jesus Cristo para nos cobrir, Deus nos vê como retos e não como ímpios. A Sua justiça se torna um escudo que nos protege de Satanás. Ele odeia sempre que um filho de Deus realmente sabe quem ele é "em Cristo".

Em nós mesmos, somos menos do que nada; a nossa justiça é como trapos de imundície, porque todos pecaram e estão destituídos da glória de Deus (ver Isaías 64:6; Romanos 3:23). Mas fomos justificados e nos foi dado um relacionamento correto com Deus por meio da fé.

"Tendo sido, pois, justificados pela fé, temos paz com Deus, por nosso Senhor Jesus Cristo" (Romanos 5:1). Esse versículo nos ensina que a justiça gera paz e alegria. Quando nos sentimos totalmente errados, não temos paz. Satanás procura nos condenar para roubar a nossa paz. Lembre-se de que ele é o seu inimigo, e você precisa saber que é ele que tenta fazê-lo sentir-se mal consigo mesmo. Satanás trabalha para roubar a sua paz.

Satanás usa pessoas e circunstâncias, mas elas não são o nosso verdadeiro inimigo; ele é o nosso inimigo. Ele encontra coisas e pessoas através das quais pode agir e tem prazer em nos ver lutar e guerrear sem sequer percebermos que ele é a fonte do problema.

Quando Satanás usou Pedro para tentar desviar Jesus do caminho tentando evitar que Ele fosse a Jerusalém para completar a tarefa que Deus o havia enviado para fazer, "Jesus *se afastou* de Pedro e disse a ele: 'Para trás de mim, Satanás! Você é uma pedra de tropeço para mim, e não pensa nas coisas de Deus, mas nas dos homens'" (Mateus 16:23, itálicos da autora). Satanás usou Pedro, mas Jesus sabia que Pedro não era o Seu verdadeiro problema. Ele *se afastou* de Pedro e se dirigiu à fonte da Sua tentação. Nós também precisamos olhar além do que vemos ou sentimos inicialmente procurando conhecer a fonte dos nossos problemas.

Geralmente culpamos as pessoas e ficamos zangados com elas, e isso só complica e aumenta o problema. Quando nos comportamos assim, estamos na verdade fazendo o jogo de Satanás e ajudando os planos dele a darem certo. Também culpamos as circunstâncias e às vezes até mesmo Deus, o que também dá prazer a Satanás.

Sim, precisamos conhecer o nosso inimigo — não apenas quem ele é, mas como é o seu caráter. A Bíblia nos encoraja a conhecer o caráter de Deus para podermos colocar a nossa fé nele e no que Ele diz. Do mesmo modo, devemos conhecer o caráter de Satanás para não dar ouvidos nem acreditar nas suas mentiras.

Satanás é Um Mentiroso

Antes de tudo, Satanás é um mentiroso, e Jesus o chamou de "pai da mentira" (João 8:44). Todas as mentiras têm origem nele. Satanás mente para nós a fim de nos enganar. Quando uma pessoa é enganada, ela acredita em mentiras. Essa é uma posição terrível para se estar, porque a pessoa não sabe que está acreditando em mentira; elas passam a ser a realidade dessa pessoa por acreditar nelas.

Por exemplo, eu acreditei na mentira de Satanás de que nunca superaria meu passado de abusos. Acreditei que sempre seria uma pessoa marcada, inferior e que não serviria para nada por causa das coisas que aconteceram comigo na infância. Enquanto eu acreditei nisso fiquei presa na armadilha do meu passado. Não conseguia realmente seguir em frente e desfrutar o futuro que Deus já havia planejado para mim (ver Efésios 2:10). Eu não podia usufruir desse futuro porque não sabia que ele existia. Eu acreditava no que Satanás dizia, pois não conhecia o que Deus havia dito.

Eu era infeliz, desesperançada, amargurada e vivia em um caos interior, tudo porque Satanás estava mentindo para mim, e eu acreditava em suas mentiras. Quando comecei a estudar a Palavra de Deus e Sua verdade começou a renovar minha mente, eu entendi quem Satanás era realmente: um mentiroso!

Pessoas que passam por pressões financeiras prolongadas geralmente se convencem de que as coisas serão sempre daquele jeito. O inimigo diz a elas que nunca terão nada, nunca terão um carro decente ou uma bela casa. Elas acreditam que nunca terão o suficiente, e isso passa a se tornar realidade para elas. Recebemos aquilo em que acreditamos, seja isso bom ou ruim.

A Palavra de Deus diz que Ele nos quer ver prosperar (ver Deuteronômio 29:9). Ela afirma que podemos ser e seremos abençoados de todas as maneiras quando andarmos segundo os estatutos de Deus. Por sua vez, Satanás procura manter as pessoas sem esperança, e a falta de esperança rouba a paz e a alegria que Deus nos deu.

Recuse-se a viver sem esperança. Seja como Abraão, de quem é dito que embora não tivesse motivos para ter esperança, esperou pela fé que as promessas de Deus se cumprissem em sua vida. Enquanto esperava, ele dava louvor e glória a Deus, e Satanás não foi capaz de derrotá-lo usando a dúvida e a incredulidade (ver Romanos 4:18-20).

SATANÁS É UM LADRÃO

Costumo repetir João 10:10 onde lemos que "o ladrão vem apenas para roubar, matar e destruir". Essa passagem se refere a Satanás e ao seu sistema. Assim como Deus tem um sistema segundo o qual Ele nos encoraja a viver e nos promete bênçãos se fizermos isso, Satanás tem um sistema e a sua esperança é de que vivamos de acordo com ele para que possa roubar as nossas bênçãos. Lembre-se de que Satanás quer nos impedir de termos justiça, paz e alegria.

Ele rouba por meio da mentira e todas as suas táticas estão interligadas de alguma maneira; todas elas são perversas por natureza e representam o oposto de qualquer coisa que Deus desejaria para nós. Satanás nos rouba através do medo. Na verdade, recebemos de Satanás através do medo, assim como recebemos de Deus através da fé. Poderíamos dizer que *o medo é a fé no que Satanás diz*. O medo nos ameaça com pensamentos de mal ou de decepção. Satanás nos mostra uma circunstância e depois nos faz sentir medo de que ela nunca mude. Deus quer que acreditemos que a Sua Palavra é verdadeira, embora ainda estejamos em meio a circunstâncias adversas. Romanos 8:37 diz: "Mas, em todas estas coisas somos mais que vencedores, por meio daquele que nos amou".

Na economia de Deus, precisamos acreditar antes de vermos mudanças ou coisas boas que desejamos acontecerem. Satanás procura roubar a nossa visão e esperança sobre o futuro. Ele tenta roubar a nossa convicção de estarmos em uma posição de retidão diante de Deus por meio de sentimentos de culpa e de condenação, da autorrejeição e até de um sentimento de ódio por nós mesmos. Ele rouba a nossa alegria porque a alegria do Senhor é a nossa força, e ele quer que estejamos fracos.

Satanás é um ladrão. Ele tenta roubar todas as coisas boas que Jesus morreu para nos dar. Jesus nos deu a paz como herança, mas Satanás faz tudo que pode para roubá-la de nós.

Reconheça seu inimigo, conheça-o, e levante-se com determinação conta ele.

SATANÁS É UM LEGALISTA

Talvez você já esteja franzindo a testa tentando imaginar o que eu posso estar querendo dizer com a afirmação de que Satanás é um legalista. Eis o que quero dizer: ele nos pressiona a sermos perfeitos, a vivermos sem cometer erros, a jamais quebrarmos qualquer regra religiosa. E então, quando cometemos erros — o que todo mundo faz — ele tenta fazer com que nos sintamos condenados pela nossa culpa porque não seguimos todas as normas e regulamentos.

A que normas e regulamentos estou me referindo? Àquelas impostas por algumas organizações religiosas. Elas acrescentam regras, como por exemplo, orar durante um determinado tempo, fazer boas obras, ler certa quantidade de capítulos da Bíblia diariamente, observar feriados religiosos; elas usam diversas fórmulas que supostamente nos garantiriam a aprovação de Deus.

Quando Jesus afirmou em Mateus 11:28: "Venham a mim, todos os que estão cansados e sobrecarregados", Ele falava com pessoas que estavam se esforçando para tentar viver debaixo da lei, mas sempre fracassavam. Não há nada de errado com nenhum dos rituais enumerados por mim. Na verdade, eles são boas disciplinas cristãs. Mas se os encaramos como algo que *temos de* fazer para ganhar a aprovação de Deus, em vez de algo que *queremos* fazer porque o amamos, eles passam a ministrar morte a nós em vez de vida e tornam-se um fardo em vez de uma alegria. A Palavra nos ensina que a lei mata, mas o Espírito vivifica (2 Coríntios 3:6). Jesus tinha muito a dizer sobre religião, e Ele não disse nada de bom. Por quê? Porque a religião nos dias de Jesus era, e geralmente ainda é, a ideia de que o homem tem sobre o que Deus espera. Religião é o homem tentando alcançar Deus através das suas próprias obras, mas a fé cristã ensina que Deus estendeu a mão para o homem por meio de Jesus Cristo. Colocando a nossa fé em Jesus Cristo, recebemos os benefícios da obra que Ele fez por nós. É a obra Dele que nos justifica e nos dá uma posição de retidão diante de Deus, e não as nossas próprias obras religiosas, nem o fato de seguirmos regras e regulamentos prescritos pelo homem, como estas Escrituras confirmam:

- "Portanto, ninguém será declarado justo diante dele baseando-se na obediência à lei, pois é mediante a lei que nos tornamos plenamente conscientes do pecado" (Romanos 3:20).
- "Sendo justificados gratuitamente por sua graça, por meio da redenção que há em Cristo Jesus" (Romanos 3:24).

Muitos poderiam descrever um cristão como "alguém que vai à igreja". Ser cristão certamente não é isso. Um cristão pode ir à igreja, mas uma pessoa não se *torna* cristã apenas por conta de sua frequência à igreja. Posso ficar sentada na minha garagem o dia todo, mas isso não fará de mim um carro. Um cristão é alguém que teve o coração transformado pela fé em Jesus Cristo, alguém que recebeu uma mudança na sua natureza moral (ver 2 Coríntios 5:17); não é alguém que apenas concordou em seguir certas regras e regulamentos e em guardar dias santos.

A religião está cheia de regras e regulamentos que uma pessoa precisa seguir para fazer parte de certo grupo religioso. O Cristianismo, porém, é concordar em seguir a liderança do Espírito Santo de forma plena. Precisamos nos lembrar de que Deus nos convidou para termos um relacionamento pessoal e íntimo com Ele por meio da morte e ressurreição de Jesus Cristo. Seu convite não é para fazermos parte de uma organização religiosa, em que nos esforçamos para seguir regras a fim de obtermos aceitação e uma posição de retidão diante Dele.

As regras e regulamentos religiosos roubam a paz e a alegria. Elas roubam de nós o que Jesus morreu para nos dar. Através da religião nos voltamos para as obras, em vez de nos voltarmos para a fé. Oramos porque *devemos* orar, e não porque *queremos* orar. Estudamos a Bíblia porque somos obrigados e fazemos disso uma regra. Fomos ensinados que *devemos agir assim* e fazemos isso por *medo de não fazer*. Podemos fazer boas obras, mas nossa motivação está errada se as praticamos para ganhar a aceitação de Deus, e não para estender a mão para alguém em um gesto de amor em função do que Cristo fez por nós. A religião faz com que vivamos sob a tirania do "eu devo" e do "eu tenho de" fazer isso.

A religião é o tema da discussão em João 9. Os líderes religiosos estavam irritados porque Jesus havia curado um cego no Sábado. Veja bem, para pessoas religiosas, tudo precisa acontecer no dia certo e da maneira certa — a maneira delas. Os resultados não importam realmente, desde que você siga as regras delas. Se você não seguir as regras, elas não vão apoiar você.

Os fariseus interrogaram o cego diversas vezes para saber exatamente como Jesus havia agido de forma a restaurar a sua visão. Eles achavam que Jesus devia ser um pecador qualquer porque Ele trabalhava em um dia santo. Por fim, o homem disse: "Eu não sei todas as respostas para as suas perguntas. Tudo que sei é que eu era cego, e agora vejo". Então ele perguntou aos líderes religiosos se queriam ser discípulos de Jesus, e nesse momento eles ficaram furiosos e o atacaram (ver João 9:27-28).

A Bíblia diz que os líderes religiosos desprezaram e zombaram da pergunta do homem. Não é uma vergonha que eles não tenham conseguido se alegrar com ele? Mas sem dúvida, alegrar-se com os outros não é o que esse tipo de gente faz. A alegria é estranha a eles, e também querem sempre se certificar de que ninguém mais tenha alegria. Justiça, paz e alegria não fazem parte do seu sistema religioso. O homem a quem Jesus havia curado tinha uma resposta muito simples: "Eu era cego, e agora vejo!" Deus quer que o Cristianismo seja simples, mas a religião e os seus sistemas podem se tornar muito complicados e confusos.

Conheço muitas pessoas que lutaram a vida inteira para seguir todas as regras, mas ainda se consideram um fracasso. Esta não é a vontade de Deus para Seus filhos. Mais uma vez, Jesus disse que Ele veio para que pudéssemos ter vida e *desfrutá-la* (ver João 10:10).

Talvez você pergunte: "Deus não quer que sejamos santos? Ele não quer que façamos coisas boas?" A resposta é sim, mil vezes sim. Mas não temos de *alcançar* a santidade através das nossas boas obras. O próprio Cristo nos imputa a santidade como um dom de Deus. Recebemos a santidade pela fé, e não pelas boas obras. 1 Tessalonicenses 5:23 afirma: "Que o próprio Deus da paz os santifique inteiramente". É o próprio Deus quem fará isso, e não nós. É impossível para o homem santificar-se ou tornar a si mesmo santo.

Jesus repreendeu seriamente os líderes religiosos — os escribas e fariseus — do Seu tempo. Em Mateus 23, Ele os chamou de "falsos" e hipócritas, pois exigiam que os outros fizessem coisas que eles mesmos não estavam fazendo. Ele disse que eles eram atores; faziam boas obras, mas seus corações estavam cheios de coisas más. Eles pagavam os dízimos e seguiam outras regras, como o jejum, mas não tratavam as pessoas de forma justa e correta. Jesus disse que eles amarravam cargas pesadas para os outros carregarem, mas não queriam ajudar a levar o fardo.

Assim como muitos outros que tentam fazer o máximo para servir a Deus, tenho sofrido o julgamento e a crítica por parte de muitas pessoas. A maioria delas é "religiosa", pessoas que na verdade não me conhecem nem um pouco. Elas supõem, presumem e acusam, mas nunca me procuram de forma amorosa para me dar a oportunidade de compartilhar algo da minha vida com elas. Elas não gostam de ninguém que não faça as coisas "do jeito delas".

São pessoas que procuram defeitos em tudo e que ampliam cada falha que podem encontrar, mas nunca se importam em examinar ou sequer mencionar alguns dos bons frutos que resultaram do meu ministério ao longo dos anos. Em Mateus 7:17-20, Jesus explicou que conheceremos as pessoas pelos seus frutos. Ele não disse: "Examinem as pessoas, e se vocês encontrarem alguma falha, divulguem isso para todos os que conhecem, visando arruinar a reputação delas". Aqueles que procuram defeitos nos outros estão irados com qualquer um que tenha prosperado ou obtido êxito. O "ministério" deles é criticar o ministério dos outros. Esta é uma situação muito triste. Jesus nos chamou para amá-lo e para amarmos uns aos outros, e não para encontrarmos defeitos no corpo de Cristo.

Pessoas assim me feriram profundamente no passado, como também a muitos outros, mas preciso me lembrar de que o próprio Jesus foi atacado pelas pessoas religiosas dos Seus dias. Satanás ataca, esperando fazer com que as pessoas desistam. Ele quer nos esgotar e nos sugar, mas Deus nos dá resistência e nos faz fortes nele.

Satanás é o autor deste sistema legalista que suga a vida das pessoas. O Espírito Santo ministra vida às pessoas. O Espírito Santo nos acrescenta, Satanás rouba de nós. Em João 10, Jesus estava fazendo referência à situação do homem cego de nascença quando disse: "O ladrão vem apenas para roubar, matar e destruir; eu vim para que tenham vida, e a tenham plenamente" (v. 10). Lembre-se de que Satanás é um mentiroso, um ladrão e um legalista. Não seja mais enganado por ele — conheça o seu inimigo!

Satanás É um Criador de Problemas

A palavra *problema* é definida no Dicionário Webster em parte como: "sofrimento, aflição, perigo ou necessidade; mau funcionamento, mexer ou agitar; ser inconveniente ou incomodar". É desnecessário dizer que todos nós passamos por essas coisas em momentos alternados.

Quando as pessoas aceitam Jesus como Senhor e Salvador e começam a estudar a Sua Palavra, quando progridem de alguma maneira, Satanás lança um ataque generalizado contra elas. Ele quer envolvê-las em problemas para que elas coloquem o foco nas coisas erradas. Ele quer nos fazer colocar o foco nas coisas sobre as quais não podemos fazer nada, e não no nosso crescimento em Deus.

O capítulo 4 do livro de Marcos ilustra o que chamamos de "A parábola do semeador". Ela nos conta sobre quatro tipos de solo em que alguém planta sementes. Nessa parábola, a semente é a Palavra de Deus e o solo é o estado do coração da humanidade. O versículo 15 diz: "Algumas pessoas são como a semente à beira do caminho, onde a palavra é semeada [no coração delas]. Logo que a ouvem, Satanás vem e retira [à força] a palavra nelas semeada" (AMP).

O versículo 17 diz que algumas pessoas têm a Palavra plantada no coração, "Todavia, visto que não têm raiz em si mesmas, permanecem por pouco tempo. Quando surge alguma tribulação ou perseguição por causa da palavra, elas imediatamente ficam ofendidas (ficam insatisfeitas, indignadas, ressentidas) e tropeçam e caem" (AMP).

O versículo 19 diz: "Então os cuidados e ansiedades deste mundo e as distrações desta era, o prazer, o falso glamour e o engano das riquezas, o anseio e o desejo apaixonado por outras coisas entram e sufocam a palavra, tornando-a infrutífera".

Podemos ver a partir desses versículos que Satanás trabalha diligentemente para gerar problemas e trazer distrações.

A Palavra ensina que Satanás nos atacará por certo tempo, e se passarmos em todos os nossos testes, se resistirmos a eles e permanecermos firmes na nossa fé, ele irá embora por algum tempo e esperará outro momento para atacar. Lucas 4:13 confirma a tática dele: "Tendo terminado todas essas tentações, o Diabo o deixou até ocasião oportuna".

Esse versículo se refere à tentação de Jesus no deserto. Até o próprio Jesus não estava imune ao fato de Satanás ser um criador de problemas. A Bíblia nunca nos promete uma vida livre de problemas, mas precisamos saber quem é a fonte deles. É Satanás!

Guarde a sua paz. Satanás pode ser um criador de problemas, mas Jesus é o seu Solucionador de Problemas. Ele é o seu Libertador, o seu Esconderijo. Os momentos de teste também passarão.

Satanás tenta gerar problemas em absolutamente todas as áreas de nossa vida. Ele não ataca todas de uma vez, mas acaba atingindo todas elas. Ele criará inconveniências de todo tipo, e parece que a situação errada nunca acontece na hora certa — em outras palavras, os problemas nunca chegam quando estamos prontos para lidar com eles.

Ele pode atacar as pessoas nas suas finanças, nos seus relacionamentos, na sua saúde física, na mente, nas emoções, no trabalho, na vizinhança, ou nos projetos. O apóstolo Paulo disse que havia momentos em que ele passava necessidade e outros em que tinha fartura (ver Filipenses 4:12).

Em outras palavras, ele tinha momentos bons e momentos difíceis, como todos nós.

Recentemente convidamos quatro homens diferentes de quatro partes diferentes do país para participarem de nosso programa de televisão. Todos eles estavam bastante envolvidos na restauração da moralidade nos Estados Unidos da América. Estavam orando por um avivamento. Dave e eu também estamos muito interessados nisso, e queríamos impactar a nação com um programa especial voltado para esse assunto.

Dois dos quatro convidados tiveram um atraso significativo em seus voos. Um teve o voo cancelado e chegou muito tarde, e o voo do outro ficou parado na pista de decolagem por duas horas e meia sem nenhuma explicação a não ser o fato de estar chovendo. O que Satanás estava tentando fazer? Ele não queria que eles viessem, mas já que vinham, ele queria que todos estivessem irritados quando chegassem.

O fato de dois dos nossos quatro convidados terem o mesmo tipo de problema é mais do que uma simples coincidência. Satanás arma para nos irritar! Ele quer roubar a nossa paz porque o nosso poder está ligado a ela. Aprendi que o meu ministério não tem muito efeito se eu não estiver ministrando com um coração cheio de paz, então eu me esforço para permanecer em paz o tempo todo. Satanás tenta roubar a minha paz, e eu, com a ajuda de Deus, tento mantê-la.

Podemos confiar que Deus não permitirá que venha sobre nós mais do que podemos suportar (ver 1 Coríntios 10:13). Paulo também disse que durante todo aquele tempo, ele havia aprendido a estar contente (satisfeito a ponto de não ficar mais inquieto ou perturbado). Parece-me que ele mantinha sempre a sua paz, independentemente do que estivesse acontecendo em sua vida.

Esse é um exemplo que devemos procurar seguir. Na verdade, Paulo disse aos crentes para segui-lo como ele seguia a Cristo. Ele acreditava que estava fazendo o que Cristo faria. Jesus é "o Caminho". Quando o seguimos, sempre acabamos desfrutando uma grande vitória.

Ninguém gosta de problemas, mas todos nós os temos. Todos ficam angustiados por causa deles, e isso é algo que nunca nos faz bem algum. É hora de mudar! Não fique andando em círculos a vida inteira — aprenda a adotar uma abordagem diferente.

Passei anos ficando angustiada todas as vezes que os problemas surgiam, e Satanás ficava satisfeito com a minha reação. Eu estava seguindo a direção apontada por ele, e não a direção do Espírito Santo. A minha reação dava a Satanás poder sobre mim. As tempestades externas da vida não têm um poder real sobre nós a não ser que lhes permitamos trovejarem dentro de nós. Nem sempre podemos fazer algo a respeito do que a vida vai nos trazer, mas podemos fazer algo a respeito da nossa reação interior.

Sei que você deve ter ouvido dizer: "A atitude determina a altitude", e isso é verdade. Uma boa atitude levará você mais longe na vida do que a maioria das outras coisas. Eu tive um mau começo na vida; Satanás me criou problemas desde quando eu consigo me lembrar, e eu tinha uma atitude negativa. Era cheia de autopiedade, amargura e ressentimento. Eu tinha ciúmes daqueles que haviam tido uma vida mais fácil do que eu.

Mas Jesus me ensinou a ter uma atitude positiva. Ele disse que eu não podia ser digna de pena e poderosa ao mesmo tempo, e me disse que eu precisava escolher qual caminho iria seguir. Pela graça de Deus e com a ajuda do Espírito Santo, fiz a escolha certa, e embora tenha sido uma longa jornada, valeu a pena.

Lembre-se de que devemos buscar a paz com determinação. Estou encorajando você a adotar uma nova atitude com relação aos problemas. Lembre-se: aquilo que o inimigo projeta para o mal, Deus transforma em bem, e assim todas as coisas cooperam para o bem daqueles que amam a Deus e são chamados segundo o Seu propósito (ver Gênesis 50:20; Romanos 8:28).

AS TÁTICAS DESGASTANTES DE SATANÁS

Daniel 7:25 diz que Satanás procura esgotar os santos do Altíssimo. Como ocorre esse esgotamento? Em geral a obra dele é quase imperceptível, porque ele tenta lentamente nos esgotar — um pouco aqui e um pouco ali. Satanás envia pessoas para nos irritar assim como fez com o apóstolo Paulo (ver Atos 16:17-18).

Uma mulher seguia Paulo e Silas, gritando que eram servos do Deus Altíssimo. Ela fez isso por muitos dias, irritando Paulo porque ela gritava *continuamente* a mesma coisa durante o dia inteiro. Ele finalmente se virou para a mulher e expulsou dela um espírito maligno de adivinhação. Satanás apenas espera que fiquemos simplesmente exasperados e que nunca lidemos com a situação que está nos exasperando. Ele faz isso para nos deixar esgotados.

Felix usou sua autoridade para adiar o julgamento de Paulo e mantê-lo na prisão. Ele queria dinheiro de Paulo, então continuou mandando buscá-lo (ver Atos 24:26). Sabemos que isso se prolongou por pelo menos dois anos: Paulo continuou a argumentar com respeito à sua integridade e a pureza de sua vida, e Felix continuou a prolongar a sentença de Paulo sem julgamento.

Quando as pessoas insistem em nos irritar, isso tem um efeito diferente do que quando alguém nos irrita por apenas uma ou duas vezes. Em Juízes 16:16, vemos que Dalila pressionava Sansão *diariamente* até que o estratagema dela funcionou, e ele revelou o segredo de sua força.

Do mesmo modo, Satanás procura me esgotar de várias maneiras, mas uma de suas táticas favoritas é através de problemas com funcionários — e não apenas com um funcionário, mas com vários de uma vez. Por exemplo, podemos precisar lidar com várias pessoas que estão começando a ter contendas com outros funcionários, ou podemos ter de lembrar às pessoas que as contratamos para fazer um trabalho específico, e não para dirigir o ministério. Há pouco tempo, foi necessário lidarmos com três problemas relacionados à pornografia dentro de um período de dez dias. Isso nunca havia acontecido antes, mas de repente tivemos três situações com pessoas diferentes para confrontar.

Você pode ficar chocado ao pensar no fato de que pessoas que trabalham em um ministério cristão possam ter problemas com algo como a pornografia ou cometerem atos de desobediência tão óbvios, mas elas são tentadas da mesma maneira que qualquer outra pessoa, se não mais. Satanás trabalhou por meio das fraquezas delas, e usou-as para sugar de mim a energia que me é tão necessária.

Quero que você preste atenção especial no que eu disse. Aquela situação nunca havia acontecido antes, e *de repente* tivemos *três* problemas com pornografia de uma só vez. Isso parece ser uma tática de Satanás para me esgotar. Ele não apenas atacou as pessoas envolvidas, mas também as pessoas que precisaram lidar com o problema. Ele costuma trabalhar por intermédio de outras pessoas para chegar aos líderes dos ministérios. Se Satanás não consegue chegar até você diretamente, ele pode tentar operar por meio da fraqueza de alguém que você conhece ou ama, esperando poder irritar você por meio delas.

Certa vez, tivemos um funcionário de confiança que nos roubou. Nós o havíamos escolhido para nos ajudar com um projeto financeiro especial no qual ele precisava contar muito dinheiro. Nós o escolhemos porque "sabíamos" que podíamos confiar nele. Então, faltaram quinhentos dólares, e ao mesmo tempo a mulher desse homem estava contando às pessoas como havia encontrado — misteriosamente — quinhentos dólares na sua caixa de correio. Nós o interrogamos, juntamente com todos que faziam parte do projeto e, naturalmente, ele negou qualquer envolvimento. Não tínhamos provas e tivemos de deixar a situação em suspenso; entretanto, estávamos convencidos em nossos corações de que ele era o culpado. Alguns meses depois, ele e sua mulher deixaram de trabalhar no ministério e se mudaram para sua cidade natal.

Alguns anos se passaram e um dia recebemos um telefonema dele, pedindo perdão por ter roubado o dinheiro. Fiquei feliz por ele porque não poderia ter paz com Deus até dizer a verdade e pedir perdão a Ele e a nós. Essa situação foi muito triste para aquele homem e sua família, mas Satanás também a usou para tentar nos esgotar. A nossa energia é sugada quando confiamos nas pessoas e descobrimos que elas são desonestas.

É claro que estes são casos isolados e que 99,9 por cento de nossos funcionários no ministério são pessoas de qualidade, que andam na verdade e na integridade. Mas Satanás procura encontrar alguém por meio de quem possa trabalhar para trazer irritação e problemas.

Outra maneira através da qual ele pode procurar me esgotar é por meio de algo que mencionei anteriormente: o julgamento por parte das pessoas do mundo ou da Igreja que não sabem absolutamente nada a respeito do ministério, ou do preço que pagamos para sair de onde começamos para chegar onde estamos hoje. As pessoas têm inveja do sucesso das outras, mas não querem fazer o que elas fizeram para chegar lá.

Preciso lembrar a mim mesma o tempo todo que não devo me preocupar com o que os outros pensam de mim; minha preocupação é com o que Deus pensa de mim. Comparecerei perante Ele, e não perante qualquer outra pessoa, no Dia do Juízo. Quero ter uma boa reputação, pois sei que as pessoas não podem receber de mim se o coração delas não estiver aberto, mas não posso ser responsável pelo que todos pensam a meu respeito, e você não pode ser responsável pelo que todos pensam a seu respeito.

Parece que situações assim também aparecem em bandos. Pode se passar um longo tempo sem que absolutamente nada aconteça e depois, de repente, parece que os críticos e os criadores de problemas vêm de todas as direções procurando defeitos. Satanás sabe que é preciso mais do que um ataque para nos esgotar, então vem contra nós sem trégua e de forma irredutível.

Satanás procura oprimir os santos roubando o nosso tempo, forçando-nos a lidar com problemas iniciados por ele. Na verdade, ele gostaria que passássemos nossas vidas tentando apagar os pequenos incêndios deflagrados por ele.

Qual é a resposta? Tiago 4:7 diz que devemos nos submeter a Deus, resistir ao diabo, e ele fugirá de nós. Vemos que precisamos *resistir* ao diabo. Quando devemos resistir a ele, por quanto tempo devemos esperar, o quanto devemos suportar antes de nos levantarmos contra ele? A Bíblia nos ensina como cristãos a sermos pacientes, mas não devemos ser pacientes com o diabo. 1 Pedro 5:9 nos oferece um princípio maravilhoso e muito importante: "Resistam-lhe, permanecendo firmes na fé, sabendo que os irmãos que vocês têm em todo o mundo estão passando pelos mesmos sofrimentos". Devemos resistir ao diabo *desde o início*. Esse versículo bíblico tem sido de grande benefício para mim ao longo dos anos.

Quando Satanás ataca, devemos imediatamente começar a louvar a Deus; assim, resistimos a Satanás. Quando ele diz mentiras, devemos dizer a verdade. No instante em que sentimos o ataque, devemos nos aproximar de Deus e orar. A Bíblia nos diz para ficarmos alerta a fim de perceber quando devemos colocar a oração em prática. Por diversas vezes a Palavra de Deus nos instrui a "vigiar e orar". Isso significa observar as coisas que estão acontecendo do modo errado em nossa própria vida ou na vida de outros e orar imediatamente — não espere — *ore!*

Outra maneira de resistir a Satanás é aplicando o sangue de Jesus pela fé à situação. Assim como os israelitas foram libertos da morte colocando o sangue de um cordeiro nas vergas e nos umbrais das portas de suas casas durante a Páscoa (ver Êxodo 12:1-13), nós também podemos aplicar pela fé o sangue do nosso Cordeiro Pascal, Jesus, e sermos protegidos.

Lembre a Satanás a cruz onde Jesus o derrotou totalmente; lembre o fato de que ele já é um inimigo derrotado e que você não será enganado e iludido de forma alguma. Deixe-o saber que você percebe o fato de ser ele quem está vindo contra você e por isso não vai culpar as pessoas, Deus ou a vida.

Satanás nos quer fracos e oprimidos; assim não temos poder para resistir a ele. Satanás sabe que se ele adquirir um ponto de apoio, poderá construir uma fortaleza. Como eu disse antes, *resista ao diabo desde o início!* Seja agressivo; não espere para ver o que vai acontecer. Se esperar, você não vai gostar. Anime-se no Espírito Santo, sopre as brasas do seu fogo interior, e não deixe que elas se apaguem em meio aos problemas. Lembre-se de que Jesus, a Vitória, vive dentro de você — assim você tem a Vitória!

Mateus 11:12 nos ensina que o reino de Deus sofre um ataque violento, e homens violentos o tomam pela força. Quando estudamos o original grego da palavra *violento* (como definida na Concordância Exaustiva de Strong), ele diz mais ou menos isto: "O reino de Deus sofreu um violento ataque, mas os *enérgicos* o tomam pela força". A *Amplified Bible* acrescenta: Eles o tomam "[como um prêmio precioso — uma porção do reino celestial é buscada com o mais ardente zelo e o mais intenso empenho]".

Satanás ama o homem preguiçoso; ele sabe que a nossa inatividade é vitória para ele. Devemos resistir a Satanás no poder do Espírito Santo; se fizermos isso, nós o perturbaremos em vez de sermos perturbados por ele. Como certo ministro disse: "Perturbe o que perturba você".

Você vai perturbar o seu inimigo mantendo a paz quando ele tentar lhe trazer preocupação, medo e pavor. Continue lendo para ver como vencer essas tentações tão comuns.

Mantenedor da Paz Nº 4

NÃO SE PREOCUPE COM O FUTURO

A preocupação, o medo e o pavor são os clássicos Ladrões da Paz. A ansiedade é um problema para muitos, se não para a maioria das pessoas, e é um sinal inequívoco de que elas não estão buscando a paz com Deus. Esses Ladrões da Paz são coisas que Deus nos diz em Sua Palavra para não fazermos, pois todos eles são um desperdício total de energia; nunca produzem qualquer bom resultado.

A preocupação pode sugar a nossa energia, tornar-nos rabugentos e até nos deixar doentes. Ela tem muitos efeitos colaterais negativos e nenhum que seja bom, pois é totalmente inútil! Nós nos preocupamos simplesmente porque não confiamos em Deus. Nós nos preocupamos porque pensamos que podemos resolver nossos próprios problemas se permanecermos concentrados neles por tempo suficiente. Nós nos preocupamos porque temos medo de que as coisas na vida não aconteçam conforme esperamos.

A única solução para a preocupação é nos entregarmos totalmente a Deus e ao Seu plano. Mesmo quando coisas desagradáveis acontecem, e isso ocorre na vida de todo mundo, Deus tem a capacidade de fazer com que elas cooperem para o bem se continuarmos a orar e a confiar nele (ver Romanos 8:28).

Aceite a Vida Como Ela É

Assim como a maioria das pessoas, resisto ao que não gosto. Um dia o Senhor me disse: "Joyce, aprenda a aceitar a vida como ela é". Isso não significa que devo me deitar e me tornar um capacho para o diabo e para as pessoas que querem tirar vantagem de mim; significa que há muitas coisas a respeito das quais não posso fazer nada e, por isso, não há sentido em combatê-las.

Se estivermos viajando para algum lugar e de repente nos encontrarmos em um trânsito intenso devido a um acidente ou ao mau tempo, não adiantará nada tentar resistir. Somente o tempo irá mudar essa situação. A preocupação não irá mudá-la, ficar irritado não irá mudá-la, então por que não relaxar e encontrar alguma maneira de desfrutar esses momentos?

Deus nos equipou para lidarmos com a vida como ela é, mas se passarmos o hoje nos preocupando com o amanhã, ficaremos cansados e frustrados. Deus não vai nos ajudar a nos preocuparmos! Cada dia já traz o suficiente para levarmos em consideração, não precisamos antecipar as situações de amanhã enquanto ainda estamos tentando viver o hoje.

Jesus disse: "Portanto, não se preocupem com o amanhã, pois o amanhã trará as suas próprias preocupações. Basta a cada dia o seu próprio mal" (Mateus 6:34). Este é um dos melhores conselhos que poderíamos receber.

Pergunte a si mesmo: de que adiante me preocupar?

Diga a si mesmo: não adianta nada. Isso nunca resolve o problema, na verdade, apenas o torna pior.

A maioria das coisas com as quais nos preocupamos são resolvidas com o tempo; às vezes até se resolvem sozinhas. De alguma forma uma resposta vem, e todo o tempo que passamos nos preocupando foi um total desperdício.

Percebi que quando eu me preocupo, na verdade estou preocupada comigo mesma. A preocupação tem sua raiz no egoísmo, assim como muitos outros pecados. Ela é um pecado porque não demonstra fé, e Romanos 14:23 afirma que "tudo que não provém da fé é pecado".

Geralmente, quando me preocupo, essa preocupação está enraizada no meu temor com relação ao que as pessoas pensarão a meu respeito, no que acontecerá comigo, ou no que eu irei fazer. Todos nós nos preocupamos com as pessoas e com o que farão ou com o que poderá acontecer com elas, mesmo assim o fato é que podemos fazer menos por elas do que por nós mesmos. Se não conseguimos sequer controlar nossos próprios destinos, como podemos esperar controlar o de outra pessoa?

A preocupação definitivamente nos atormenta. E sempre haverá algo para nos preocuparmos, a não ser que escolhamos conscientemente não nos preocuparmos. A paz e a preocupação não podem coabitar. Se você pretende desfrutar uma vida de paz, a preocupação é algo do qual precisará abrir mão.

O Senhor quer que sejamos livres de toda ansiedade e preocupação que nos fazem agonizar. Ele quer nos ver livres para servi-lo sem sermos "atraídos para várias direções diferentes" (ver 1 Coríntios 7:34). Ele não quer que nossos interesses fiquem divididos entre Ele e as coisas deste mundo com as quais achamos necessário nos preocupar.

Deveríamos nos esforçar para manter nossa vida o mais simples possível; isto nos ajuda a enfrentar menos tentações com a preocupação. Quanto mais nos envolvemos com novas questões, mais enfrentamos a tentação de nos preocuparmos. Descobri, por exemplo, que quanto menos sei, menos me preocupo. Eu era o tipo de pessoa que queria estar "por dentro" de tudo, mas agora prefiro ter paz.

Paulo chegou até mesmo ao ponto de instruir as pessoas a considerar a hipótese de permanecerem solteiras a fim de não terem cônjuges a quem precisassem agradar. Ele disse: "O homem que não é casado preocupa-se com as coisas do Senhor, em como agradar ao Senhor. Mas o homem casado preocupa-se com as coisas deste mundo, em como agradar sua mulher" (1 Coríntios 7:32-33).

Certamente não é errado se casar, mas o ponto defendido por Paulo indicava que devemos manter a vida o mais simples possível, de modo a estarmos livres para servir ao Senhor. Casados ou solteiros, devemos buscar a simplicidade em nossa vida diária.

Deixe Deus Cuidar de Você

Deus quer cuidar de Seus filhos, e Ele prometeu fazer isso: "Lancem sobre ele toda a sua ansiedade, porque ele tem cuidado de vocês" (1 Pedro 5:7).

Podemos tentar cuidar de nós mesmos, ou podemos confiar em Deus e Ele fará isso por nós. O Salmo 55:22 diz que devemos lançar a nossa ansiedade sobre Ele, e Ele nos sustentará. O Espírito Santo é um cavalheiro, e Ele não nos imporá a Sua ajuda. Precisamos pedi-la a Ele.

Podemos dizer que confiamos no Senhor, mas Ele também quer ver o fruto dessa confiança. Uma das maneiras pelas quais podemos demonstrá-la é nos recusando a nos preocupar ou a ficar ansiosos.

Pelo fato de ter sofrido abuso durante a minha infância, aprendi muito cedo a cuidar de mim mesma. Aqueles para quem eu me voltei em busca de ajuda me decepcionaram; eles me desapontaram, por isso prometi não confiar mais nas pessoas. Levei algum tempo para aprender que Deus definitivamente não é como o ser humano; se Ele diz que fará alguma coisa, nunca deixará de fazer o que prometeu.

Fiquei chocada quando soube que Deus queria cuidar de mim, mas até aprender a lançar a minha ansiedade sobre Deus para que Ele pudesse fazer o Seu trabalho foi necessário um longo aprendizado. Parecia-me tão estranho não me preocupar... Ainda preciso crescer nessa área, mas, pelo menos, já não sou mais como fui um dia.

Admito que a preocupação já foi um problema em minha vida. Eu carregava muitos fardos quando ainda era muito jovem e não sabia fazer nada mais além de me preocupar. Adquiri maus hábitos, e eles não foram facilmente quebrados. Parecia que eu era literalmente viciada em preocupação e racionalização. Não conseguia me acalmar e me sentir em paz até achar que havia conseguido uma resposta para a minha situação. O principal problema era que eu sempre enfrentava algum tipo de situação; assim, eu raramente tinha o prazer de ficar em paz.

Se você é uma dessas pessoas aparentemente preocupadas com tudo, saiba que sei como se sente. Eu creio que o Senhor pode libertá-lo e Ele o fará. Existem princípios bíblicos que você pode aprender e eles são capazes de libertá-lo do cativeiro da preocupação. Abandone a preocupação consigo mesmo! Tome a decisão de deixar Deus cuidar de você.

1 Pedro 5:6 diz que devemos nos humilhar sob a poderosa mão de Deus, para que Ele no devido tempo nos exalte. O versículo 7 diz, como vimos, para lançarmos toda a nossa ansiedade sobre Ele, porque Ele cuida de nós. Esses dois versículos juntos estão dizendo que a humildade

nos libertará da preocupação. Nós nos preocuparemos enquanto pensarmos que podemos resolver nossos problemas, mas a humildade diz: "Preciso de Deus, preciso de ajuda".

Pessoas orgulhosas são independentes, mas Deus exige que sejamos totalmente dependentes Dele. Habacuque 2:4 nos ensina que a alma da pessoa orgulhosa não é reta. Uma parte da alma é a mente, e Deus não considera a nossa mente "reta" quando estamos nos preocupando. O homem justo vive por fé; ele depende de Deus para tudo.

1 Pedro 5:5 afirma que Deus resiste aos orgulhosos, mas dá graça (ajuda) aos humildes. Pessoas humildes têm a consciência do fato de não serem nada sem Deus e de não poderem fazer nada de real valor sem Ele. Eu não conseguia sequer começar a desfrutar um pouco da sensação de viver livre da preocupação até encarar o fato de que não podia resolver meus próprios problemas.

Se sabemos o que fazer, devemos fazer; se não, devemos admitir que não sabemos.

MEDITE NA PALAVRA

Se você sabe como se preocupar, sabe como meditar. Significa pensar em alguma coisa sem parar. Meditar na Palavra de Deus é uma das principais maneiras de ficar livre da preocupação. Assim como um dia criamos o hábito de nos preocuparmos (meditando nos problemas), podemos adquirir um novo hábito de meditar na Palavra de Deus. Separe trechos da Bíblia que o consolem e repasse-as sem parar em sua mente. Faça isso deliberadamente!

Assim que você estiver enfrentando uma situação difícil que o tente a se preocupar, comece a confessar e a meditar na Bíblia. Assim, você guerreia contra o inimigo da sua alma (Satanás).

Quando você começar a se preocupar, procure algo para fazer. Ocupe-se sendo uma bênção para alguém; faça algo frutífero. Falar sobre o seu problema ou se sentar sozinho em algum lugar pensando nele não vai adiantar; isto só serve para deixá-lo infeliz. Acima de tudo, lembre-se de que a preocupação é algo totalmente inútil. Preocupar-se não vai resolver o seu problema.

O Medo

A preocupação não pode existir sem o medo. Podemos temer as coisas a ponto de trazê-las à existência. O medo olha para o futuro e imagina que o pior pode acontecer. "O medo envolve tormento", de acordo com 1 João 4:18. Qualquer pessoa que tenha experimentado o medo pode dizer em voz alta *amém* a essa afirmação. O medo definitivamente atormenta!

Ter uma revelação do amor de Deus por nós e colocar a nossa fé nesse amor é o único antídoto para o medo. Podemos relaxar e viver livres da preocupação e do medo quando sabemos que Deus é bom e nos ama. Ele nos ama com um amor perfeito, pleno e completo. Ele nos ama incondicionalmente, isso significa que nunca existirão dias — e nem sequer momentos — em que Deus não nos ame. Saber disso ajuda a nos sentirmos melhor com relação a nós mesmos, e também nos liberta de emoções negativas e atormentadoras como a preocupação e o medo.

Deus está ao nosso lado, e independentemente do que aconteça, Ele prometeu nunca nos deixar ou nos abandonar. Ele disse: "Não temas, porque eu estou contigo". Medite nessa Escritura até ela se tornar uma realidade em sua vida: "No amor não há medo; ao contrário o perfeito amor expulsa o medo, porque o medo supõe castigo. Aquele que tem medo não está aperfeiçoado no amor" (1 João 4:18).

Deus o ama, e você pode viver sem medo por causa disso. Ele prometeu cuidar de você e suprir as suas necessidades legítimas. Não estou prometendo que Deus lhe dará tudo o que você quer. Às vezes queremos certas coisas e Deus sabe que elas não seriam boas para nós. Ele promete em Lucas 11 que se pedirmos pão, Ele não nos dará uma pedra se na verdade precisamos de pão. Deus sempre fará o que é melhor para nós, e precisamos confiar nisso. Este tipo de fé nos leva a ter uma vida de paz que excede todo entendimento.

Conheça o Caráter de Deus

Deus é fiel, e porque a fidelidade é parte intrínseca do Seu caráter, Ele não pode falhar conosco nem nos decepcionar. A experiência com Deus nos faz experimentar a Sua fidelidade. Temos necessidades, e Ele as supre constantemente. Talvez não faça sempre o que gostaríamos, mas Deus faz da forma correta. Talvez Ele não se adiante, mas nunca se atrasa.

Vi Deus entrar em ação milhares de vezes durante os anos em que o tenho servido. Posso dizer verdadeiramente que *Deus é fiel*. Ele me deu a força da qual eu necessitava, respostas que chegaram bem a tempo, os amigos certos nos lugares certos, portas abertas de oportunidade, encorajamento, os recursos financeiros necessários, e muito mais. Não há nada de que precisemos que Deus não possa suprir.

Deus é bom. A bondade é uma das maravilhosas características do Seu caráter. Quando algo faz parte do caráter de um indivíduo, podemos esperar que essa pessoa reaja sempre do mesmo modo. Deus não é bom apenas algumas vezes. Ele é bom o tempo todo. Mesmo para as pessoas que não merecem. Ele nos ajuda mesmo quando fomos tolos, se simplesmente admitirmos os nossos erros e pedirmos com ousadia a Sua ajuda. Podemos sempre pedir a ajuda de Deus: "Se algum de vocês tem falta de sabedoria, peça-a a Deus, que a todos dá livremente, de boa vontade; e lhe será concedida" (Tiago 1:5).

Que boa notícia! Deus nos dará sabedoria quando enfrentarmos provações — Ele nos mostrará a saída. Só precisamos pedir, e Ele nos dará sem apontar os nossos defeitos. Impressionante! Não precisamos ter medo de Deus não nos ajudar por sermos fracos ou por cometermos erros.

Outra característica do Seu caráter é a misericórdia. Misericórdia é quando alguém escolhe ser bom para as pessoas que, na verdade, merecem punição. A Sua misericórdia se renova a cada manhã. Eu sempre disse que Deus prepara um novo lote de misericórdia diariamente porque nós usamos todo o suprimento do dia anterior.

Estude o caráter de Deus (tenho uma série de mensagens disponíveis sobre o assunto); isto aumentará a sua fé e o ajudará a não se preocupar nem ficar temeroso. Lembre-se de que o medo é um espírito demoníaco enviado por Satanás do inferno para impedir o nosso progresso. O medo nos paralisa e até nos faz recuar. Ele faz com que retrocedamos. Hebreus 10:38 diz: "Mas o meu justo viverá pela fé. E, se retroceder, não me agradarei dele". A versão da *Amplified Bible* para esse versículo diz que se recuarmos e retrocedermos com medo, Deus não tem "prazer nem satisfação" em nós. Significa simplesmente que Deus não tem prazer quando, por causa do medo, somos enganados e não acreditamos em tudo pelo que Jesus morreu para que pudéssemos ter e desfrutar. Precisamos continuar seguindo em frente com o plano de Deus e nunca recuar. Satanás odeia o progresso e, sobretudo, ele usa o medo para impedi-lo.

Creio ser o medo o principal espírito usado por Satanás para controlar as pessoas. Parece ser ele também a raiz de muitos dos nossos problemas. A única resposta para o medo é enfrentá-lo com coragem. Coragem não é ausência de medo — é seguir em frente mesmo diante dele. A coragem supera o medo; ela se recusa a se curvar diante dele. A única atitude aceitável diante do medo é: *não temerei!*

Temer significa fugir ou correr. Estamos realmente com medo quando fugimos do que Deus quer que confrontemos. Quando os israelitas tiveram medo do Faraó e de seu exército, Deus disse a Moisés para dizer a eles: "Não tenham medo. Fiquem firmes e vejam o livramento que o Senhor lhes trará" (ver Êxodo 14:13).

Nunca veremos nem experimentaremos o poder libertador de Deus se fugirmos com medo. Fique firme, e veja o que Deus fará por você. Confie nele; dê a Ele uma chance de provar a Sua fidelidade e bondade para com você.

Quando o medo bate à porta, mande a fé atender. Não fale sobre os seus medos; fale palavras de fé. Diga o que Deus diria na sua situação — diga o que a Sua Palavra diz, e não o que você acha ou sente. O livro de Marcos conta o relato de uma mulher que estava sangrando havia doze longos anos. Ela ouviu falar de Jesus e acreditou que Ele poderia ajudá-la. "Porque pensava: 'Se eu tão-somente tocar em seu manto, ficarei curada'" (Marcos 5:28).

O versículo seguinte diz: "Imediatamente cessou sua hemorragia e ela sentiu em seu corpo que estava livre do seu sofrimento". Essa mulher recebeu o seu milagre por causa da fé, mas observe que sua fé disse algo a ela.

O que estiver no nosso coração, seja o que for, sairá pela nossa boca. Você tem pronunciado palavras de medo ou de fé? Ambas podem produzir resultados. A fé produz resultados positivos, e o medo resultados negativos. Aquela mulher sentiu medo? Acredito que sim. De acordo com a Bíblia, a multidão estava tão ávida que as pessoas pressionavam Jesus por todos os lados. Estou certa de que aquela mulher olhou para aquelas pessoas e pensou: *Como vou conseguir chegar perto de Jesus? E se eu não conseguir abrir caminho até Ele?* O diabo lança pensamentos de medo dessa natureza.

Mas aquela mulher fez uma escolha: mesmo diante do medo lhe dizendo que não conseguiria, ela seguiu em frente! Não retrocedeu com medo, mas prosseguiu, e Deus quer que todos nós façamos exatamente o mesmo. Ela foi avante, continuou declarando a sua fé, e recebeu o seu milagre.

Jesus disse aos discípulos que se tivessem uma fé do tamanho de um grão de mostarda, poderiam *dizer* a um monte: "Vá daqui para lá", e ele iria. Nada lhes seria impossível. (ver Mateus 17:20).

Vemos que mais uma vez Jesus nos disse que a fé *diz* alguma coisa. Eu lhe pergunto novamente, o que você está dizendo na sua situação? Quando os problemas surgem, você é capaz de manter uma boa confissão?

Em Mateus 21:21, encontramos Jesus dizendo basicamente a mesma coisa ao mesmo grupo de homens. Ele estava lembrando-lhes que se tivessem fé e não duvidassem, ainda que *dissessem* a uma montanha "Lança-te no mar", isso seria feito. As montanhas mencionadas nesses versículos se referem aos obstáculos em nosso caminho.

Imagine ter esse tipo de poder! Deus quer que tenhamos não só poder, mas também maturidade espiritual. Ele não nos permitiria usar o Seu poder para atender aos nossos desejos carnais e pessoais. Somos Seus representantes na Terra, e nosso objetivo deve ser ver o Seu reino vir e a Sua vontade ser feita na Terra assim como no céu.

Durante as nossas provações e tribulações, durante os momentos que Paulo classifica como de "necessidade", devemos manter firme a nossa confissão de fé em Jesus, esperar pacientemente, e saber que Ele nunca falhará conosco.

Aquilo que dizemos tem muito a ver com o nosso nível de paz. Por quê? Porque Provérbios 18:20 nos ensina que precisamos estar satisfeitos com os resultados das palavras que dizemos. O versículo seguinte acrescenta: "A língua tem poder sobre a vida e sobre a morte; os que gostam de usá-la comerão do seu fruto" (v. 21).

Podemos ser encorajados ou desanimados por nosso próprio discurso. Podemos diminuir e até eliminar a nossa paz ou aumentá-la. Eu o encorajo a ser responsável pelas suas palavras — elas são poderosas!

Não Acredite Nos Seus Sentimentos

Deus quer que desfrutemos uma vida de paz. Jesus nos deu essa paz, e devemos buscá-la com determinação e nos agarrar a ela. A Bíblia diz 2 Coríntios 5:7 que andamos por fé e não por vista; significa que não tomamos decisões a partir do que vemos ou sentimos. Precisamos sondar o nosso coração, onde a fé habita, e viver com base no que existe ali. O reino de Deus está *dentro de nós*, e devemos seguir esses apelos internos. Eles levam à justiça, à paz, e à alegria no Espírito Santo.

Sentimentos podem nos enganar e roubar a nossa fé mais do que qualquer outra influência. O problema com eles é o fato de estarem constantemente mudando. Podemos nos sentir de mil maneiras diferentes com respeito à mesma situação dentro de um intervalo de trinta dias. Em um instante podemos sentir vontade de fazer algo, e no minuto seguinte não querermos mais.

Os sentimentos nos provocam para dizermos coisas que não são sábias; falamos muito sobre como nos sentimos. Você acredita no deus dos seus sentimentos ou no Deus da Bíblia? Essa é uma pergunta que todos nós precisamos fazer a nós mesmos. A primeira coisa que as pessoas me dizem quando me procuram em busca de ajuda e aconselhamento é como se sentem. Devemos dizer uns aos outros o que a Palavra de Deus diz, e não o que sentimos.

Nossos sentimentos não nos transmitem a verdade; Satanás pode usá-los para nos enganar e desviar nossa atenção. As emoções não são confiáveis; não acredite nelas. Reaja com o seu coração, onde o Espírito de Deus habita, e veja se então há paz. Examine o seu coração, e não as suas emoções, antes de tomar decisões.

Por exemplo, posso encontrar pessoas com quem, no natural, eu gostaria de estabelecer um relacionamento. Elas podem ter dons ou talentos que imagino serem benéficos para o meu ministério. Entretanto, quanto mais perto delas fico, mais desconfortável me sinto em meu espírito em relação a elas.

Posso sentir claramente se as pessoas são falsas ou se suas motivações são impuras. Posso não ter nenhum elemento natural no qual basear meu conhecimento, mas aquela sensação interna não desaparece, e não sinto paz em fazer aliança com elas. Aprendi a confiar nessas orientações do Espírito, mas a desconfiar dos sentimentos. Posso querer fazer algo na minha carne, mas sei em meu espírito que é a coisa errada a fazer.

Lembro-me de uma mulher que contratamos para o ministério. Ela parecia ter fortes dons de liderança, e alguns de nossos líderes-chave queriam promovê-la. Eu tinha uma sensação de que algo não estava certo, mas não conseguia encontrar um motivo natural para os meus sentimentos. Precisávamos desesperadamente de uma boa liderança, então, por fim, eu cedi, mesmo contra o que sentia interiormente, e concordei em colocar a mulher em uma posição de autoridade.

Ela pareceu realizar um bom trabalho naquela posição por um período, então deduzi que eu devia estar enganada. Mas depois de algum tempo, começamos a receber reclamações de que ela maltratava os outros funcionários. Ela era sempre muito respeitosa comigo e com outras pessoas em cargos de autoridade, mas com os que estavam sob a sua liderança ela era uma pessoa diferente.

A pessoa falsa finge ser alguém para certo grupo, mas é outra pessoa bem diferente em outras ocasiões. Sei que ela era capaz de ser respeitosa porque ela me tratava bem, mas cometia abuso contra as pessoas quando imaginava que não haveria consequências para a sua atitude. Eu realmente desprezo esse tipo de conduta.

Mais do que qualquer coisa, Jesus desprezava os hipócritas do Seu tempo. Ele repreendia aberta e constantemente aqueles que se comportavam bem quando alguém estava observando, mas que, por dentro, eram lobos vorazes. As pessoas podem fingir por algum tempo, mas quando estão sob pressão, o seu verdadeiro eu sempre aparece. Mais tarde entendi que deveria ter ouvido aquelas inquietações internas. Deus estava me dando discernimento sobre aquela mulher, e se eu tivesse dado ouvidos teria evitado muito sofrimento, muito tempo perdido e muito gasto de dinheiro.

Existem sentimentos intuitivos (espirituais) que devemos respeitar, mas a maioria dos nossos sentimentos emocionais nos causará problemas se lhes obedecermos ou se os seguirmos. As emoções nos dirão para nos curvarmos diante do medo, quando na verdade ele nos destruirá se não resistirmos. Satanás usa as nossas emoções para destruir nossa vida. Ele não apenas vem contra nós por meio das nossas emoções, como também guerreia contra os nossos pensamentos.

Examine seus pensamentos e sentimentos com atenção. Não os siga a não ser que tenha certeza de que transmitem a vontade de Deus.

Deixe Que a Paz Seja o Seu Árbitro

Paulo disse aos crentes para deixarem a paz decidir de maneira definitiva todas as questões que surgissem. Devemos seguir a paz. Se nos lembrarmos disso, teremos vidas das quais poderemos realmente desfrutar, e não apenas tolerar. Detesto ver pessoas agindo sem vitalidade, indo conforme a maré e tolerando cada dia. Vivi assim por muito tempo, e sei por experiência própria que precisamos prosseguir em busca da paz e da alegria se quisermos obtê-las. Satanás tenta explicitamente roubar de nós o melhor desta vida. Ele não está aproveitando a vida e não quer que nenhum de nós a aproveite também.

Se obedecêssemos ao ensinamento de Colossenses 3:15, segundo o qual a paz deve ser o árbitro em nossa vida, nos pouparíamos de muitas infelicidades. Abrimos a porta para uma série de dificuldades em nossa vida por fazer o que pensamos ou sentimos em vez de seguir a paz.

Já mencionei que, por medo de ficarem sozinhas, algumas pessoas se casam com outras sem sentirem paz em relação a isso. Eu me casei por medo quando era muito jovem, e tudo terminou em divórcio alguns anos depois. Conforme já mencionei em meus ensinamentos, eu me sentia como uma mercadoria usada por causa do abuso que meu pai cometeu contra mim. Tinha medo de que ninguém me quisesse, então me casei com o primeiro garoto que demonstrou interesse por mim. Acho que eu sabia que aquilo nunca daria certo, mas o medo de ficar sozinha me fez ignorar a falta de paz que sentia dentro de mim.

Meu primeiro marido tinha muitos problemas, e Deus estava me advertindo que eu só me machucaria ainda mais, mas mesmo assim resolvi arriscar. Apostei que talvez eu pudesse tomar uma decisão errada e obter bons resultados. É claro que isso foi uma grande tolice, e por causa da minha decisão acrescentei mais cinco anos de tormento e maus tratos aos que já havia sofrido. Quando meu primeiro casamento terminou, eu tinha vinte e três anos e não conseguia me lembrar de algum dia ter sido verdadeiramente feliz ou de ter sentido paz de verdade em minha vida.

Somente quando aprendi, muitos anos mais tarde, a seguir a paz, foi que quebrei esses padrões negativos em minha vida. A paz é uma coisa maravilhosa; ela nos leva a muitas outras bênçãos. Devemos nos recusar terminantemente a viver sem ela. Como o Salmo 34:14 afirma, busque a paz, anseie e peça por ela, exija-a, e corra atrás dela! Não deixe que a preocupação ou o medo a roubem de você.

NÃO VIVA DETESTANDO COISAS

Detestar alguma coisa é um sentimento que está intimamente ligado ao medo. Poderíamos dizer que é o precursor do medo. Acredito que muitas pessoas detestam muitas coisas, mas não percebem o grande problema que vivem. Detestamos tudo, desde nos levantarmos da cama para ir trabalhar a lavar a louça, dirigir no trânsito, pagar contas, confrontar problemas, e praticamente qualquer pequenina coisa da qual possamos nos lembrar.

Por que detestamos algo que, de qualquer maneira, teremos de fazer? Através do poder do Espírito Santo, podemos desfrutar de todos os aspectos da vida. Um incrédulo talvez não seja capaz de evitar detestar muitas coisas, mas um crente em Jesus Cristo pode evitar isso. Possuímos uma força e uma capacidade sobrenaturais à nossa disposição. Os incrédulos precisam depender dos seus sentimentos, mas nós podemos ir além deles e viver por fé.

A maneira com encaramos qualquer situação faz toda a diferença no que se refere a apreciá-la ou não. É claro que ficaremos infelizes se encararmos o fato de precisarmos dirigir para o trabalho em meio ao trânsito com uma atitude negativa, de reclamação. Isso de nada adiantará, porque seremos obrigados a dirigir para o trabalho de qualquer modo.

Na verdade, é extremamente tolo detestar algo que precisamos fazer e sabemos que acabaremos fazendo. O principal resultado disso é termos nossa paz e alegria roubadas. Também suga a energia e a força que precisamos para aquele dia.

Deus ordenou aos israelitas que "não se atemorizassem", nem temessem seus inimigos (Deuteronômio 1:29). O trânsito pode ser um inimigo? Sim, se o encararmos desse modo. Podemos encarar qualquer coisa que não queremos em nossa vida por nos atrapalhar ou nos irritar, como um inimigo. Não devemos detestar ou temer nada — devemos sim viver corajosamente e com ousadia.

A fé nos enche de energia, mas detestar algo a suga de nós. Ser negativo nos suga energia, mas ao pensarmos positivamente somos "energizados". Milhões de pessoas no mundo de hoje estão cansadas. Elas procuram os médicos, que não conseguem descobrir nenhuma razão real para estarem assim, então eles lhes dizem que a causa é o estresse. Em geral, tomamos remédios para sintomas que seriam totalmente resolvidos se eliminássemos a preocupação, o medo, e o temor de nossas vidas. Se tomarmos a decisão de encarar cada aspecto do nosso cotidiano, independentemente de qual seja, com uma atitude agradável e grata, veremos mudanças importantes para melhor, até mesmo em nossa saúde.

O futuro está a caminho, não importa o quanto possamos temê-lo ou sentir pavor dele. Deus nos dá o que precisamos para cada dia, mas Ele não nos dá hoje a graça ou a sabedoria para o dia de amanhã. Se usarmos o hoje tentando descobrir o amanhã, nos sentiremos pressionados porque estamos usando o que nos foi designado para o dia de hoje.

Provavelmente, uma das melhores maneiras de demonstrar a nossa confiança em Deus é vivendo a vida um dia de cada vez. Provamos a nossa confiança nele desfrutando o hoje e não permitindo que a preocupação com o amanhã interfira em nossa vida.

Percebi uma grande diferença em minha vida quando comecei a adquirir discernimento do Espírito Santo sobre essa questão de detestar certas coisas. Essa verdade sobre viver um dia de cada vez aumentou a minha paz e alegria em grande medida.

Aprendi que na verdade não era o acontecimento enfrentado por mim que era assim tão mau — e sim o fato de detestá-lo. Nossas atitudes fazem toda a diferença! Aprenda a encarar a vida com uma atitude do tipo "posso fazer tudo o que for preciso". Não diga que você odeia coisas como dirigir para o trabalho no trânsito intenso, ir à mercearia, limpar a casa, lavar a roupa, trocar o óleo do carro ou varrer o quintal. Todas essas tarefas fazem parte da vida. Não permita que os acontecimentos do dia a dia determinem o nível da sua alegria. É a alegria do Senhor que é a sua força. Alegre-se por ir para o céu, por ter alguém que o ama sempre e em qualquer circunstância. Olhe e concentre-se no que você tem, e não no que não tem.

Todos precisam lidar com alguns detalhes desagradáveis na vida. Não saberíamos o que é a paz de Deus se nunca tivéssemos de passar por nenhuma dificuldade. É nessas dificuldades que aprendemos o quanto a paz do Senhor é preciosa para nós.

Algumas atividades certamente são mais agradáveis naturalmente e mais fáceis de realizar do que outras, mas isso não significa que não podemos desfrutar deliberadamente essas outras tarefas mais difíceis. Podemos escolher ter atitudes de alegria e paz. Geralmente, se não sentimos vontade de fazer algo, automaticamente presumimos que não podemos gostar dessa atividade ou ter paz enquanto a estivermos realizando, mas isso é um engano. Crescemos espiritualmente quando fazemos coisas difíceis com uma atitude positiva.

Nem sempre sinto vontade de ser gentil e agradável, mas posso escolher agir assim para honrar a Deus. Vivemos para a glória Dele, e não para o nosso próprio prazer. Detestar certas coisas não glorifica a Deus. Ele quer que vivamos com determinação e estejamos dispostos a encarar cada dia com coragem. Como os pais se sentiriam se seus filhos se levantassem todos os dias e dissessem detestar o dia que os pais prepararam para eles? Imagino que se sentiriam péssimos, é claro. Deus é pai — Ele é o nosso pai. O salmista Davi disse: "Este é o dia que o Senhor fez; nós nos regozijaremos e nos alegraremos nele" (ver Salmo 118:24). Observe que ele disse "nós nos *regozijaremos*" e não "nós *sentimos vontade* de nos regozijar".

O Que o Futuro nos Reserva?

O futuro nos reserva um misto de coisas que apreciaremos e de outras que preferiríamos passar sem elas, mas ambas virão. Em Filipenses 4:11-12, Paulo experimentou privação e abundância, mas também afirmou que podia estar contente em ambas, e nós também temos essa opção (e capacidade) como um dom de Deus.

Jesus nos prometeu que no mundo teríamos tribulações, mas nos disse para nos "animarmos" porque Ele havia vencido o mundo e o havia destituído do seu poder de realmente nos fazer mal (ver João 16:33). Ter pavor dos tempos difíceis não impedirá que eles venham, apenas os tornará ainda mais difíceis. Torne a vida o mais fácil possível; não a tema. Encare-a com coragem e diga: "Não temerei, porque maior é aquele que está em mim do que aquele que está no mundo" (ver 1 João 4:4).

Nenhum mortal sabe realmente o que o futuro lhe reserva, só Deus o sabe, e Ele não costuma nos contar. Por que Ele não nos revela mais sobre o futuro? Porque quer que confiemos nele, em que tudo cooperará para o nosso bem no final e que todas as coisas cooperarão para ajudar a cumprir a Sua vontade para cada um de nós. Talvez não saibamos o que o futuro nos reserva, mas podemos ficar satisfeitos em conhecer Aquele que sabe.

Passei algum tempo hoje pensando sobre o futuro, e percebi algo. Nem tudo que ele me reserva eu receberei de braços abertos. Vou enfrentar situações com as quais preferiria não ter de lidar, mas não posso impedi-las, então posso aceitá-las e passar por elas com um sorriso no rosto.

Estou convencida de uma coisa: posso passar por dificuldades, mas Deus também tem coisas maravilhosas planejadas para mim. Ele sempre equilibra o nosso cotidiano intercalando alguns dias bons para não ficarmos desanimados e derrotados diante de muitos dias difíceis. Lembre-se, Deus nunca permite que nos suceda mais do que podemos suportar, mas com cada tentação Ele também providencia o escape.

Percebi que, em minha vida, quando realmente chego ao limite do que posso suportar, algo acontece para aliviar a pressão durante algum tempo. Então sou edificada, tenho um descanso e passo por momentos de alegria — e depois talvez volte a passar por mais uma rodada de problemas. Quando sinto que cheguei ao meu limite, oro por boas notícias, pois a Bíblia diz que as boas notícias nos enchem de energia, encorajam e fortalecem. Outra Escritura diz que Davi orou para que Deus lhe mostrasse sinais evidentes da Sua boa vontade e favor (ver Salmo 86:17); também oro por isso, e Deus sempre me dá *o que* preciso *quando* preciso.

Lembre-se de que Tiago 4:2 diz que não temos porque não pedimos. Peça boas notícias a Deus — peça-lhe que o encoraje. Muitas vezes na vida, procuramos as pessoas em busca de encorajamento ou até ficamos zangados com elas quando não estão nos encorajando. Nesses momentos devemos buscar a Deus porque Ele é o Deus de toda consolação (ver 2 Coríntios 1:3).

Não precisaríamos ter fé se tudo na vida acontecesse como desejamos. Não precisaríamos ter paciência se nunca tivéssemos de esperar por nada. A fé e a paciência trabalham juntas para propiciar os avanços de que necessitamos. Enquanto esperamos, façamos isso com alegria e paz. Isso demonstra que somos filhos de Deus.

O mundo inteiro vive com medo e pavor, mas os filhos de Deus não devem viver assim. Devemos nos comportar de modo diferente das pessoas do mundo; devemos deixar nossa luz brilhar. Simplesmente ser positivo em uma circunstância negativa é uma maneira de fazer isso. O mundo perceberá quando formos estáveis em qualquer tipo de situação.

Decida agora mesmo em sua mente que você *não* terá a necessidade de se sentir bem sobre *tudo* em sua vida para poder encarar os seus dias com paz e alegria. Tome a decisão de nunca detestar nada que você precise fazer. Faça isso com uma atitude de gratidão. Existem pessoas doentes e enfermas ou que talvez estejam no hospital, e elas realmente amariam poder se movimentar apenas o suficiente para fazer o que você talvez deteste.

Nunca considerei a hipótese de dirigir até o fim da rua para comprar uma xícara de café como sendo um tremendo privilégio, até ficar hospitalizada com câncer no seio e fazer uma cirurgia. Quando tive alta, pedi a meu marido para me levar para tomar um café e para dar uma volta em um parque nas redondezas. A alegria que sentimos foi impressionante.

Eu estava fazendo algo muito simples que sempre estivera ao alcance de minha mão todos os dias, mas nunca havia encarado isso como um privilégio. Quando enfrentei a possibilidade da morte ou de um tratamento de câncer em longo prazo e descobri que eu não apenas viveria, mas também recebi um diagnostico positivo de que estava bem, de repente passei a amar tanto a vida que coisas muito simples me davam uma alegria extrema.

Nosso filho foi participar de um trabalho de evangelismo com uma equipe que visita os sem-teto toda sexta-feira à noite. Depois de ajudar nesse ministério, ele me telefonou e disse: "Se algum dia eu reclamar de novo, por favor, me bata e depois me chute por ser tão estúpido!". Ele ficou chocado com sua própria atitude ao se lembrar das coisas sobre as quais havia murmurado no passado. Ele pôde comparar sua vida e ver como algumas pessoas estavam vivendo. Todos nós nos sentiríamos da mesma maneira.

Muitos não têm onde morar e adorariam ter uma casa para limpar, enquanto nós detestamos limpar a nossa. Eles adorariam ter um carro para dirigir, mesmo sendo velho, enquanto nós reclamamos por ter de lavar o nosso carro ou levá-lo para trocar o óleo.

Estou certa de que você está conseguindo captar o que quero dizer. Na maior parte do tempo nós nos esquecemos do quanto somos abençoados, mas devemos nos esforçar para ter isso em mente. Seja grato porque você pode fazer qualquer coisa, e não deteste o que você precisa fazer.

Escolha bendizer a Deus o tempo todo, independentemente do que estiver acontecendo, como Davi fez: "*Bendirei* o Senhor o tempo todo! Os meus lábios sempre o louvarão" (Salmos 34:1, itálicos da autora).

PROSPERIDADE E PROGRESSO

Deus certamente quer que todos os Seus filhos usufruam de prosperidade e progresso, porém quero lembrá-lo mais uma vez que a preocupação e o desânimo podem impedir e ser um obstáculo para isso. Este versículo diz tudo que estou tentando dizer: "E você prosperará se for cuidadoso em obedecer aos decretos e às leis que o Senhor deu a Israel por meio de Moisés. Seja forte e corajoso! Não tenha medo nem se desanime!" (1 Crônicas 22:13).

A expectativa negativa da preocupação e do medo impede e é um obstáculo ao progresso. Viva corajosamente, viva com fé, e mantenha uma boa confissão. As coisas boas não vão simplesmente cair sobre nós; precisamos buscá-las com determinação como a mulher do fluxo de sangue buscou Jesus. Ela se recusou a aceitar um não como resposta, e conseguiu o seu milagre. Podemos ter o mesmo resultado se prosseguirmos e perseverarmos em vez de recuarmos com medo e pavor. Deus nos ajudará a dar uma virada em nossa vida, ou no mínimo nos dará graça para enfrentarmos qualquer coisa que precisarmos enfrentar enquanto desfrutamos nossa vida.

Recentemente, um grupo de pastores me fez uma pergunta: além do próprio Deus, o que me ajudou a sair da posição onde comecei no ministério e chegar ao nível de sucesso que desfruto atualmente? Eu disse imediatamente: "Eu me recusei a desistir!" Houve milhares de vezes em que senti vontade de desistir, pensei em desistir, fui tentada a desistir, mas sempre perseverava. Agradeço a Deus pela determinação que Ele nos dá.

Não permita que a vida derrote você — encare-a com ousadia e coragem, e declare que apreciará cada aspecto dela. Você pode fazer isso porque tem o tremendo poder de Deus habitando em você. Ele nunca fica frustrado ou infeliz. Deus sempre tem paz e alegria, e uma vez que Ele vive em nós e nós vivemos nele, com certeza podemos chegar lá também.

Neste instante, enquanto escrevo este trecho do livro, sinto uma terrível dor nas costas. Fiz alguns exercícios novos ontem e parece que distendi alguns músculos, mas não vou ficar concentrada na dor e deixar que ela estrague o meu dia. Tenho algo a realizar hoje, e com a graça de Deus, vou conseguir. Não vou me preocupar com a possibilidade de sentir a mesma dor amanhã ou ficar atemorizada se isso acontecer. Independentemente do que tenhamos de passar, Deus sempre estará conosco. Escolho acreditar que Jesus é Aquele que me cura, e que o Seu poder curador está operando no meu corpo neste instante!

Quando é tentado a se preocupar, Dave sempre diz: "Não estou impressionado". Ele acredita que devemos ficar mais impressionados com a Palavra de Deus do que com nossos problemas. Ele diz que se não nos deixarmos impressionar, não ficaremos *deprimidos*, depois *oprimidos*, e finalmente, talvez até *possuídos* pelas nossas dificuldades. Independentemente do que você estiver enfrentando neste instante, Deus tem uma vida maravilhosa planejada para você. Ela inclui prosperidade e progresso em todas as áreas. Inclui também grande paz, alegria indizível, e todas as coisas boas que você puder imaginar. Recuse-se a se contentar com nada menos do que o melhor de Deus para você!

Mantenedor da Paz Nº 5

NÃO TENHA
UMA MENTE DIVIVIDA

Pessoas indecisas e de mente dividida (chamadas em algumas versões bíblicas de pessoas de "ânimo dobre") são sempre infelizes; elas certamente não desfrutam a paz com Deus. A meu ver, nada é pior do que ficar em dúvida entre duas decisões e não tomar nenhuma delas. Geralmente sou uma pessoa muito decidida. Algumas vezes, tomei decisões rápido demais e cometi erros. Também descobri que, se não tomar cuidado, posso incorrer no erro de ter um "ânimo dobre" e ficar indecisa.

Creio que o diabo nos tenta a fazer isso diversas vezes. Ele faz de tudo para roubar a nossa paz, pois sabe que sem ela, ficamos impotentes. Em geral não tomamos decisões porque não queremos cometer erros. Mas não tomar decisões também *é* uma decisão *e* ainda um erro. Decida-se a se decidir! Isso gerará paz em sua vida, desde que não critique a si mesmo e volte a ficar indeciso.

Mantenha suas decisões a não ser que você realmente perceba que estão definitivamente erradas. Às vezes descobrimos se uma decisão é certa ou errada apenas quando a tomamos e vemos o resultado posterior. Tomar uma decisão errada não é o fim do mundo, na maioria dos casos, e, em geral, é melhor do que não tomar decisão nenhuma.

Algumas pessoas não fazem nada durante a maior parte de sua vida porque têm medo de se comprometer ao agir. Espero que você não seja uma delas, mas se for, quero ajudá-lo a mudar. Por favor, entenda que você precisa começar de algum lugar. Comece com coisas menores, e vá abrindo o caminho para decisões maiores.

NÃO TENHA MEDO DO QUE AS PESSOAS PENSAM

A maioria de nós não se importaria em cometer um erro se achássemos que poderíamos cometê-lo em particular. Não é o erro, mas o fato de as pessoas tomarem conhecimento dele que nos incomoda. Temos medo da opinião delas, e, no entanto, o que elas pensam não pode realmente nos fazer mal. Entretanto, nossa indecisão pode fazer muito mal.

Muitas pessoas destruíram suas vidas por ficarem excessivamente preocupadas com o que os outros pensam sobre elas. Saul perdeu o seu reino e a oportunidade de ser rei por se importar tanto com o que o povo pensava a ponto de desobedecer a Deus em mais de uma ocasião.

Todos nós um dia nos vimos diante da necessidade de escolher entre Deus e as pessoas. Realmente não deveria sequer existir essa competição, mas de alguma maneira sempre existe — pelo menos até sermos libertos do temor do homem.

Será que *as opiniões* de alguém podem realmente nos afetar tanto assim? Creio que finalmente entendi que se alguém quer me julgar, encontrará sempre uma maneira de fazer isso, independentemente do que eu faça; portanto, posso seguir o meu coração e assim conseguir desfrutar minha vida.

Seremos julgados, criticados e mal compreendidos em vários momentos na vida, e realmente não podemos fazer muito a respeito. O medo da opinião das pessoas com relação às nossas decisões apenas nos impede de progredir. Não decidimos nada e então nada acontece, com a exceção de que continuamos frustrados enquanto permanecemos indecisos e confusos com relação ao que devemos fazer.

Satanás sempre nos ameaça com um pensamento: *E se...?* Ele nos mostra a coisa mais terrível que *poderia* acontecer, e ela sempre gira em torno de um erro cometido por nós. Quando precisarmos tomar uma decisão, é importante nos lembrarmos de que existe a possibilidade de estarmos certos tanto quanto de estarmos errados.

Nunca cumpriremos nosso destino se tivermos uma preocupação indevida sobre o que as pessoas pensam. Deixe-as pensar o que quiserem. Se tiverem pensamentos equivocados, elas pagarão o preço por isso ficando infelizes. Pensamentos equivocados não podem fazer nada a não ser produzir infelicidade. Muitos colocam a culpa de sua infelicidade e falta de paz nas circunstâncias que os cercam, quando na verdade a raiz do problema são os seus próprios pensamentos terríveis.

Aqueles que conseguem se libertar do que os outros pensam aprimorarão instantaneamente sua qualidade de vida. Eles multiplicarão sua alegria e paz cem vezes mais.

SEJA CONFIANTE

Deus quer que vivamos com confiança e encaremos a vida com ousadia. Ser indeciso significa não ter nem uma coisa nem outra. Tome a decisão hoje de começar a ser decidido. Se não for assim, isso nunca acontecerá. Essa pode ser uma atitude ousada para você caso tenha passado muito tempo vivendo com medo e indecisão, entretanto isso é necessário se você realmente quiser desfrutar uma vida de paz. A indecisão não é um lugar de segurança.

Coloque a sua confiança em Cristo e em quem você é nele, e não no que as pessoas pensam a seu respeito. Não podemos basear o nosso valor no que os outros disseram ou na maneira como nos trataram. Pessoas feridas irão ferir outras pessoas. Quando você entra em contato com pessoas feridas, elas podem feri-lo ou rejeitá-lo. Podem transferir a dor delas para você, quando na verdade você não é o verdadeiro problema delas.

Conheça a si mesmo! Conheça o seu coração, e não espere que as pessoas determinem a verdade sobre o seu próprio valor. Não suponha que você está errado todas as vezes que alguém não concordar com você. Creia que a sabedoria de Deus habita dentro de você. Creia que você pode tomar decisões. Não tem sentido acreditar em algo negativo sobre si mesmo quando é igualmente fácil crer em algo positivo — e certamente é muito mais benéfico.

Pessoas indecisas geralmente são mais passivas ou inseguras por natureza. Elas são guiadas pelo medo quando deveriam ser guiadas pela fé. E você, o que motiva suas atitudes? O medo ou a fé?

Um cristão sem confiança é como um avião a jato parado na pista de decolagem sem gasolina. Ele tem uma boa aparência, mas não vai a lugar algum. Pessoas indecisas são assim. Elas podem ter todas as qualidades necessárias para ter sucesso, mas ao se recusarem a tomar decisões, não irão a lugar algum e não realizarão nada. Todo progresso começa com uma decisão.

Seja Corajoso

A coragem é uma qualidade essencialmente necessária se pretendemos fazer qualquer coisa que valha a pena com o nosso tempo aqui na Terra. Os líderes não são necessariamente, ou mesmo geralmente, as pessoas mais dotadas, mas são aqueles que têm coragem. Eles se levantam quando outros recuam com medo. Dão passos ousados de fé e fazem coisas que para as outras pessoas poderiam até parecer tolice ou falta de sabedoria, mas eles estão dispostos a se arriscar. Podem estar errados ocasionalmente, mas estão certos por tempo suficiente, a ponto disso não importar.

Eu preferiria tentar fazer muito e realizar pouco do que não tentar fazer nada e acabar realmente não realizando nada. Se não tentar nada, não realizarei nada. A pior coisa que pode acontecer é eu estar errada, e isso realmente não é o fim do mundo. Afinal, ninguém está certo o tempo todo. Eu preferiria me arriscar a estar errada e tentar realizar alguma coisa do que estar completamente errada porque não fiz nada.

Deus espera o nosso progresso. Ele espera que sejamos frutíferos e multipliquemos (ver Gênesis 1:28). Ele admira a coragem; na verdade, Ele exige coragem da parte das pessoas que trabalharão ao lado Dele. O Senhor disse a Josué que ele tomaria o lugar de Moisés e conduziria os israelitas à terra prometida. Mas havia uma condição: Josué tinha de ser forte e corajoso.

> Seja forte e corajoso, porque você conduzirá esse povo para herdar a terra que prometi sob juramento aos seus antepassados. Somente seja forte e muito corajoso! Tenha o cuidado de obedecer a toda a lei que o meu servo Moisés lhe ordenou; não se desvie dela, nem para a direita nem para a esquerda, para que você seja bem sucedido por onde quer que andar. Não fui eu que lhe ordenei? Seja forte e corajoso! Não se apavore, nem se desanime, pois o Senhor, o seu Deus, estará com você por onde você andar. (Josué 1:6-7,9)

Não importa quais qualidades ou recursos nós não tenhamos, desde que Deus esteja conosco. Ele é tudo de que precisamos. Ele compensa qualquer coisa que falte em nós. Deus disse a Josué: "Como fui com Moisés, assim serei contigo" (Josué 1:5). Moisés era grande porque Deus estava com ele e porque ele deu passos corajosos para fazer o que Deus lhe disse para fazer. A mesma coisa aconteceu com Josué — e acontecerá com qualquer um de nós que siga os caminhos de Deus do mesmo modo. O caminho Dele não é um caminho em que recuamos com medo, mas aquele em que prosseguimos corajosamente pela fé.

O caminho de Deus é o de pessoas decididas. Não devemos tomar decisões tão depressa a ponto de não pensarmos a respeito e orarmos por elas adequadamente. Devemos buscar a sabedoria e estar certos de que estamos seguindo a paz. Mas uma vez que tenhamos feito tudo que estiver ao nosso alcance para nos ajudar a garantir que estamos tomando a decisão certa considerando todas as informações disponíveis, não há tempo há perder. Precisamos tomar coragem e agir, pois nesse caso nada é pior do que ficar parado sem fazer nada.

DECIDA COM O CORAÇÃO E NÃO COM A MENTE

Uma pessoa que precisa saber previamente como resolver tudo não é corajosa. Quem tem atitudes corajosas segue o seu coração. Talvez pessoas assim nem sempre entendam por que têm essa coragem, mas são ousadas o suficiente para agir de acordo com ela. Não estou sugerindo que devemos seguir nossas emoções, isso não seria bom por elas serem muito instáveis, mas devemos seguir o nosso espírito nascido de novo — o nosso coração.

Aqueles que agem com ousadia se levantam pela fé, embora não tenham provas concretas de que tudo vai dar certo. Eles decidem com base no *discernimento*, o que significa ser capaz de captar e compreender o que é obscuro. É a capacidade de ver o que não é óbvio diante das circunstâncias. A pessoa poderia dizer que toma decisões com base no que sente em seu "interior". Isso significa simplesmente que ela faz o que acredita ser o certo mesmo sentindo-se desconfortável. O próprio Jesus não tomava decisões com base no conhecimento natural.

> E ele se inspirará no temor do Senhor. Não julgará pela aparência, nem decidirá com base no que ouviu; mas com retidão julgará os necessitados, com justiça tomará decisões em favor dos pobres. Com suas palavras, como se fossem um cajado, ferirá a terra; com o sopro de sua boca matará os ímpios. (Isaías 11:3-4)

Vemos a partir dessa passagem bíblica que Jesus não decidia "pela aparência" ou com base "no que ouviu", mas Ele "se inspirava no temor do Senhor". Se seguirmos o nosso coração, poderemos entender rapidamente o que não conseguíamos compreender pelos meios naturais em toda uma vida. É triste, mas a maioria das pessoas tem medo de agir na esfera do sobrenatural; elas querem entender tudo em sua mente.

Uma vez por ano um homem estava me ajudando a fazer meu imposto de renda. Quando ele observou que dávamos 10 por centro da nossa renda para a igreja todos os anos, ele me disse imediatamente que estávamos dando demais, pois aquilo não era necessário e devíamos parar.

Ele estava olhando o fato de ofertarmos com os olhos naturais e não conseguia encontrar um motivo pelo qual desejaríamos fazer algo assim. Nós estávamos olhando para aquilo a partir do nosso conhecimento da Palavra de Deus. Entendíamos espiritualmente nossa atitude e acreditávamos que se ofertássemos, Deus sempre cuidaria de nós. Tentei explicar-lhe os princípios de Deus sobre semeadura e colheita, mas ele insistiu dizendo que se quiséssemos dar, não precisava ser tanto, principalmente quando não sobrava muita coisa depois que ofertávamos à igreja e pagávamos nossas contas.

Esse é um exemplo de um homem natural que não entende o homem espiritual. 1 Coríntios 2:14 explica que o homem natural não pode entender as coisas espirituais porque elas precisam ser discernidas espiritualmente. Isso simplesmente significa que as coisas espirituais acontecem no espírito nascido de novo do homem interior, e não na mente natural.

Este é um dos motivos pelos quais a Palavra de Deus nos instrui a deixarmos que a paz seja o árbitro em nossa vida, dando a palavra final com relação a tudo que for questionável. Se tivermos de optar entre duas direções, para qual delas iremos? O que decidimos? Decidimos fazer o que sentimos paz em nosso coração, aquilo que nos faz sentir bem dentro de nós. Deus fala e se comunica com o coração do homem, e não necessariamente com a mente dele. Conhecemos a Deus em nossos corações. Ele habita ali.

Esse é o motivo pelo qual as pessoas dependentes de seu intelecto têm dificuldade para crer em Deus. Elas não o veem, não o sentem, e muitos dos Seus princípios não fazem sentido para sua mente natural.

Naturalmente falando, que sentido faz dizer às pessoas que elas prosperarão se derem uma parte do seu dinheiro? Não faz sentido algum. A Bíblia diz que os últimos serão os primeiros, e os primeiros serão os últimos. Isso não faz sentido para a minha mente, mas sei, pelo entendimento espiritual, que quando tentamos nos colocar em primeiro lugar a todo custo, terminaremos em último, mas quando esperamos em Deus para nos promover, ainda que comecemos por último, terminaremos em primeiro lugar.

Sou muito grata pelo discernimento e pelo entendimento espiritual. Aprecio o fato de você e eu, como crentes em Jesus Cristo, sermos cheios do Seu Espírito e podermos tomar decisões corajosamente pelo fato de sermos capazes de confiar no que está no nosso coração.

Se você tem enfrentado dificuldade para tomar uma decisão, experimente isto: deixe sua mente descansar. Não fique *pensando* no que deve fazer. Depois observe o que está no seu coração — o que lá dentro você já sabe que deveria fazer? Faça o que lhe trouxer paz.

Uma pessoa pode querer comprar um carro novo, mas não sentir paz com relação a isso. Empolgação não é paz. Se você estiver confuso, não está dentro da vontade de Deus. Ele é o Autor da paz, e não da confusão. Satanás quer vê-lo confuso. É realmente muito simples: se não sentir paz, não compre o carro. Se comprá-lo sem paz, posso lhe garantir que mais tarde lamentará o fato de ter feito isso. Ou terá comprado algo que não atenderá às suas necessidades, e exigirá muita manutenção, ou gerará uma pressão financeira excessiva.

Não precisamos saber por que Deus não está nos dando paz para fazer algo; precisamos apenas seguir a Sua direção. Ele não é obrigado a explicar, mas nós somos obrigados a confiar nele.

O Homem de Mente Dividida É Instável e Não Confiável

Em Tiago 1, vemos que quando precisamos de sabedoria devemos pedi-la a Deus, e Ele nos dará — mas precisamos pedir com fé. Não devemos vacilar, hesitar ou duvidar. Quem age assim não receberá nada que pedir ao Senhor. Por quê? Se o homem não consegue se firmar e tomar uma decisão a respeito do que acredita, como Deus pode lhe dar alguma coisa? "[Porque sendo como ele é] um homem de mente dividida (hesitante, dúbia, indecisa), [ele é] instável e não confiável, e incerto com relação a tudo [o que pensa, sente e decide]" (Tiago 1:8, AMP).

O homem que tem a mente dividida não é confiável, e é instável. Ninguém deseja ter essa reputação. Quero que as pessoas e o Senhor sejam capazes de depender de mim, de saber que falo sério quando digo algo e que não mudarei de ideia sem ter uma razão muito boa para isso.

Paulo disse aos Coríntios que quando dizia *sim* a eles, queria dizer *sim*. Ele prometeu que o *sim* não acabaria sendo *não* (ver 2 Coríntios 1:17-18). Em outras palavras, Paulo estava prometendo não ter a mente dividida, estava dizendo aos membros da igreja que podiam contar com ele, pois seria estável e cumpriria a palavra dada.

A integridade é extremamente importante para todos, e principalmente para os líderes. Como Paulo poderia esperar ser respeitado se não fosse confiável? Ele não poderia, e nós também não.

Quero me relacionar com pessoas das quais eu possa depender. Com aquelas que conheço e sei que são decididas, estáveis e confiáveis. Quero poder confiar nas pessoas, pois bons relacionamentos são construídos com base na confiança. Recentemente me envolvi em um evento que exigia das pessoas uma inscrição antecipada, indicando se estariam participando dele ou não. Novecentas pessoas se comprometeram a participar, mas apenas setecentas compareceram. Poucas pessoas se preocuparam em cancelar sua presença ou mesmo em comunicar que não poderiam comparecer, gerando assim um problema duplo: em primeiro lugar, elas não cumpriram a sua palavra, e em segundo lugar, tínhamos comprado e preparado refeições para novecentas pessoas, e como apenas setecentas compareceram, obviamente tivemos muita sobra de comida.

Isso foi uma falta de consideração por parte delas e foi prejudicial a elas espiritualmente, pois não honraram o seu compromisso. Hoje este é um problema generalizado em nossa sociedade. A maioria não vê nada de mais em dizer que vão fazer algo e depois mudar de ideia sem um bom motivo, exceto o fato de não sentirem mais vontade de fazer o que se comprometeram a fazer. A desculpa delas é "mudei de ideia".

O mínimo que podemos fazer quando assumimos um compromisso e não podemos ou não queremos cumpri-lo é dar um telefonema e avisar. Não deixe as pessoas esperando, sem ter ideia do que aconteceu.

Aqueles que não compareceram ao evento mencionado acharam que isso não tinha importância. Mas se não fazemos o que prometemos fazer, isso *sempre* tem importância.

Nossa palavra é um contrato verbal. Este versículo mostra que Deus a considera como uma promessa: "Quando você fizer um voto, cumpra-o sem demora, pois os tolos desagradam a Deus; cumpra o seu voto. É melhor não fazer voto do que fazer e não cumprir" (Eclesiastes 5:4-5).

Devemos considerar essas Escrituras no nosso coração e encará-las com seriedade. Não assuma compromissos de forma descuidada sem considerar se está preparado ou não para cumpri-los. Tenho certeza de que algumas daquelas duzentas pessoas que deixaram de comparecer tinham bons motivos para isso, mas também tenho certeza de que a maioria delas simplesmente não achou necessário cumprir sua palavra.

Quando cumprimos nossa palavra, ainda que nos seja inconveniente fazer isso, demonstramos ter um bom caráter. Devemos nos preocupar com o nosso exemplo porque o mundo está nos observando quando afirmamos ser cristãos. Eles querem ver se falamos apenas da boca para fora, ou se estamos vivendo aquilo em que dizemos crer.

Testemunhei pessoas se inscrevendo em eventos ou atividades e não comparecendo inúmeras vezes durante meus anos de envolvimento com as atividades da igreja. Comecei a ficar chocada, pois presumia que podíamos confiar nas pessoas da igreja, mas logo aprendi que só porque uma pessoa vai à igreja, ela não se torna honesta e verdadeira automaticamente.

Aqueles que não cumprem com a sua palavra sempre têm algum tipo de desculpa, mas não acredito que tenham paz. Não podemos ter a mente dividida, ser pessoas instáveis e em quem não se pode confiar e, ao mesmo tempo, desfrutar a paz. Podemos tentar afastar o peso em nossa consciência por não cumprirmos nossos compromissos, mas a presença desses sentimentos corrói a paz que Deus quer que desfrutemos.

Uma das maneiras de manter a paz com Deus, consigo mesmo e com o seu próximo é fazendo o que você promete fazer. Ao tomar uma decisão, não mude de ideia a não ser que não tenha outra escolha.

Não Tenha a Mente Dividida, Mesmo Nas Pequenas Coisas

Embora eu geralmente seja muito decidida, já tive a mente dividida no que se refere a coisas pequenas como o que vestir ou aonde fazer as refeições. Deus me mostrou que ter uma mente dividida até mesmo nessas pequenas coisas gera pressão e me rouba a paz. Por exemplo, gosto que minhas refeições sejam perfeitas, então penso em um restaurante que serve a salada que mais gosto. Mas depois outro me vem à mente porque tem um café maravilhoso. Então me lembro do prato de massas que amo em outro local, e sem me dar conta, já passei meia hora ou mais com minha mente vagando e conversando com outras pessoas sobre aonde quero comer.

É algo tão forte que já se tornou piada em minha família. Meu filho me diz de manhã cedo: "É melhor começar a pensar desde já onde quer jantar, para que até à noite quando chegar a hora de sairmos você já tenha decidido". Ou quando digo a ele para fazer uma reserva em um restaurante para todos nós, ele costuma dizer: "Vou confirmar com você dentro de duas horas se a decisão ainda é a mesma, para nesse meio tempo não precisar mudar três vezes a reserva".

Estou melhorando, mas ainda me vejo caindo na armadilha de ter a mente dividida nessa área só porque quero comer uma refeição perfeita — o que provavelmente nem existe.

Tenho uma grande coleção de filmes clássicos e costumo ficar com a mente dividida sobre qual filme quero assistir. Posso escolher três ou quatro e ficar entre um e outro. Leio a parte de trás da caixa e pergunto às pessoas da família o que acham. Tomo uma decisão, mas depois posso perguntar às pessoas que assistiram ao filme qual é o melhor e mudo de ideia outra vez. Às vezes fico tão frustrada que acabo não assistindo a nenhum deles. Ligo a tevê e mudo de um canal para o outro por uma hora e depois vou me deitar. Isso é uma perda de tempo ridícula, e outro hábito que estou me esforçando para mudar. Como você pode ver, também não sou perfeita nessa área, então, se você precisa mudar, podemos mudar juntos.

A questão principal é que o fato de ter a mente dividida nas pequenas coisas, mesmo parecendo não ser algo muito importante, pode roubar a sua paz, e perder a paz não vale a pena.

A única maneira de descobrir se vou gostar de um filme que ainda não assisti é começando a assisti-lo. Se ele não me agradar, posso tentar ver outro, mas pelo menos preciso fazer algo que não reflita uma mente dividida.

De acordo com as Escrituras, são as raposinhas que estragam as vinhas. Em outras palavras, nem sempre são as coisas grandes que geram infelicidade; em geral são as coisas pequenas, quase imperceptíveis — coisas que achamos não terem a menor importância.

Algumas pessoas que não têm paz procuram nos lugares errados onde está a fonte dos seus problemas, mas ela pode estar simplesmente no fato de elas serem indecisas, mesmo nas pequenas questões da vida diária. Para superar isso, essas pessoas precisam praticar tomar decisões, começando com situações que geram consequências menores. Isso as ajudará a adquirir confiança para as questões maiores.

Escolha a Quem Vai Servir

Josué obviamente era um homem que tinha a mente decidida quanto ao que iria fazer, e não importava para ele o que os outros fizessem. Ele disse: "Se, porém, não lhes agrada servir ao Senhor, escolham hoje a quem irão servir, se aos deuses que os seus antepassados serviram além do Eufrates, ou aos deuses dos amorreus, em cuja terra vocês estão vivendo. Mas, eu e a minha família serviremos ao Senhor" (Josué 24:15). Não devemos esperar para ver o que as outras pessoas farão antes de tomar as nossas decisões, principalmente no que se refere a servir a Deus.

Tiago falou sobre os crentes que não conseguem se decidir se querem Jesus ou o mundo quando escreveu: "Aproximem-se de Deus, e ele se aproximará de vocês! Pecadores, limpem as mãos, e vocês, que têm a mente dividida, purifiquem o coração" (Tiago 4:8). Tiago se referiu às pessoas que têm interesses divididos como uma espécie de "adúlteros espirituais": elas escolhem o mundo como amigo, e assim fazem de Deus seu inimigo.

Não podemos servir a Deus e ao mundo. Estamos no mundo, mas a Bíblia nos instruiu a não sermos como ele. Podemos viver nele, mas não podemos amá-lo. Deus deve ocupar o primeiro lugar em todo o tempo.

Manter o Senhor em primeiro lugar exige tomarmos decisões constantemente e nos recusarmos a ter uma mente dividida. Exatamente quando tomamos a decisão de fazer a coisa certa, alguém aparecerá e tentará nos convencer a fazer concessões. Precisamos permanecer firmes no que acreditamos ser o certo para nós.

Tiago também se referiu aos que não conseguem decidir se querem Deus ou o mundo como "pecadores", e disse-lhes para purificarem seus corações dessa divisão mental. Satanás experimentou tentar Jesus com o mundo e tudo o que ele tinha a oferecer, mas Jesus respondeu prontamente citando as Escrituras. Jesus sabia o que queria, Ele sabia o que era realmente importante, por isso permaneceu firme na Sua decisão original de fazer o que Deus o havia enviado para fazer (ver Lucas 4).

A tentação virá. Sempre que a enfrentarmos, mas permanecermos firmes no que sabemos ser o certo, esse será um momento decisivo em nossa vida. O plano final do inimigo é nos destruir. Ele pode fazer o pecado parecer convidativo no princípio, mas no fim, lamentaremos se cairmos em sua armadilha.

Repito, não tenha uma mente dividida. Decida-se por servir ao Senhor, e não se curve ao diabo nem a ninguém por meio de quem ele esteja tentando trabalhar. Seja como Josué: tenha uma atitude firme para com os outros que tentam demovê-lo da sua posição de justiça. Ninguém comparecerá diante de Deus e prestará contas por sua vida no seu lugar, somente você (ver Romanos 14:12), portanto, tome suas próprias decisões.

Toda decisão é uma semente que você planta, e cada semente produz uma colheita. *Antes* de mudar de ideia e ceder à tentação, pergunte a si mesmo se você quer colher a colheita daquela semente que está sendo tentado a plantar. A Bíblia está literalmente cheia de promessas de boas coisas para aqueles que seguem as ordens de Deus. Decida-se por seguir Jesus, e nunca mude de ideia.

Em Lucas 10, vemos que Jesus visitou duas irmãs chamadas Maria e Marta. Estas mulheres tinham uma natureza muito diferente. Uma estava muito interessada em *buscar* Jesus e a outra em *impressioná-lo*.

Marta estava ocupada com muitos serviços. Ela queria que tudo estivesse limpo e organizado, por isso ficou zangada com sua irmã Maria, pois esta estava sentada aos pés de Jesus, querendo aprender tudo que pudesse e desfrutar Sua presença enquanto Ele estivesse ali.

Marta chegou a reclamar com Jesus e pediu a Ele que dissesse a Maria para se levantar e ir ajudá-la. Jesus respondeu dizendo: "Marta! Marta! Você está preocupada e inquieta com muitas coisas; todavia apenas uma é necessária. Maria escolheu a boa parte, e esta não lhe será tirada" (Lucas 10:41-42).

Maria foi firme em sua escolha, e mesmo quando Marta se zangou com ela, Maria não mudou de ideia. Precisamos entender que as pessoas muitas vezes ficarão zangadas conosco se não fizermos as escolhas que elas querem que façamos, mas devemos permanecer firmes e seguir o nosso coração.

Aprenda a relaxar e a ser mais como Maria. Marta acreditava que devia cuidar de tudo sozinha. Ela queria que tudo estivesse perfeito. Às vezes podemos observar que somos como Marta — ficamos tensos mesmo quando não temos nada para nos deixar tensos. Na maior parte do tempo, essa é a nossa maneira de encarar a vida. No próximo capítulo, vamos examinar maneiras de relaxar e desfrutar a vida, confiando que Deus em Sua fidelidade cuidará de nós.

Mantenedor da Paz Nº 6

FIQUE SOBRENATURALMENTE RELAXADO

Quanto mais conhecemos o Senhor, mais relaxados devemos ficar quando enfrentamos situações que tentam roubar a nossa paz. A experiência prévia com Deus é valiosa, pois por meio dela aprendemos que de algum modo Ele sempre vem em nosso socorro. Todas as vezes que enfrentamos uma nova crise, podemos nos lembrar de que, embora Ele possa não ter feito exatamente o que queríamos, Ele sempre fez algo que funcionou. Relaxar diante das provações nos ajuda a manter a nossa paz com Deus.

Os novos crentes que não têm exemplos em sua própria vida para edificar a sua confiança em Deus precisam ser mais dependentes dos exemplos da Bíblia que falam da fidelidade de Deus. Os testemunhos de outros crentes também podem encorajá-los bastante.

Lembre-se, Jesus disse que devemos nos achegar a Ele quando tivermos problemas, e Ele nos dará descanso. A *Amplified Bible* traduz as Suas palavras assim: "Vinde a Mim, todos vós que trabalham e estão sobrecarregados e oprimidos, e eu lhes darei descanso [aliviarei e renovarei as suas almas]" (Mateus 11:28).

Isto soa como se Jesus quisesse que vivêssemos permanentemente relaxados, e não tensos, nervosos, preocupados ou ansiosos com o ontem, o hoje ou o amanhã. Podemos parar de racionalizar e de tentar calcular tudo o que precisamos fazer. E o Senhor tampouco quer que fiquemos irritamos com as pessoas por não estarem fazendo o que nós queremos que elas façam.

Jesus quer que confiemos Nele e relaxemos. Chamo isso de estar sobrenaturalmente relaxado, porque no natural podemos ter dificuldade em aprender como relaxar ou em encontrar tempo para isso. Mas quando Deus acrescenta o *sobre* Dele ao nosso *natural*, ficamos com o *sobrenatural*. Podemos ter um relaxamento sobrenatural!

Jesus estava dizendo: "Venham a Mim para tratar de qualquer assunto, porque Eu sempre quero ajudar vocês em tudo". Não há nada pequeno demais e não há nada grande demais para levarmos a Ele. Pedir a Deus nunca é demais. Seus pedidos nunca serão excessivos para Ele.

JESUS INTERCEDE POR NÓS

Creio que para relaxar, você precisa entender o ministério de Jesus nos dias atuais. Ele continua trabalhando em seu favor desde que você mantenha a sua confiança nele. Até mesmo enquanto lê este livro, você pode orar: "Senhor, deixo todas as minhas situações e circunstâncias em Tuas mãos. Deixo o passado para trás. Sei que posso confiar em Ti para resolver todas as minhas questões para o meu bem. As coisas vão ser diferentes de agora em diante, porque vou relaxar e simplesmente desfrutar a Tua presença".

Libere a sua confiança em Deus por meio de palavras cheias de fé e através de pequenas orações curtas ao longo do dia. Nem toda oração precisa ser longa e eloquente. Passe o seu dia em oração.

Um dos ministérios mais abençoados de Jesus nos dias atuais é o de interceder por nós. A Palavra diz de Jesus: "Portanto ele é capaz de salvar definitivamente aqueles que, por meio dele, aproximam-se de Deus, pois vive sempre para interceder por eles" (Hebreus 7:25).

Tudo que Jesus pede ao Pai, Deus atende. Então, seja o que for que Ele esteja orando por mim, seja o que for que Ele esteja orando por você, vamos receber! Jesus nunca cessa de orar por nós. Significa que podemos relaxar, pois a Palavra promete que Jesus está sentado à direita do Pai e intercede por nós (ver Romanos 8:34).

Para ficarmos sobrenaturalmente relaxados, é importante entendermos o relacionamento entre a Videira (Jesus) e os ramos (nós, os crentes). João 15:4-5 nos ensina que Jesus é a Videira, e o Pai é o Agricultor. Ele corta qualquer ramo que não dê fruto, mas limpa e poda repetidamente cada ramo que continua a dar frutos para torná-lo ainda mais produtivo.

Percebi há muito tempo que a poda é apenas um aspecto da vida. Somos podados se damos frutos e também se não damos! De acordo com o dicionário *Webster New College*, a palavra *poda* significa cortar ou remover partes mortas ou vivas, para moldar ou estimular o crescimento, para remover ou cortar o que é desnecessário, para reduzir, remover o supérfluo ou indesejável. Em outras palavras, Deus vai lidar conosco, pois somos como galhos que devem dar frutos, para que por fim o mundo os possa colher e ser alimentado. Deus quer que supramos as necessidades das pessoas, que sejamos uma bênção para elas e vivamos para a Sua glória.

Quanto mais recebermos a força da vida de Jesus através Dele, a Videira, mais frutos crescerão em nós, os ramos. Mas os ramos não precisam se esforçar para dar frutos, assim como nós não precisamos trabalhar ou ficar sobrecarregados para produzir bons resultados em nossa vida. Não atingimos nossos objetivos porque tentamos, mas porque cremos. Devemos permanecer em Jesus. Basta apenas ficarmos "agarrados" à Videira para Ele derramar a Sua vida dentro de nós e assim darmos frutos.

PERMANEÇA EM CRISTO

Tudo que precisamos é mais de Jesus! Quanto mais relaxarmos e confiarmos nele, mais estaremos permanecendo nele. Nunca vi um pessegueiro frustrado, angustiado ou estressado tentando produzir pêssegos. A árvore descansa no chão, e a vida da videira flui para os galhos e produz frutos. Esta é a vontade de Deus para cada um de nós: que descansemos em Jesus e produzamos bons frutos.

Sempre que volto para casa depois de ministrar em conferências, eu me renovo e me revitalizo permanecendo em Jesus. Oro, medito na Sua Palavra e passo tempo com Ele. Digo: "Obrigada, Senhor, por me fortalecer. Obrigada por recarregar minhas baterias. Preciso de Ti, Jesus. Não posso fazer nada sem Ti".

Sei que preciso permanecer nele se quiser dar bons frutos. Permanecer nele reabastece a energia despendida em minhas conferências. Durante muitos anos, eu ministrava , voltava para casa, e ia direto para o escritório ou para outra viagem sem passar o tempo que precisava com o Senhor. Eu sempre acabava esgotada, deprimida, chorando e querendo sair do ministério por causa da pressão.

Se dirigirmos nossos carros sem encher o tanque, vamos acabar ficando sem gasolina e nosso carro vai parar em algum lugar da estrada e precisaremos ser rebocados. Pode acontecer o mesmo conosco como indivíduos. Vamos "quebrar" mentalmente, fisicamente, emocionalmente e espiritualmente se não continuarmos cheios de Jesus, permanecendo nele.

Na maioria das manhãs, Dave e eu passamos de duas a três horas com o Senhor, orando, lendo, meditando, refletindo, escrevendo, descansando, confiando e permanecendo nele. Quando chega a hora de enfrentar minhas responsabilidades familiares ou de trabalho, estou cheia de bons frutos para o caso de alguém ter alguma necessidade. Às vezes as pessoas nos irritam, e quando elas fazem isso queremos que elas possam colher bons frutos em nós.

Se eu permanecer em Jesus, a Videira, sempre terei o necessário para dar aos outros. Mas se não passar tempo com o Senhor, eu me tornarei como aquela figueira cheia de folhas, mas sem frutos. A Bíblia diz que Jesus tinha fome quando viu uma figueira à distância, e foi até ela para pegar algo para comer, mas não havia frutos nela. Então Ele a amaldiçoou e disse: "Nunca mais nasça fruto de ti" (ver Mateus 21:19). Lembro-me de ter pensado que a figueira não tinha culpa. Então li que quando a figueira tem folhas, também deve ter frutos. Creio que Ele amaldiçoou a árvore porque ela era falsa — tinha folhas, mas não frutos.

Acho que muitas pessoas são como figueiras sem frutos. Elas têm todos os "aparatos cristãos" (as folhas), mas não têm os frutos da verdadeira fé em sua vida. Parecem ter uma vida cristã: têm adesivos com versículos bíblicos colados no carro, o peixinho símbolo do Cristianismo no porta-malas, as grandes Bíblias que levam para o trabalho e dizem "Glória a Deus" a toda hora. Mas quando um colega de trabalho as procura, carente de gentileza, paciência, misericórdia ou amor, elas não têm o necessário — não há frutos (boas obras ou uma atitude agradável), pois não estiveram ligadas (permanecendo) na Videira. Elas também vivem com a maldição de não terem os frutos da paz em suas próprias vidas.

Tenho medo de não passar tempo com Deus porque, como uma ministra da Palavra de Deus, não faço nada de glamoroso quando ensino. Sei que se eu não tiver a unção que recebemos quando permanecemos em Cristo, estarei acabada antes mesmo de abrir minha boca.

Jesus disse que se permanecermos nele, Ele permanecerá em nós. Se vivermos nele, Ele viverá em nós, e que não podemos dar frutos se não permanecermos nele. Mas se vivermos — e isso implica permanecermos diariamente nele — *daremos frutos com abundância* (ver novamente João 15:4-5). Quer seja ensinando ou fazendo qualquer outra coisa que costumo fazer na vida, aprendi por experiência própria que preciso Dele. Não posso fazer nada de real valor sem Ele. Se o Senhor não edificar a casa, em vão trabalham os que a edificam (ver Salmos 127:1).

Para ter paz, é muito importante permanecermos em Cristo, e isso significa passar tempo com Ele regularmente. No mundo em que vivemos hoje, um pouco de tempo com Deus não basta. Ele deve ocupar o primeiro lugar em nossos pensamentos, nas conversas, finanças e em nossa agenda. Não tente encaixar Deus na sua agenda; organize-a ao redor Dele. Coloque-o em primeiro lugar, e tudo funcionará de forma adequada.

Se você colocar Deus em primeiro lugar em tudo, descobrirá que está conseguindo realizar as coisas de modo sobrenatural. Ele pode até enviar alguém que você não esperava para ajudá-lo. Duas pessoas me disseram recentemente que Deus moveu o coração de pessoas conhecidas para ajudá-las nas tarefas domésticas ou outros afazeres; os ajudantes mencionaram terem sentido que Deus colocara aquilo em seus corações e queriam fazer sem cobrar nada.

A mesma coisa aconteceu comigo há muitos anos, quando iniciei meu ministério. Eu tinha quatro filhos pequenos, não tinha dinheiro e nem muito tempo para me preparar para o ministério. Deus enviou uma amiga e ela se ofereceu para me ajudar dois dias por semana sem cobrar nada.

Quero dizer novamente: se você colocar Deus em primeiro lugar em tudo, descobrirá que está conseguindo realizar as coisas de modo sobrenatural. Colocar Deus em primeiro lugar não tem a ver com todo o aparato cristão que mencionei, pois ele nada mais é do que "folhas de figueira". Não se esqueça de que quando Adão e Eva estavam com problemas, eles se cobriram com folhas de figueira também. Elas não foram adequadas para suprir sua necessidade de se cobrirem, então Deus providenciou uma cobertura suficiente para eles (ver Gênesis 3:21).

Não somos capazes de nos tornar cristãos que dão frutos. Dar fruto é trabalho do Espírito Santo, e Deus recebe a glória. Deus promete nos enxertar nele para que a Sua vida flua através de nós (ver Romanos 11:17).

A imagem do galho sendo enxertado na videira é um conceito interessante porque requer pegar um galho que está quase morto e encaixá-lo diretamente em uma videira viva. Esse processo traz a vida de volta ao galho quase morto. Este galho não pode fazer nada a não ser receber vida da Videira. Como ramos enxertados, devemos simplesmente relaxar na presença de Deus e deixar que a Sua vida abundante flua através de nós.

Confie Sua Vida a Deus

Não há nada que possamos dar a Deus, exceto a nós mesmos. Podemos demonstrar apreço por tudo que Ele fez por nós, e louvá-lo pela Sua bondade.

Confie sua vida a Deus; Ele quer você! Ele quer cuidar de você e ser tudo para você. A entrega total da sua vida lhe trará uma tremenda paz com Deus — a paz que excede todo entendimento.

Manteremos a nossa paz se entregarmos nossa culpa pelos pecados do passado a Deus. Deus quer que peçamos e recebamos o Seu dom gratuito do perdão, que sempre esteve disponível a nós. Eu o encorajo a desenvolver um hábito: quando pedir a Deus para perdoar os seus pecados, vá em frente e diga: "Recebo este perdão neste instante, e abandono toda a culpa".

Aprenda a receber; veja a si mesmo como um ralho agarrado à Videira. Tudo que você pode fazer é receber vida dessa Videira. Confesse: "Eu recebo, Senhor. Eu me entrego a Ti, e recebo a Ti como tudo em minha

92 Parte 1 — Fique em Paz com Deus

vida: meu Salvador, meu Senhor, minha Força, minha Paz, minha Justiça, minha Alegria, minha Justificação, minha Santificação e tudo o mais".

Tudo que o ramo faz é receber o que a Videira oferece. *Receber* significa agir como um receptáculo e simplesmente receber o que está sendo oferecido. Para ficar sobrenaturalmente relaxado, torne-se um receptáculo e viva pela graça, e não pelas obras ou pelo esforço carnal.

Viver pela graça é confiar na energia de Deus, em vez de no nosso próprio trabalho e esforço, para fazer o que precisa ser feito. E veja o que Cristo pode fazer: a passagem de Hebreus 1:3 diz que Ele sustenta, mantém e impulsiona o universo pela "Sua palavra de poder"!

Deus faz a Terra e todos os planetas e estrelas girarem perfeitamente no espaço. E nós nem sequer sabemos qual é a dimensão do universo. Se Ele pode fazer isso, não deveríamos relaxar, sabendo que Ele pode cuidar de nós também? Se Ele pode governar todo o universo, com certeza pode administrar a vida de cada um de nós.

Hebreus 1:3 prossegue dizendo que Jesus "realizou a purificação dos nossos pecados e a libertação da culpa" oferecendo-se a si mesmo, e então Ele *se sentou* à destra de Deus. Sentar-se representa o fato de poder ficar relaxado porque o trabalho já foi feito.

Então, Jesus está relaxado. Ele está cuidando do universo, mas isso não é nenhum esforço para Ele. Por que Ele não está correndo para lá e para cá no céu, preocupado com as nossas situações? Por que não está apertando as mãos, tentando descobrir o que fazer? Com certeza deve exigir muito trabalho manter todo o universo funcionando. Entretetanto, Jesus cumpre a tarefa e permanece perfeitamente calmo. À medida que aprendemos a viver nele, nós também podemos desfrutar esse relaxamento e calma sobrenaturais.

RELAXE NO PODER PROTETOR DE DEUS

Uma senhora que trabalha para mim diz que não tem um testemunho "tremendo". Ela simplesmente cresceu na igreja, amando a Deus. Casou-se, foi cheia com o Espírito Santo, e depois veio trabalhar para nós. Por meio do nosso ministério, ela ficou comovida com os testemunhos de viciados em drogas e de pessoas que sofreram abuso. Certo um, ela dia perguntou a Deus: "Por que eu não tenho um testemunho assim?"

Ele disse: "Você tem um testemunho. Seu testemunho é que eu a guardei de tudo isso". Deus a havia guardado da dor decorrente de estar separada Dele. O Seu poder protetor é um grande testemunho!

O Salmo 91 ensina que Ele dará aos Seus anjos ordem a nosso respeito, e eles nos protegerão e defenderão. Essa mesma mulher estava sentada em um barco certo dia, lendo exatamente este capítulo. Seu marido estava pescando, quando o barco bateu em uma onda e a cadeira reclinável onde ela estava sentada virou. Ela bateu a cabeça na lateral do barco no exato momento em que estava lendo sobre a proteção de Deus. Ela disse: "Senhor, não entendo isto! A Bíblia diz que Tu me protegerás, e acabo de bater a cabeça".

Deus disse a ela: "Você não está morta, está?"

É verdade que algumas coisas das quais não gostamos acontecem em nossa vida, mas quantas nunca soubemos que Satanás planejou contra nós e Deus nos guardou? Fico maravilhada com o fato de podermos dirigir no trânsito e continuar vivos. Precisamos agradecer a Deus pelo Seu poder protetor. Podemos relaxar sabendo que Ele é o nosso Protetor. Diariamente, Deus nos protege e nos guarda do poder do inimigo. Fomos selados com o Espírito Santo e preservados para o dia final da redenção quando Jesus voltará.

Não sei como fiz tudo o que fiz nestes últimos anos. Olho para trás, para meus compromissos, e vejo o quanto trabalhei duro. Leio alguns dos meus diários de oração e me lembro das coisas pelas quais passei com pessoas, e a dor que senti. Penso: *Como foi que consegui superar isso?* Mas Deus me manteve de pé. Ele me fortaleceu. Ele me guardou. E agora posso ver que eu me preocupava com muitas coisas com as quais não precisava me preocupar porque elas deram certo, de qualquer maneira. Deus tem um plano, e está trabalhando nele. Podemos confiar nisso e relaxar. O Salmo 145:14 diz: "O Senhor ampara todos os que caem e levanta todos os que estão prostrados".

Este cuidado permanente de Deus é ininterrupto em nossa vida; jamais existirá um momento em que Ele não esteja cuidando de nós. A Bíblia diz que Deus nunca dorme nem cochila. Quando você vai dormir à noite, Ele fica acordado e toma conta de você. Por isso, você pode relaxar.

SIMPLESMENTE CREIA

A Bíblia nos diz que devemos viver vidas santificadas, mas então dá meia-volta e diz que Deus fará a obra e irá nos santificar. Devemos simplesmente colocar a nossa confiança nele, permanecer ligados à Videira, e Ele fará a obra através de nós, como estes versículos prometem: "Que o próprio Deus da paz os santifique inteiramente. Que todo o espírito, alma e corpo de vocês sejam conservados irrepreensíveis na vinda de nosso Senhor Jesus Cristo. Aquele que os chama é fiel, e fará isso" (1 Tessalonicenses 5:23-24).

Os discípulos perguntaram a Jesus: "O que precisamos fazer para realizar as obras que Deus requer? O que precisamos fazer para agradar a Deus?"

Jesus respondeu: "A obra de Deus é esta: crer naquele que Ele enviou" (João 6:28-29).

Alegria e paz estão em crer, de acordo com Romanos 15:13. O crer simples e infantil nos capacita a viver com uma tranquilidade que libera alegria e paz. Hebreus 4 nos ensina que aqueles que creram entraram no descanso de Deus.

Como crentes, devemos *crer*. Do contrário, seremos chamados *realizadores*. Mas somos *crentes,* e para sermos crentes precisamos primeiro aprender a *ser* em lugar de *fazer*.

Relaxe; todas as coisas boas que Deus planejou para você acontecerão por meio Dele, e não das suas obras. Romanos 11:36 confirma: "Pois Dele, por Ele e para Ele são todas as coisas. A Ele seja a glória para sempre! Amém".

Para estar em paz com Deus, precisamos aprender a *manter* a nossa paz. Isso exige atenção diária e vigilância. À medida que continuarmos estudando no próximo capítulo, veremos que precisamos evitar contendas com os outros, a fim de permanecermos relaxados de um modo sobrenatural.

Mantenedor da Paz Nº 7

EVITE AS CONTENDAS PARA MANTER A PAZ COM DEUS

Descobri ao longo dos anos que a paz é um dos maiores dons que Deus nos deu. Satanás, porém, trabalha incessantemente para roubá-la de nós, de modo que precisamos estar cientes das suas táticas e determinados a viver vidas pacíficas, a fim de podermos viver vidas poderosas. Uma vez que tenhamos paz com Deus, precisamos aprender a mantê-la a fim de desfrutá-la todos os dias de nossa vida. Manter a paz significa que precisamos buscar a paz, ansiar por ela e persegui-la com toda a nossa força.

A paz e o poder trabalham juntos. A paz permite que a unção da presença de Deus flua através da nossa vida. Essa graça nos dá o poder para viver como Deus deseja que vivamos, e para desfrutarmos aquilo que Ele providenciou para nós.

Creio que o nível de paz em que andamos e o nível de prosperidade que temos estão diretamente ligados. Podemos prosperar com as bênçãos de Deus, mas se perdermos a nossa paz nesse processo, também podemos perder nossa prosperidade.

A perda da paz abre a porta para o diabo nos roubar. Efésios 4:26-27 menciona isso ao dizer que se ficarmos irados, não devemos deixar o sol se pôr sobre a nossa ira. Diz que não devemos dar lugar ao diabo em nossas vidas.

Houve um tempo em que o nosso ministério estava crescendo tão depressa a ponto de criar alguns problemas. Não conseguíamos contratar pessoas suficientes. Não tínhamos o espaço necessário, e era difícil para nós acompanhar nosso crescimento. Era importante mantermos nossa paz, mas eu sentia que estávamos correndo o tempo todo, tentando acompanhar Deus. Ele estava nos abençoando, mas tínhamos de aprender a lidar com as bênçãos e continuar em paz.

A perda da paz pode ser resultado de qualquer coisa que nos faça nos sentir sobrecarregados. Os problemas podem fazer com que nos sintamos assim, e até o sucesso e o crescimento às vezes podem fazer com que nos sintamos oprimidos. Naquela época do nosso ministério, de repente nos vimos obrigados a lidar com coisas com as quais nunca tínhamos lidado antes, e tivemos de aprender a confiar em Deus de um modo inteiramente novo.

Queríamos crescer e prosperar, mas sentíamos fortemente que Deus havia nos instruído a manter a nossa paz a fim de que esse crescimento pudesse acontecer. Deus trabalha em uma atmosfera de paz, e não em meio ao tumulto e às contendas. Creio que Deus abre a porta para muitas pessoas serem abençoadas, mas elas logo perdem a bênção por permitirem que suas emoções as governem, quando deveriam ser diligentes seguindo em paz.

Uma das maneiras de conservar a paz com Deus é mantendo a paz com as pessoas que nos cercam. Nosso recente crescimento implicava tomarmos muitas decisões novas, por isso Dave e eu precisávamos nos esforçar para evitar contendas porque nem sempre estávamos de acordo.

Evitar as contendas é um aspecto tão importante da paz que dediquei uma parte inteira deste livro ao tema, que você lerá mais tarde. Nela ensino as diversas maneiras que Deus me mostrou para conseguir manter a paz com os outros, fazendo isso como se fizesse para o Senhor. Mas pelo fato de a maneira como tratamos as pessoas ser algo importante para Deus, também quero deixar claro como manter a paz em nossos relacionamentos com os outros nos ajuda a estar em paz com Deus.

Deus não gosta que eu maltrate ninguém. Isso entristece o Seu Espírito Santo, e sinto a perda repentina da paz. Lembro-me de uma noite em que não conseguia dormir. Eu me virei de um lado para o outro até às cinco da manhã, até que finalmente perguntei: "Senhor, o que está acontecendo de errado comigo? Por que não consigo dormir?"

Ele instantaneamente me mostrou uma situação do dia anterior em que eu havia sido muito impaciente e rude com uma pessoa. Eu não havia pedido desculpas, mas apenas justifiquei minha atitude e fui em frente. Eu entristecera o Espírito Santo, e o fato de perder a paz estava me tirando o sono. Assim que me arrependi do meu pecado, minha paz voltou e fui dormir. E no dia seguinte, assim que pude também pedi desculpas à pessoa.

Como servos do Senhor não devemos contender, porque onde há contenda não há poder para desfrutar a vida nem prosperidade em nenhuma área, inclusive nos nossos relacionamentos. Paz e prosperidade são dois componentes da vida abundante que Deus quer que tenhamos. Não podemos representá-lo adequadamente se estivermos vivendo em meio a contendas.

O relacionamento entre Abrão (mais tarde Abraão) e Ló ilustra a importância de mantermos a paz nos nossos relacionamentos uns com os outros. Gênesis 12 relata a aliança de paz que Deus fez com Abraão e seus herdeiros. Abraão se tornou extremamente rico e poderoso porque Deus o abençoou. Deus escolheu-o para ser o homem através de quem Ele abençoaria todas as nações na face da Terra.

Acho interessante que exatamente no capítulo seguinte, Gênesis 13, tenha havido contenda entre os pastores de Ló e o gado de Abraão (ver v. 7). A contenda é o extremo oposto da paz. Deus deu paz a Abraão, e Satanás foi imediatamente provocar uma contenda. Deus queria abençoar Abraão, e Satanás queria roubar a sua bênção.

Às vezes a abundância de Deus pode gerar problemas que levam à contenda. Ele havia abençoado Abraão e Ló com tantos bens e gado que a terra não podia alimentá-los e sustentá-los. Eles precisaram se reorganizar em novos grupos.

A Bíblia diz que Abraão foi até Ló e disse: "Não haja desavença entre mim e você, ou entre os seus pastores e os meus; afinal somos irmãos!" (Gênesis 13:8). Ele disse a Ló que deveriam se separar, então Ló deveria escolher a terra que queria, e Abraão ficaria com o que sobrasse.

Abraão adotou uma posição de humildade para evitar contendas, sabendo que se agisse corretamente, Deus sempre o abençoaria. Mas Ló, que não teria nada se Abraão não tivesse lhe dado, escolheu a melhor parte: o vale do Jordão. Abraão não disse nada, apenas ficou com as sobras. Ele sabia que Deus o abençoaria se ficasse em paz. Aqueles que andam em paz para honrar a Deus nunca saem perdendo.

Mas então Deus levou Abraão ao topo de um monte e disse: "De onde você está, olhe para o Norte, para o Sul, para o Leste e para o Oeste: Toda a terra que você está vendo darei a você e à sua descendência para sempre" (Gênesis 13:14-15). Que grande negócio! Abraão abriu mão de um vale e Deus lhe deu tudo que seus olhos podiam ver.

A Humildade Gera Paz

Deus honrou a humildade de Abraão e o abençoou abundantemente com uma terra frutífera. Creio que Deus tem um bom plano para todos nós, mas atitudes orgulhosas podem nos impedir de termos tudo que Deus quer que tenhamos. Uma atitude negativa é uma das coisas mais importantes que devemos vencer com a ajuda de Deus.

A Bíblia diz que a contenda e a competição vêm somente pelo orgulho. Só existe contenda onde há orgulho. Esse foi o pecado de Lúcifer, e ele é tão enganoso que as pessoas orgulhosas sequer sabem que são orgulhosas. Quando são enganadas pelo orgulho, elas culpam os outros por tudo que dá errado e deixam de perceber suas próprias falhas.

Romanos 12:16-17 diz:

> Tenham uma mesma atitude uns para com os outros. Não sejam orgulhosos, mas estejam dispostos a associar-se a pessoas de posição inferior. Não sejam sábios aos seus próprios olhos. Não retribuam a ninguém mal por mal. Procurem fazer o que é correto aos olhos de todos.

Existem pessoas com as quais basicamente é impossível conviver, mas amo a passagem de Romanos 12:18, que diz: "*Se for possível, no que depender de vocês*, tenham paz com todos os homens" (AMP, itálicos da autora). Não podemos fazer a parte dos outros, mas *devemos* fazer a nossa para manter a paz com todos.

Eu o desafio a ser alguém que estabelece e mantém a paz hoje e todos os dias da sua vida. Faça mais do que o necessário para mantê-la — ainda que para isso seja preciso pedir perdão a alguém quando na verdade você não acha que está errado. Não estou sugerindo que você permita que todos tirem vantagem de você, mas viva a vida com humildade para poder desfrutar a paz e as bênçãos que resultam dela.

A Bíblia diz que há momentos em que seremos como ovelhas sendo levadas ao matadouro. Mas em meio a todas essas coisas, somos mais que vencedores. Se duas pessoas estão discutindo, aquela que é orgulhosa, teimosa e se recusa a se desculpar é a perdedora, e não a vencedora, Aquela que parece uma ovelha a caminho do matadouro, que se humilha e diz: "Olhe, não quero problemas. Se eu errei, sinto muito. Por favor, perdoe-me" é a vencedora. Ela adotou a posição que Jesus tomaria se estivesse ali, lidando com a mesma situação.

Ser humilde é *difícil* para a nossa carne. Mas a Bíblia diz para andarmos no Espírito, e não na carne. Precisamos aprender a seguir a direção do Espírito Santo. Também precisamos reconhecer quando não estamos seguindo os caminhos do Senhor.

As pessoas usam a frase: "Eu estava na carne", mas precisamos aprender a sair dela tão depressa quando entramos. Não devemos ser egoístas e ficar desse jeito por muito tempo. A Bíblia diz que não devemos deixar o sol se pôr sobre a nossa ira (ver Efésios 4:26). Deus sabia que haveria momentos em que ficaríamos irados, mas ao descobrirmos que estamos irados, podemos logo impedir que essa emoção nos domine. Podemos voltar a ter paz antes que o dia termine. Isso exige uma tomada de decisão e certa dose de humildade.

Podemos ser Pacificadores e Mantenedores da Paz. Para fazer isso, precisaremos tratar bem pessoas que não foram tão gentis conosco. Podemos ter uma vida abundante, mas para isso teremos de fazer o que a Bíblia diz. As promessas de Deus de uma boa vida são para "aquele que quiser"; não apenas que quiser receber as promessas, mas para aquele que quiser *obedecer* ao que Ele lhe diz para fazer. Então as promessas serão cumpridas em sua vida.

Por isso é tão importante conhecer o que a Palavra de Deus diz, e deixar Deus colocá-la em operação nas nossas vidas por meio da obediência a Ele. É difícil dizer sinto muito, mas podemos fazer todas as coisas por intermédio de Cristo. Ele nos dará a graça para sermos Pacificadores.

Certa manhã, Dave me corrigiu com relação a uma determinada situação quando eu não estava me sentindo bem. Meu primeiro pensamento foi: *Ah, não, esta manhã não!* Eu estava na África, pregando. Eu já estava tendo problemas com o fuso horário; minhas costas doíam, meus olhos estavam extremamente secos, eu estava cansada, e não me sentia bem de um modo geral quando meu marido decidiu me corrigir.

Por que quando alguém nos corrige, a primeira coisa que fazemos é ficar furiosos? Foi o que aconteceu. No entanto, eu havia adquirido um pouquinho de controle sobre as minhas emoções, então não *demonstrei* minha raiva. Mas por dentro, eu não estava feliz.

Naturalmente, a primeira coisa que queremos fazer quando as pessoas nos corrigem é começar a falar sobre tudo que há de errado com elas. Dave estava descrevendo certa situação na qual ele sentia que eu não havia demonstrado respeito para com ele. Minha reação foi: "Bem, há muitas vezes em que você não demonstra respeito para *comigo*".

Ele disse: "Não estamos falando sobre mim. Estamos falando sobre você".

Isso é que é queimar a nossa carne! Uau! Senhor, tenha misericórdia!

Bem, aprendi algumas coisas depois de vinte e cinco anos no ministério. Estava me preparando para pregar naquela manhã, e sabia muito bem que não podia subir ao púlpito abrigando contenda em meu coração! Ela rouba a nossa paz e impede o fluir da unção. Então, comecei a orar por essas duas questões.

Eu disse: "Deus, ajude-me a manter a boca fechada". Esta é a primeira coisa que você deve pedir em oração se não quiser entrar em guerra. Nunca supervalorize a sua própria capacidade de ficar quieto quando quiser. Você precisa *orar* para ter ajuda nessa área.

Depois eu disse: "Deus, se ele estiver certo... dá-me a graça para aceitar isso". Aprendi que só porque não *achamos* que alguém está certo, não significa que ele não está.

É interessante como os seres humanos têm dificuldade para serem corrigidos. O mesmo espírito de orgulho que faz com que maltratemos as pessoas também nos impede de receber correção.

A Bíblia diz: "Só o tolo odeia a correção" (ver Provérbios 155). Se você corrigir um homem sábio, ele se tornará mais sábio. Se você corrigir um tolo, ele ficará irado e sequer considerará aceitar aquela correção.

Por que é tão devastador quando alguém nos diz que não estamos fazendo algo corretamente ou nos diz: "Preciso que você mude isto?" Creio que a nossa insegurança pode fazer o nosso orgulho se levantar em nossa defesa, dizendo: "Ninguém vai me dizer como agir. Estou certo e todos estão errados". Se não aprendermos a reconhecer esse Ladrão da Paz, agiremos como tolos dando voltas sem nunca sairmos do lugar e lidando sempre com os mesmos problemas.

A Oração Gera Paz

Bem, aconteceu que Deus me mostrou que Dave estava certo. Fiz a minha primeira "rodada de pedidos de desculpas", mas na verdade eu não estava sendo sincera. Ainda estava um pouco irada, porque embora concordasse com Deus que Dave estava certo, eu ainda não havia gostado da maneira como ele havia me dito isso. Eu não gostei da atitude dele nem do momento escolhido por ele para fazer isso. Estava disposta a dizer que eu estava errada, mas também queria falar sobre o que Dave havia feito de errado. Mas ele não queria falar sobre isso.

Eu podia *sentir* a minha carne gemer. Precisei orar: "Deus, dá-me graça. Dá-me graça para perdoar. Ajuda-me a falar com Dave. Não quero falar com ele. Deus, ajuda-me a falar com ele". Quando ficamos irados, um muro se levanta. Dizemos silenciosamente: "Você me feriu, e não vou deixar você entrar na minha vida para fazer isso de novo". Sei que esta é exatamente a maneira como todos nós somos. Em seguida, passamos a agir apenas educadamente. Falamos o absolutamente necessário e usamos poucas palavras. Respondemos às perguntas com um simples sim ou não, mas não queremos mais conversa. Evitamos a pessoa que nos feriu tanto quanto possível.

Dave sabia que eu estava sofrendo, mas também sabia que eu estava realmente tentando agir corretamente. Mesmo quando estamos tentando fazer o que é certo, a nossa carne ainda pode sofrer. A Palavra de Deus nos ensina que devemos morrer para o nosso eu; significa dizermos sim para Deus e para a Sua vontade e não para a nossa carne que deseja se rebelar. Dave estendeu a mão e me deu um toque no braço e na perna para demonstrar amor e compreensão enquanto eu tentava superar a correção feita por ele.

Estávamos viajando com muitas pessoas no avião naquele dia, mas eu não queria falar com ninguém. Todos estavam perguntando: "Por que você está tão quieta?"

Eu dizia: "Apenas estou em um dia quieto". Mas na verdade eu estava sofrendo demais para falar. Minhas emoções estavam em polvorosa, e eu realmente só queria ficar sozinha. Durante o dia inteiro foi uma luta para eu não chorar e nem gritar. Para mim, foi muito difícil ser civilizada com as pessoas, mas eu sabia que Deus estava tratando comigo e me corrigindo. Sabia que precisava me submeter ao tratamento Dele se quisesse progredir e ser vitoriosa no que dizia respeito a aprender a ser mais respeitosa.

Às vezes, mesmo depois que escolhemos fazer o que é certo, podemos sofrer por algum tempo. É a dor que está realizando uma boa obra em nós. Na verdade, ela está nos transformando e nos tornando melhores.

Aprendi que se não ouvirmos a Deus quando Ele tentar nos corrigir, Ele vai produzir pressões que virão de outra direção para chamar a nossa atenção. Estou certa de que Deus estava tratando comigo por muito tempo com relação à minha atitude desrespeitosa para com Dave e a algumas coisas erradas que eu lhe dizia, mas eu não estava dando ouvidos. Então Ele deixou Dave me corrigir.

Eu tinha um mau hábito, e Deus sabia que precisava me ajudar a me libertar se eu quisesse fazer tudo que Ele havia preparado para mim no ministério. O Senhor queria abençoar minha vida, mas minha atitude o estava impedindo.

Continuei orando para Deus me dar graça para me submeter ao Seu tratamento e não ficar mais irada com Dave. Eu queria agir corretamente e sabia que a graça é o poder do Espírito Santo para nos ajudar a fazer o que não podemos fazer. Algum tempo depois, eu me senti muito melhor e sabia que Deus havia feito uma obra em mim e me ajudaria a desfrutar mais paz em minha vida.

Se você quer ser um pacificador e um mantenedor da paz quando alguém o ferir, é melhor não pensar que poderá fazer isso apenas a partir dessa decisão ou por vontade própria. Comece a orar, porque as emoções são fortes e elas exercem um poderoso controle sobre a nossa vida. O orgulho fica totalmente entranhado em nossas emoções gerando contenda, e por fim muitos relacionamentos são rompidos.

A contenda gera estresse, o que acaba levando a doenças e enfermidades. Deus não nos criou para vivermos todo tempo em uma zona de guerra. Devemos manter a paz, e quando alguma coisa acontecer para perturbá-la, precisamos nos esforçar para recuperá-la.

Conforme mencionamos, a Palavra diz que devemos viver em harmonia com os outros, e estarmos prontos a nos adaptar e ajustar às pessoas. Queremos que elas se adaptem a nós, mas Deus coloca a responsabilidade sobre *cada um de nós* de nos dedicarmos a tarefas humildes.

Quando Dave me corrigiu, na verdade não levei tanto tempo para consertar minha atitude. Bem, talvez alguns dias (embora tenha parecido um mês). Levei quarenta e oito horas nesse processo, e essa foi uma grande melhora em relação à maneira como costumava ficar ofendida durante semanas. Não é impressionante como o tempo passa extremamente devagar quando estamos angustiados com alguma coisa?

Por fim eu percebi que já havia recebido a graça necessária para pedir perdão sinceramente. Então, disse a meu marido: "Olhe, eu realmente sinto muito. Se alguma vez eu lhe falei de maneira desrespeitosa, por favor, me perdoe. Não quero fazer isso, mas você sabe que minha boca às vezes me cria problemas". Tudo ficou bem depois disso. A paz voltou!

Deus tratou comigo depois disso com relação à minha boca. A maioria de nós diz coisas que ferem e machucam as pessoas. Eu provavelmente terei de passar por correção nessa área novamente, mas quero mesmo ser tudo que Deus quer que eu seja. O meu desejo de agradar a Ele me motiva a passar por qualquer coisa que eu precise passar para estar dentro da Sua vontade perfeita.

A Paz Libera a Unção

Eu o encorajo a sempre buscar a paz. Você não terá paz com Deus até tê-la com as pessoas que Ele colocou em sua vida. É importante entender que para ter paz com Deus, você precisa resolver todos os problemas que estejam gerando contenda em sua vida e colocar um ponto final neles bem depressa. Não finja que está tudo bem quando estiver se corroendo por dentro por causa da contenda.

Deus sabe de tudo que se passa por trás das portas fechadas, inclusive das portas do nosso coração. Se nossos relacionamentos não estão corretos, nossa vida não está correta. E se nossa vida privada não está certa, nossa vida pública tampouco estará. Tudo aquilo que fazemos em particular afeta a nossa vida pública e o nosso ministério.

O orgulho nos destruirá completamente. Mas o Deus poderoso que habita dentro de nós nos dá o poder para nos humilharmos e dizer "sinto muito", mesmo quando não sentimos vontade de fazer isso.

Se você precisa chegar a um novo nível de paz em sua vida, tome a decisão de se tornar um pacificador e um mantenedor da paz. A Palavra diz: "Bem-aventurados os pacificadores, pois serão chamados filhos de Deus" (Mateus 5:9).

Uma coisa é ser *filho de Deus*, mas ser chamado de *filho* ou *filha de Deus* implica certo nível de maturidade: é se reconhecido como alguém que pode lidar com a bênção, com a responsabilidade, e com a autoridade que crianças não podem administrar.

A bênção da paz mantém a unção e o poder de Deus fluindo através da nossa vida para que, como Abraão, possamos abençoar outras pessoas em nome de Deus. Ele dá dons às pessoas, e quer encher esses dons com a Sua presença ungida para gerar bênção. Pode ser o dom de pregar e ensinar a Palavra de Deus, de cantar, de liderar, de encorajar ou de administrar.

Há certas qualidades de caráter que Deus abençoará (ungirá com poder) e outras que Ele não abençoará. Êxodo 29 nos oferece uma indicação detalhada dos locais onde o sacerdote devia colocar o óleo da unção: ele devia ser colocado nos utensílios, no altar, nas vestes do sacerdote e no turbante sobre a sua cabeça, mas o sacerdote não devia colocar o óleo da unção sobre a carne. Isso mostra que Deus não vai ungir nossos atos carnais ou nosso comportamento carnal.

Precisamos aprender a render nossa vontade a Deus e a deixar que o Espírito Santo nos guie se quisermos manter a paz e trazer o poder da Sua unção para as nossas vidas. Antes de qualquer coisa, porém, quero encorajá-lo a buscar hoje a paz através da oração e a estar determinado a manter a contenda fora de sua vida. Sem paz você não terá poder para desfrutar a vida. Busque a paz com Deus, consigo mesmo, e com o seu próximo.

Se você tem falta de paz, faça uma oração mais ou menos assim: "Pai, oro por paz contigo. Não entendo tudo que se passa em minha vida e as coisas não estão correndo como eu quero, mas estou me decidindo a confiar em Ti. Ajuda-me a ter relacionamentos pacíficos e dá-me o poder (a unção da Tua graça) para ser um pacificador e um mantenedor da paz com os outros, em nome de Jesus. Amém".

Na próxima parte deste livro, vou lhe ensinar sete maneiras que descobri para ter paz primeiramente comigo mesma, antes mesmo de me concentrar em manter a paz com os outros. Por intermédio da sabedoria da Palavra de Deus você pode aprender a ter paz e a desfrutar a sua vida todos os dias, onde quer que esteja. Então, a seguir, vamos ver como desacelerar irá ajudá-lo a manter a paz consigo mesmo.

Parte 2

Fique em Paz Consigo Mesmo

"Ora, a mentalidade da carne [que são os sentidos e a razão sem o Espírito Santo] é morte [uma morte que compreende todas as misérias decorrentes do pecado, tanto aqui quanto na eternidade], mas a mentalidade do Espírito [Santo] é vida e paz; [na alma, agora e para sempre].

— APÓSTOLO PAULO, *Romanos 8:6*

Mantenedor da Paz Nº 8

PARE DE CORRER

Grande parte do mundo está com pressa, sempre correndo, mas poucas pessoas sequer sabem para onde estão indo. Se quisermos estar em paz com nós mesmos e desfrutar a vida, precisamos parar de correr o tempo todo.

As pessoas correm para chegar a mais um evento que não tem nenhum significado verdadeiro para elas, ou do qual nem sequer querem participar. A *pressa* é o ritmo do século XXI; correr se tornou uma doença de proporções epidêmicas. Corremos tanto, que finalmente chegamos a um ponto em que não conseguimos mais desacelerar.

Lembro-me dos dias em que eu trabalhava e corria tanto que mesmo se tirasse férias, eu só conseguia diminuir o ritmo o suficiente para descansar quando elas estavam quase chegando ao fim. A pressa foi definitivamente um dos grandes ladrões da paz em minha vida, e ainda pode ser se eu não ficar alerta à sua pressão.

A vida é preciosa demais para passarmos por ela correndo. Às vezes descubro que o dia passou como um sopro. Quando ele chega ao fim, percebo que estive muito ocupada o dia inteiro, mas não consigo me lembrar de ter aproveitado muito ou até mesmo um pouco aquele dia. Por isso, eu me comprometi a aprender a fazer as coisas no ritmo de Deus, e não do mundo.

Jesus nunca estava com pressa enquanto estava aqui na Terra, e agora Deus também não está com nenhuma pressa. Eclesiastes 3:1 afirma:

"PARA TUDO há uma ocasião, e um tempo para cada propósito debaixo do céu". Devemos deixar cada coisa em nossa vida acontecer no momento certo e entender que podemos desfrutar esse momento sem correr para o próximo.

É permitido desfrutar o nosso café da manhã ou almoço sem achar que precisamos nos apressar para fazer mais alguma coisa. Podemos nos vestir calmamente sem correr. Podemos sair de casa pontualmente, sem precisar sair correndo freneticamente porta afora atrasados. Correr é um mau hábito, mas podemos quebrar os hábitos ruins criando bons hábitos para substituí-los.

A maneira como começamos o dia é importante. Muitas vezes a maneira como começamos o dia mostra como será o dia inteiro. Descobri que se eu deixar o espírito da pressa tomar conta de mim logo cedo pela manhã, tudo em mim entra em rotação acelerada e parece que não consigo desacelerar ou relaxar realmente durante o restante do dia. A pressa gera pressão, e esta, por sua vez, gera estresse.

O estresse é a causa de muitas doenças e, portanto, algo que cada um de nós precisa desesperadamente resolver. Deus não nos criou para termos pressa nem para corrermos ou vivermos sob pressão e estresse dia após dia. Jesus disse: "A minha paz vos deixo". Ele quer que tenhamos paz.

O ritmo é muito importante na vida. Ele afeta não apenas a nós, mas a outros que nos cercam. Não gosto de estar perto de pessoas que estão sempre apressadas; elas geralmente são irritáveis e impacientes e certamente não ministram paz. Fazem com que eu me sinta como se também precisasse me apressar, o que estou tentando desesperadamente evitar.

Percebi que nos restaurantes finos o *maître* que leva as pessoas aos seus lugares anda muito lentamente, enquanto as encaminha. Os garçons ou garçonetes não correm até à mesa para pegar os pedidos; eles lhe dão bastante tempo para pensar. Estou certa de que fazem isso porque querem que os clientes desfrutem aquela experiência, e eles sabem que isso não será possível se os apressarem.

Quando estou seguindo um *maître* ou um mestre de cerimônias que está transmitindo paz simplesmente pela maneira como caminha quando me leva até a mesa, em geral fico atrás pensando: *Ande logo, você está andando devagar demais.* Então me lembro (com certeza, pelo Espírito Santo) de que não preciso ter pressa para desfrutar a boa refeição pela qual vou pagar.

Nosso ritmo afeta nossa qualidade de vida, Quando comemos depressa demais não digerimos nossa comida adequadamente; quando passamos pela vida correndo, também não a digerimos adequadamente. Deus nos deu a vida como um presente, e que grande pena é não fazermos nada além de passar o dia correndo, e nunca parar para sentir o perfume das flores. Cada coisa que fazemos na vida tem uma doce fragrância, e devemos aprender a trazê-la para dentro de nós desfrutando seu aroma.

A Pressa Começa na Mente

A pressa começa na mente, assim como todos os nossos atos. *Preciso correr* é um padrão de pensamento que devemos evitar. Quando alguém nos disser "Apresse-se!", podemos aprender a resistir e não seguir essa sugestão ou ordem. Quando os pensamentos passam rapidamente todo o tempo pela nossa mente, um atrás do outro (principalmente aqueles que vagueiam em diferentes direções), isso nos desestabiliza e faz com que nos sintamos acelerados.

Aqueles que têm o mau hábito de correr precisam decidir que não é necessário fazer isso. Podemos fazer apenas uma coisa de cada vez! Quando ficamos apressados, cometemos mais erros e geralmente esquecemo-nos de algo que acaba nos custando mais tempo do que gastaríamos se tivéssemos mantido a paz vinda de Deus.

Você sabia que pode ter certos pensamentos deliberadamente? Você pode escolher no que pensar, e, ao fazer isso, ajudará a determinar como serão suas atitudes. Sim, você pode ter deliberadamente pensamentos como *Não preciso ter pressa. Tenho tempo para fazer tudo o que preciso fazer.* Fazer tais afirmações em voz alta também é útil.

Afirmações positivas ajudam a conduzir nossas futuras ações. Levante-se pela manhã, e assim que perceber estar com pressa, diga: "Estou contente, pois não preciso me apressar. Tenho todo o tempo de que preciso. Farei as coisas hoje em um ritmo que me permita desfrutar cada tarefa".

Isso pode parecer estranho, mas a Bíblia nos ensina a falarmos das coisas que não existem, aquelas previstas e prometidas por Deus, como se elas já existissem (ver Romanos 4:17). Deus criou o mundo com palavras, e nossas palavras também têm poder criativo; as palavras afetam o nosso futuro. Dê um passo de fé, e experimente dizer o que você quer, e não apenas o que possui no momento, e creio que você terá resultados positivos.

Se nós estamos apressados, costumamos dizer "Estou tão cansado de correr o tempo todo! É só o que faço: correr, correr, correr". Uma afirmativa desse tipo pode de fato descrever as circunstâncias como elas estão no momento, mas elas não precisam continuar assim. Repito: *diga o que você quer, e não o que você tem.*

A paz de espírito precisa preceder a paz em nossas vidas. Este versículo promete perfeita paz àqueles que mantêm sua mente em Deus: "Tu conservarás em perfeita paz aquele cuja mente está em Ti, e cujo propósito é firme, porque ele confia em Ti" (Isaías 26:3, AA).

Pensar demais em tudo que temos de fazer aciona as engrenagens deflagrando a nossa pressa. Muitas vezes nos sentimos sobrecarregados quando pensamos em tudo que o futuro exigirá de nós. Esse tipo de pensamento chama-se *ansiedade*. Conforme discutimos anteriormente, quando passamos o hoje tentando encontrar respostas para o amanhã, nos esforçamos desnecessariamente porque Deus nos dá graça, que é a Sua força e poder, um dia de cada vez. Quando tentamos viver o amanhã hoje, mesmo fazendo isso apenas em nossa mente, nós nos sentimos pressionados e começamos a perder a paz.

Jamais desfrutaremos a vida pacífica e frutífera que Deus planejou para nós se não aprendermos a pensar corretamente. Repito o que já disse em muitas ocasiões: *Para onde a mente vai, o homem segue.*

Aprenda a Viver Com Uma Margem de Tempo

Viver sem uma margem de tempo é um dos principais motivos pelos quais sentimos que precisamos nos apressar. Viver com uma margem significa deixar espaço dos dois lados dos acontecimentos ou dos compromissos planejados para cuidar de situações inesperadas. Parece que planejamos nossos dias de uma maneira nada realista, como se tudo fosse acontecer exatamente de acordo com os nossos planos e desejos, o que nunca acontece. Um telefonema imprevisto ou um engarrafamento não planejado podem mudar todo o nosso esquema. Um molho de chaves colocado no lugar errado pode arruinar a programação de um dia inteiro. Todos os dias eu andava extremamente apressada no escritório. Eu corria, na verdade *voava* de um dos meus muitos compromissos para o outro, e tenho certeza de que deixava as pessoas com quem encontrava com a impressão de que eu mal podia esperar para me livrar delas. Estava sempre atrasada e nunca dava as coisas por encerradas. No fim do dia, estava sempre frustrada e voltava para casa me sentindo totalmente esgotada. Tudo ia tão mal que cheguei ao ponto de literalmente detestar até mesmo ir ao escritório.

Então aprendi sobre o princípio de acrescentar uma margem de tempo à minha vida, e me senti uma nova pessoa. Disse à minha secretária para descobrir quanto tempo cada pessoa que precisava encontrar-se comigo imaginava necessitar, e depois simplesmente acrescentar quinze minutos a cada compromisso. Essa margem cobriria qualquer imprevisto que acontecesse durante a reunião, e caso não a usássemos, ela seria uma bênção a mais.

Ora, um dos nossos administradores poderia estar agendado para se encontrar comigo por uma hora, mas quando conseguíamos terminar em quarenta minutos, era algo glorioso! Quase sempre consigo completar as atividades da minha agenda diária e geralmente ainda tenho algum tempo livre para gastar. Acrescentar essa margem tem sido uma das maiores bênçãos em minha vida. Sempre fui o tipo de pessoa que nunca queria desperdiçar um segundo, e assim, eu planejava tudo cronometrando os segundos milimetricamente, para não ter nenhum tempo ocioso.

Se Dave e eu precisássemos estar em um voo que partisse às 10 horas, eu queria chegar às 9h30min ou às 9h45min, correr para o balcão de compra de bilhetes, correr pelo corredor, e me apressar para chegar ao avião. Dave se recusava a fazer isso porque ele não é o tipo de pessoa disposta a se apressar. Ele tem um ritmo — que poderíamos chamar de *pacífico*. Por isso insistia em chegarmos ao aeroporto com pelo menos uma hora de antecedência; isso gerou muitas discussões entre nós literalmente durante anos. Devo dizer, porém, que ele estava certo, e eu estava errada.

Ter algum tempo para respirar entre os compromissos planejados para o dia é saudável, e, na verdade, obrigatório se pretendemos conseguir desfrutar nossa vida.

Uma das piores coisas que alguém pode se tornar é um homem ocupado ou uma mulher ocupada. Percebi que quando encontro as pessoas e pergunto como estão, a maioria responde: "ocupada" e muitas dizem "cansada". Com certeza, a vida foi feita para ser mais do que isso. Se o nosso testemunho de vida for "Estou cansado e ocupado", isso é realmente muito triste.

Margem é sinônimo de outra palavra: *sabedoria*. Não faz o menor sentido viver sem essa margem de tempo, e nada realmente tem êxito sem ela. Sabemos por experiência própria que sempre acontecem situações inesperadas que não planejamos, então que tal planejar o inesperado, dando sempre essa margem de tempo?

CONHEÇA SEUS LIMITES

Não somos todos iguais nem temos o mesmo nível de tolerância. Alguns, devido ao seu temperamento ou até mesmo vigor natural, podem fazer mais do que outros. Conheça a si mesmo, e não fique com vergonha de admitir que tem limites. Não tente se igualar com alguma outra pessoa ocupada que você conhece — seja apenas você mesmo.

Posso realizar muitas coisas; a atividade para mim é o lugar no qual floresço. Algumas pessoas que trabalham comigo frequentemente comentam sobre o fato de não saberem como consigo fazer tantas coisas. Deus me deu muita energia natural, e sou muito apaixonada pelo que fui chamada para fazer; mas tive de encarar o fato de que tenho meus limites, assim como todo mundo.

Passei anos me esforçando além dos meus limites e finalmente fiquei doente e muito desanimada, pensando: *Se a vida é só isto, prefiro ir para o céu.* Depois de agir assim e me esforçar além dos limites da razão e de ficar muito doente três vezes, eu soube que precisava mudar.

Por fim, admiti minhas limitações e vi que não havia nada de errado em tê-las. Precisei encarar o fato de não conseguir fazer tudo que eu ou as outras pessoas queriam que eu fizesse. Foi necessário fazer escolhas, como todo mundo. Eu precisava me dispor a dizer *não* a pessoas que queriam ouvir *sim*, e também a certas coisas que eu realmente gostaria de fazer.

Grandes empreendedores muitas vezes consideram ser um sinal de fracasso dizer: "Não posso fazer mais do que estou fazendo". Essa, naturalmente, é uma maneira errada de pensar, e Satanás usa a condenação para destruir as pessoas. Muitas pessoas que são compelidas ao excesso de atividade são simplesmente pessoas inseguras que estão extraindo o seu valor das realizações de sua vida.

Ouvi uma história sobre uma mulher que trabalhava em um estaleiro, e o seu trabalho era limpar navios. Ela acreditava que ele tinha valor porque ela o estava fazendo, e não que o valor dela como pessoa se baseava naquele trabalho. Isso lhe dava uma liberdade maravilhosa para gostar de si mesma, desfrutar do seu trabalho, e de tudo o mais em sua vida. Muitas pessoas se sentiriam diminuídas se exercessem aquela função, mas ela não — pois já conhecia seu próprio valor. Nossas atitudes com relação a nós mesmos realmente afetam toda a nossa vida.

Aprender que o meu valor tem suas raízes em Deus por meio de Cristo foi algo que transformou minha vida. Geralmente, todos se esforçam para exercer funções de prestígio para assim se sentirem importantes; isso gera muito desgosto. Eu sei por que passei por isso. Por algum tempo, estive em busca de promoção e sucesso, mas todas as minhas motivações eram erradas. Todos nós poderíamos aprender uma lição com a história dessa mulher. *É você quem torna aquilo que faz importante;* você não é importante por conta daquilo que faz.

Creio que algumas pessoas não têm paz consigo mesmas porque, na verdade, não aprovam a si mesmas, e assumem compromissos demais tentando encontrar neles o seu valor. Elas ficam ocupadas tentando realizar algo que as faça sentir-se importantes e valorizadas. Quando chegamos ao ponto de ter paz com nós mesmos, não precisamos viver para impressionar os outros; somos livres para seguir o Espírito Santo, que sempre nos conduz à paz e a uma vida equilibrada.

"Tudo posso naquele que me fortalece" (Filipenses 4:13) não significa o que algumas pessoas acham que significa. Podemos fazer *o que fomos chamados para fazer*, mas não podemos fazer tudo que *gostaríamos de fazer* nem tudo que todas as pessoas gostariam que fizéssemos. Temos limites! O próprio Deus os colocou em nós. Só Ele não tem limites. Jesus disse que Ele veio para que tivéssemos vida e a desfrutássemos, e não acredito que isso seja possível enquanto estivermos correndo.

Deus dá dons e talentos a todos nós, mas eles não são iguais. O Doador dos dons é o mesmo, mas eles diferem. Deus os concede de acordo com a Sua vontade, e visando o Seu propósito geral para nós. Ele garante que tudo em nossas vidas seja bem cuidado.

Às vezes Dave e eu observamos as pessoas fazendo trabalhos como, por exemplo, lavar janelas em prédios altos ou andar em vigas de construção a uma grande altura, e nos maravilhamos por Deus chamar pessoas para executar todas essa tarefas que precisam ser realizadas. Nós não gostaríamos de fazer o que elas parecem ter prazer em fazer, mas essas pessoas também provavelmente não gostariam de fazer o mesmo que nós. Foi útil para mim entender que Deus dá talentos e estabelece limites para todos. Podemos fazer bem e com paz apenas o que Deus designou para fazermos. Assumir compromissos em excesso só para nos sentirmos bem com nós mesmos não é sábio e jamais nos trará paz.

De acordo com James Dobson, o excesso de compromissos é o destruidor de casamentos número 1. Descobri que Satanás nos quer descompromissados ou assumindo compromissos em excesso. O objetivo final dele é nos manter desequilibrados, de uma maneira ou outra. 1 Pedro 5:8 diz: "Sejam sóbrios e vigiem. O diabo, o inimigo de vocês, anda ao redor como leão, rugindo e procurando a quem possa devorar." Satanás não pode devorar qualquer um, para isso ele precisa encontrar alguém desequilibrado.

O mundo aplaude o fato de termos compromissos em excesso, mas o céu não. Uma pessoa ocupada demais geralmente é considerada um sucesso segundo os padrões do mundo, mas não segundo os padrões de Deus. Como podemos ter êxito se fracassamos em nossos relacionamentos (que geralmente são os mais prejudicados na vida de uma pessoa ocupada?) Aqueles que estão excessivamente ocupados nem sequer dedicam tempo para conhecerem realmente a si mesmos, quanto mais a outras pessoas.

Que sentido há em ter filhos se todos eles forem como estranhos para você? Por que se casar se nunca sobra nenhuma parte de você para compartilhar com o seu cônjuge? Lembro-me de chegar em casa tão cansada todas as noites que eu não conseguia nem mesmo pensar, quanto mais ter uma conversa significativa. Eu imaginava estar fazendo minha obrigação, sendo responsável — mas agora entendo que estava sendo enganada, e o engano tinha o objetivo de destruir a vida que Jesus desejava para mim.

Não dê à sua família e aos seus amigos as migalhas que sobraram de você enquanto dá ao mundo o seu melhor. O mundo o decepcionará no final. Ele vai tirar tudo que você possui e depois sumir quando você tiver alguma necessidade. Não quero parecer sarcástica, mas até as Escrituras confirmam meu comentário. Salomão escreveu: "Por isso desprezei a vida, pois o trabalho que se faz debaixo do sol pareceu-me muito pesado. Tudo era inútil, era correr atrás do vento. Desprezei todas as coisas pelas quais eu tanto me esforçara debaixo do sol, pois terei que deixá-las para aquele que me suceder" (Eclesiastes 2:17-18).

O escritor de Eclesiastes era um homem "ocupado", alguém que experimentava tudo que havia para experimentar e fazia tudo que havia para fazer. No fim de sua experiência, porém, ele acabou ficando frustrado e amargo.

Quantas pessoas deram tudo de si mesmas a algo que nunca lhes deu nada em troca? Um grande exemplo disso é o que os professores motivacionais mencionam como "subir a escada do sucesso e descobrir que ela estava encostada no prédio errado". É verdade, nunca ouvi falar de ninguém que tenha dito no seu leito de morte: "Puxa, eu realmente gostaria de ter passado mais tempo no escritório".

Recentemente conversei com uma mulher envolvida no ministério eclesiástico, a quem conheço há muitos anos. Eu a vi em uma de minhas conferências e percebi imediatamente que parecia uma pessoa infeliz e totalmente esgotada. A alegria, o zelo, e o entusiasmo que ela possuía antes não estavam mais ali. Convidei-a para chegar mais cedo no dia seguinte e falar comigo.

Quando lhe perguntei se estava bem, ela logo me disse que estava passando por um grave esgotamento nervoso: "Pela primeira vez, não estou desfrutando minha vida diária. Trabalhei tanto e me dediquei a atender às necessidades de todos sem pedir nada para mim. Agora estou a ponto de me tornar uma pessoa amarga e tenho lutado contra a tentação de desistir de tudo".

Aquela mulher precisava de equilíbrio; ela precisava rever todos os seus compromissos e ver quais realmente produziam o fruto que ela havia sido chamada para produzir. Nem tudo que parece bom é realmente a vontade de Deus para um indivíduo. Na verdade, o *bom* geralmente é inimigo do *melhor*. Podemos facilmente perder nosso foco e nos desviarmos. Estamos ocupados o tempo todo, trabalhamos arduamente, mas não conseguimos fazer as coisas que contribuem para nossa realização como pessoas.

Creio que quando estamos dentro da vontade de Deus e nos dedicando ao que Ele nos chamou para fazer, sentimos satisfação e realização. Podemos ficar cansados, mas será um cansaço do qual nos recuperaremos, e não um cansaço que nunca passa. Quando estamos fluindo dentro da vontade de Deus, sempre encontramos tempo em nossas agendas para bons relacionamentos.

Grandes relacionamentos são alguns dos tesouros mais preciosos da nossa vida, mas precisamos alimentá-los regularmente dedicando tempo a eles. Se você descobrir que não tem tempo para desenvolver e conservar relacionamentos sólidos e íntimos com Deus, consigo mesmo e com sua família e amigos, então você definitivamente está ocupado demais.

Todos nós precisamos fazer um sério levantamento do que estamos fazendo com o nosso tempo, em seguida pegar nossas borrachas e, segundo a direção do Espírito Santo, apagar de nossas agendas algumas coisas em nossas vidas até não precisarmos mais correr. *Então* poderemos viver com paz e alegria.

Entender que temos limites e não podemos fazer tudo, e depois fazer a escolha de selecionarmos o mais importante, aumentará definitivamente nosso nível de paz. A paz é um sinônimo de poder; sem paz, vivemos uma vida apagada e frustrada. Lembre-se, devemos nos esforçar para deixar que a paz de Deus governe nossas vidas, como um árbitro. Se temos paz, podemos continuar o que estamos fazendo, mas se não a temos,

Mantenedor da Paz Nº 8

sabemos que precisamos mudar. Se você está reclamando o tempo todo, essa é uma indicação de que precisa fazer alguns ajustes. Se está fazendo o que Deus quer que você faça, então não deveria estar reclamando.

CONTROLE SUA AGENDA

Lembro-me de ter murmurado para o Senhor com relação à minha agenda, reclamando de como eu sempre estava terrivelmente ocupada. Ele respondeu em meu coração dizendo: "Você faz a sua agenda. Se não gosta dela, mude-a. Eu nunca lhe disse para fazer todas as coisas que está fazendo". Ele me devolveu a responsabilidade.

Se formos sinceros, realmente somos as únicas pessoas capazes de fazer algo com relação ao excesso de atividade em nossa vida. Reclamamos frequentemente por estarmos sobrecarregados de trabalho e envolvidos demais, mas nunca fazemos nada a respeito. Esperamos que todos sintam pena de nós, porque estamos sob uma pressão que nós mesmos nos colocamos. E dizemos que adoraríamos ter apenas uma noite livre em casa sem nada para fazer. Mas quando, por um milagre de Deus, nos vemos sozinhos por uma noite, ficamos tão tensos por causa de todas as nossas preocupações, que não conseguimos ficar sentados, desfrutando esse momento com tranquilidade.

Certo dia, por volta das seis da tarde, eu estava em casa sozinha trabalhando neste livro, quando de repente houve uma queda de eletricidade. Ficamos sem energia por três horas, e fiquei absolutamente impressionada ao notar como eu continuava procurando algo para fazer. Finalmente decidi ir até a casa de minha tia, pois ela tinha energia, para tentar encontrar algo para fazer lá. Entrei no carro, liguei o motor, dirigi até a entrada, apertei o botão para abrir nosso portão elétrico, e percebi que não tínhamos eletricidade e por isso o portão não abriria. Havia uma maneira de abri-lo manualmente, mas eu não sabia como fazer isso.

Por fim pensei: *Bem, acho que Deus me prendeu nesta casa sem absolutamente nada para fazer senão olhar pela janela, e Ele provavelmente tem uma lição nisso para mim.* Talvez a lição esteja em Salmos 46:10: "Aquietai-vos, e sabei que eu sou Deus" (AA)!

Dois dias depois tivemos uma tempestade terrível, na verdade uma das piores de que me lembro, e centenas de milhares de casas em St. Louis — inclusive a nossa — ficaram sem energia por vinte e quatro horas. Eu me aquietei mais rapidamente da segunda vez, mas achei divertido ver como não apenas eu, mas também outras pessoas da nossa vizinhança reagiram ao fato de não terem nada para fazer. Um de nossos filhos, que havia dito naquele dia o quanto estava cansado devido a uma viagem recente e que por isso precisava descansar naquela noite, entrou no carro e foi para o escritório, pois lá havia energia elétrica. Em minha opinião nós certamente podemos afirmar que a maioria de nós está viciada em atividade.

Organize sua própria agenda. Não permita que as circunstâncias e as exigências das pessoas a organizem por você. Simplifique a vida. Faça o que você realmente precisa fazer, mas não tenha medo de dizer não a coisas que tomam o seu tempo, mas dão poucos resultados positivos.

Recentemente conversei com uma jovem casada, com filhos pequenos, e que trabalhava meio-expediente. Ela me contou como sua vida, com todas aquelas atividades, a fazia se sentir pressionada, e como se comprometia em fazer coisas e depois se ressentia por ser obrigada a fazê-las. Ela estava até começando a ficar ressentida com as pessoas que lhe pediam para fazer essas coisas. Sua atitude estava passando a ser de uma pessoa amarga, e ela estava confusa.

Encorajei-a firmemente a ser realista com relação ao que ela podia realizar mantendo sua sanidade, e permanecendo em paz. Sugeri que simplificasse sua vida ao máximo. Em outras palavras, eu a encorajei a se encarregar da sua própria agenda.

SEJA SINCERO CONSIGO MESMO

O que é estresse? É ter coisas demais para fazer em tempo de menos. Uma briga com uma pessoa amada. Um patrão que está sempre insatisfeito. Problemas com o carro. Pouco dinheiro e contas demais. Mais um sinal vermelho quando você já está atrasado. A Internet não funcionar quando você precisa dela desesperadamente.

Na verdade, as situações em si não geram estresse; o verdadeiro problema é a nossa reação a elas. Por exemplo, culpamos o sinal vermelho por mudar na hora errada, quando, na verdade, devíamos ter saído mais cedo de casa, deixando uma margem de tempo em nosso horário. Só a verdade nos liberta. Enquanto estivermos encontrando desculpas para o estresse em nossas vidas em vez de assumirmos a responsabilidade, nunca veremos mudança.

Passei anos tentando me livrar de tudo que me incomodava e descobri que era impossível fazer isso. Eu queria que todas as pessoas ao meu redor mudassem para não me irritarem nunca; também descobri que isso jamais iria acontecer. Desesperada para ter paz em minha vida, me dispus a mudar minha maneira de encará-la. Uma das coisas que eu precisava fazer era desacelerar!

Em 2 Timóteo 4:5, Paulo deu instruções a Timóteo sobre a sua vida e ministério, dizendo: "Você, porém, seja moderado em tudo, suporte os sofrimentos, faça a obra de um evangelista, cumpra plenamente o seu ministério". Então ele disse: "Eu já estou sendo derramado como uma oferta de bebida. Está próximo o tempo da minha partida" (v. 6). Paulo sabia que o seu tempo na terra estava quase terminado, e estava dando instruções a Timóteo, pois talvez não tivesse outra oportunidade para fazer isso.

Se estivéssemos morrendo e quiséssemos transmitir nossas últimas palavras àqueles que estivéssemos treinando, creio que escolheríamos coisas que considerássemos muito importantes. Paulo disse: "Seja moderado"; em outras palavras, "Não deixe que as coisas o irritem. Viva sua vida em um ritmo que lhe permita desfrutá-la. Mesmo quando surgirem dificuldades, aceite-as, e continue fazendo o que Deus o chamou para fazer".

A calma ou sobriedade representam a imagem que tenho de Jesus quando penso nele e no Seu ministério terreno. (Falaremos mais sobre o fruto de viver uma vida calma em um capítulo posterior.) Nunca imagino Jesus correndo de um lado para o outro, sendo impaciente com as pessoas que não estavam agindo tão depressa quanto Ele queria. Jesus vivia de uma maneira que lhe permitia discernir os acontecimentos à Sua volta. Ele sabia do perigo antes de sua aproximação e podia evitar o que Satanás havia planejado para a Sua destruição. Precisamos ter esse tipo

122   Parte 2 — Fique em Paz Consigo Mesmo

de sensibilidade espiritual em nossa própria vida. E não a teremos se não desacelerarmos.

ESCOLHA COM CUIDADO SUAS ATIVIDADES

Não podemos nos envolver em tudo e permanecer calmos, tranquilos e firmes. Minha própria definição de pressa é a seguinte: *a pressa é a nossa carne tentando fazer mais do que o Espírito está nos direcionando a fazer*. Se Deus está nos direcionando a fazer alguma coisa, com certeza devemos ser capazes de fazê-la e continuar em paz. Ele é o Autor e o Consumador da nossa fé, de acordo com Hebreus 12:2, mas não é obrigado a terminar nada que Ele não tenha começado. Muitas vezes começamos projetos na carne, e quando nos sentimos sobrecarregados, começamos a orar para Deus fazer alguma coisa. Devíamos aprender a orar antes de fazer planos, e não depois.

Não se envolva em tudo que se passa à sua volta. Escolha com cuidado as atividades das quais você precisa participar. Costumo me referir a isso como "escolher as suas batalhas com cuidado". Há muitas questões com as quais eu poderia me envolver no meu escritório. Entretanto, decidi simplesmente ficar de fora e deixar que outra pessoa qualificada cuide delas. Antes eu queria fazer parte de tudo, principalmente de assuntos relacionados a problemas no ministério. Aprendi da maneira mais difícil que eu simplesmente não posso me envolver em tudo; existem coisas demais acontecendo para eu conseguir fazer isso. Escolho minhas batalhas agora, e isto aumentou grandemente o meu nível de paz.

Moisés estava tentando se envolver em coisas demais, e em um momento de intensa frustração disse a Deus que o fardo estava pesado demais. O Senhor disse a ele que escolhesse setenta outros homens qualificados, os quais Ele ungiria para lhes dar autoridade, e que depois os deixasse ajudar a carregar o fardo de tentar conduzir milhões de pessoas através do deserto (ver Números 11).

Se não aprendermos a delegar trabalho e autoridade, sempre nos sentiremos sobrecarregados. Observe que eu disse trabalho *e* autoridade. Nunca dê responsabilidade a alguém sem a autoridade que a acompanha.

Às vezes eu percebia que estava tentando dar um trabalho para alguém fazer enquanto queria continuar no controle. Ao fazer isso eu não era aliviada daquele fardo. Minhas atitudes diziam à outra pessoa: "Na verdade, eu não confio em você", o que destruía a confiança dela e afetava o resultado do seu trabalho.

Em Êxodo 18, vemos outra situação na qual Moisés estava sobrecarregado, mas dessa vez foi o seu sogro, Jetro quem viu tudo que Moisés estava fazendo pelas pessoas e lhe disse que aquilo era demais. Há momentos em nossa vida nos quais outra pessoa reconhecerá aquilo que não podemos ver. Deveríamos estar abertos para ouvir que é hora de delegarmos um pouco da nossa carga de trabalho a outra pessoa qualificada.

Jetro disse a Moisés que se ele não mudasse, ficaria esgotado e os israelitas também. Até as pessoas ao nosso redor podem ficar esgotadas quando não deixamos que elas nos ajudem se Deus as colocou em nossa vida para fazerem isso. Elas se sentirão reprimidas e frustradas, e não se sentirão realizadas. Creio que costumamos perder pessoas porque não permitimos que elas façam o que Deus as designou para fazer. Se você acha que é a única pessoa capaz de fazer o que precisa ser feito, então precisa considerar seriamente o que estou dizendo. Não se deixe destruir pelo orgulho — peça ajuda!

Êxodo 18 fala sobre líderes que podiam supervisionar grupos de mil, de cem, de cinquenta e de dez pessoas. Nem todos estão qualificados para liderar o mesmo número de pessoas. Se você foi ungido para liderar milhares e não permitir que outros liderem grupos de dez, de cinquenta e de cem pessoas, você ficará esgotado, perderá a sua paz, e não desfrutará seu trabalho ou sua vida.

Moisés foi sábio o bastante para dar ouvidos ao que seu sogro disse. Ele começou a julgar apenas os casos difíceis entre o povo enquanto permitia que outras pessoas qualificadas julgassem os casos mais fáceis. Na verdade, ele preservou seu ministério pedindo ajuda. Costumamos ter a ideia errônea de que se aceitarmos a ajuda de outros, estaremos perdendo alguma coisa, quando a verdade é o extremo oposto.

Por fim creio firmemente que Deus supre nossas necessidades para podermos realizar todas as atribuições que Ele nos dá. Ele garantirá que

Parte 2 — Fique em Paz Consigo Mesmo

tenhamos todas as pessoas necessárias para nos ajudar, mas não será culpa delas se não quisermos confiar nelas.

Se você perceber que está tentando fazer algo sem ter a ajuda necessária para isso, é importante perguntar a si mesmo se está fazendo a coisa certa. Por que Deus lhe pediria para fazer algo, e depois ficaria sentado olhando você ficar frustrado e infeliz porque o fardo é pesado demais? Deus supre todas as nossas necessidades, inclusive em relação às pessoas que precisamos trabalhando ao nosso lado. Esta passagem das Escrituras é um exemplo dessa sábia atitude:

> Por isso os Doze reuniram todos os discípulos e disseram: "Não é certo negligenciarmos o ministério da palavra de Deus, a fim de servir às mesas. Irmãos, escolham entre vocês sete homens de bom testemunho, cheios do Espírito e de sabedoria. Passaremos a eles essa tarefa e nos dedicaremos à oração e ao ministério da palavra." (Atos 6:2-4)

Se os apóstolos não tivessem reconhecido que necessitavam de ajuda, suas prioridades teriam permanecido desalinhadas e a sua verdadeira missão não seria realizada. Por fim, eles ficariam frustrados, assim como as pessoas a quem tentavam servir. Eles poderiam ter perdido a paz e, consequentemente, o poder. É muito possível que a perda da paz tenha motivado sua decisão de pedir ajuda, e esse é um ótimo exemplo para seguirmos.

Uma mãe pode delegar algumas tarefas domésticas aos seus filhos. É verdade que eles podem não fazer o trabalho com tanta perfeição quanto ela faria, mas ajudarão a aliviar um pouco da pressão e também aprenderão, com o tempo, a executar as tarefas com mais excelência. Independentemente da posição que ocupemos, podemos sempre delegar algumas de nossas responsabilidades a outros na hora certa, assim tornando possível fazermos com paz e prazer o que nos foi atribuído fazer nesta vida. Quando você começar a ficar frustrado e a perder a paz, pergunte a si mesmo o que você está fazendo que poderia delegar a outra pessoa.

Ouvi um homem dizer que sua mulher precisava desesperadamente de mais tempo, então ela "comprou" algum tempo contratando alguém para ajudá-la a fazer algumas das tarefas domésticas. Acho que esta foi uma boa maneira de resolver o assunto. Todos nós eventualmente sentimos que estamos sem tempo — que nunca há tempo suficiente. "Compre" algum tempo contratando alguém para lhe ajudar ou designando tarefas às pessoas disponíveis.

Mais uma vez, quero enfatizar que qualquer pessoa que você designar para exercer essas funções provavelmente não fará o trabalho *exatamente* da maneira como você faria. Busque um bom resultado, e não fique tão preocupado com os métodos usados. Todos nós podemos chegar ao mesmo lugar por caminhos diferentes, mas o importante é chegar. Uma pessoa pode preferir tirar o pó da casa antes de passar o aspirador no chão, enquanto outra pode querer aspirar primeiro e tirar o pó depois. Não vejo em que isso possa fazer diferença desde que as duas tarefas sejam feitas. Devemos ser humildes o bastante para admitir o fato de que *nossa maneira* de fazer as coisas não é a *única maneira*.

Quando precisamos nos apressar constantemente, é porque não administramos bem nossa vida. Colocamos coisas demais em pouco espaço de tempo, ou estamos tentando fazer mais do que nos cabe não permitindo que as pessoas nos ajudem.

Quando você aprender a desacelerar, terá tempo para avaliar suas reais prioridades na vida. Sugiro que a primeira delas seja a autoaceitação. No próximo capítulo, observaremos como uma profunda paz o alcança quando você começa a aprender a amar quem Deus o criou para ser.

Mantenedor da Paz Nº 9

ACEITE-SE

Muitas pessoas, talvez a maioria delas, não estão em paz consigo mesmas, e talvez nem estejam cientes disso. Nosso inimigo, Satanás, começa a trabalhar cedo em nossas vidas, envenenando nosso pensamento e atitudes para com nós mesmos. Ele sabe que não constituímos ameaça ou perigo para ele se não formos confiantes.

Nosso objetivo não é ser autoconfiante, mas ter confiança em quem somos em Cristo. Devemos reconhecer o valor de sermos filhos de Deus e a posição que isso nos dá. Como filhos de Deus, podemos orar com ousadia e fé, sabendo que Ele ouve e responde às nossas orações. Podemos aguardar com expectativa a herança que é nossa em virtude do nosso relacionamento pessoal com Jesus. Podemos desfrutar justiça, paz, alegria, boa saúde, prosperidade e sucesso em tudo que pusermos nossas mãos para fazer, além de desfrutarmos intimidade com Deus por intermédio de Jesus, e muitos outros benefícios maravilhosos.

Podemos desenvolver um caráter temente a Deus e ser usados poderosamente por Ele para conduzir outros a Cristo e ajudar pessoas que sofrem. Sim, nossas vidas podem ser absolutamente maravilhosas por meio de Jesus; entretanto, Satanás é o enganador, e como tal, procura continuamente roubar o que Jesus morreu para nos dar.

Se não estiver em paz consigo mesmo, você não desfrutará sua vida. Nunca poderá fugir de si mesmo nem mesmo por um segundo. Você estará em todo lugar aonde for, portanto, se não gostar de si mesmo e não se aceitar, não poderá ser mais nada além de infeliz. Além disso, se não nos aceitarmos, descobriremos que será difícil, se não impossível, aceitarmos os outros.

Nossas falhas nos afastam da autoaceitação. Pensamos que se pudéssemos nos comportar melhor, poderíamos gostar mais de nós mesmos. Temos orgulho dos nossos pontos fortes, dos nossos dons naturais e dos nossos talentos, mas desprezamos e ficamos constrangidos diante de nossas fraquezas. Nós nos alegramos com o nosso sucesso e ficamos deprimidos com o nosso fracasso. Lutamos e nos esforçamos em busca da perfeição, mas de algum modo ela sempre nos escapa. Nossa busca é vã.

Andrew Murray disse em seu livro *Consecrated to God* (Consagrado a Deus) que nós "não somos aperfeiçoados, mas mesmo assim perfeitos".

PERFEITO EM CRISTO

A Palavra de Deus afirma que se estivermos dispostos a compartilhar Seus sofrimentos, também compartilharemos da Sua glória (ver Romanos 8:17). Temos uma ordem (ou talvez seja uma promessa) em Mateus 5:48: "Portanto, sejam perfeitos como perfeito é o Pai celestial de vocês".

No passado, eu sempre entendia esse versículo como sendo uma ordem severa, mas ele poderia ser na verdade a promessa de Deus para nós de que, por Ele ser perfeito e estar trabalhando em nós, também podemos aguardar com expectativa a possibilidade de compartilharmos da Sua perfeição. Creio que a *Amplified Bible* torna esse versículo mais fácil de ser entendido: "Portanto, vocês devem ser perfeitos [crescendo até à plena maturidade de piedade de mente e caráter, tendo atingido a altura adequada de virtude e integridade], como o seu Pai celestial é perfeito".

O apóstolo Paulo disse que embora ainda não tivesse se tornado perfeito, ele prosseguia para o alvo. Então ele disse que nós, por sermos imperfeitos, devíamos nos concentrar em esquecer o que ficou para trás (erros) e seguir adiante. Ele estava essencialmente dizendo que aos olhos de Deus, pela fé em Jesus Cristo, ele era perfeito, mas não estava totalmente aperfeiçoado (ver Filipenses 3:12-15).

Houve algum momento em que Jesus não foi perfeito? A resposta deve ser não; sabemos que Jesus era e sempre é perfeito, o Cordeiro de Deus sem mancha, sem pecado e julgado digno de tirar os nossos pecados. Hebreus 7:28 confirma a Sua perfeição, dizendo: "Pois a Lei constitui sumos sacerdotes a homens que têm fraquezas; mas o juramento, que veio depois da Lei, constitui o Filho, perfeito para sempre".

Essa passagem bíblica nos fala claramente que Jesus foi feito perfeito para sempre, mas Hebreus 5:8-9 diz que embora fosse Filho, Ele *aprendeu* a obediência através dos Seus sofrimentos e, portanto, se *tornou* perfeitamente equipado para ser o Autor da nossa salvação. Fica claro então que Ele era perfeito, mas também estava sendo aperfeiçoado. Em cada momento de sua vida, Ele era totalmente perfeito e, no entanto, precisava ser aperfeiçoado através do sofrimento a fim de tornar-se o nosso Salvador.

A perfeição é um estado no qual somos colocados pela graça de Deus por meio da nossa fé em Jesus Cristo, e Ele opera em nós e através de nós a partir de níveis de glória. Eu via meus bebês e meus netos como sendo perfeitos. Eu até dizia muitas vezes quando olhava para eles: "Vocês são perfeitos". Por outro lado, eles tinham defeitos; precisavam amadurecer, crescer e mudar.

Precisamos aprender a nos vermos em Cristo e não em nós mesmos. A autora Corrie ten Boom ensinou que se você olhar para o mundo, ficará oprimido, se olhar para si mesmo, ficará deprimido, mas se olhar para Jesus, você terá descanso. Como é verdadeiro o fato de que se olharmos para nós mesmos — para aquilo que somos em nossa própria capacidade — não conseguiremos nada a não ser ficar deprimidos e totalmente desanimados. Mas quando olhamos para Cristo, "o autor e consumador da nossa fé", podemos entrar no Seu descanso e crer que Ele está trabalhando incessantemente em nós (Hebreus 12:2).

De acordo com Andrew Murray, existem graus de perfeição: perfeito, mais perfeito, e mais-que-perfeito. Há o perfeito e o que está esperando para ser aperfeiçoado. Esta é simplesmente outra maneira de dizer que Deus nos fez para sermos perfeitos, e estamos caminhando para isso. É como se uma criança dissesse: "Minha mãe me deu seu vestido de noiva para eu usar quando me casar, e a cada ano estou crescendo para um dia caber nele. Ele já é meu, embora ainda não me sirva".

Sempre dizemos: "Ninguém é perfeito". O que queremos dizer é que ninguém manifesta um comportamento perfeito, e essa é uma afirmação correta. Nosso comportamento, entretanto, é muito diferente da nossa identidade. A Bíblia diz que a fé em Jesus nos torna justos, mas em nossa experiência diária nem sempre agimos de maneira correta.

Bem, se somos justos, por que não agimos sempre com justiça? Simplesmente porque ainda estamos crescendo até sermos pessoas que agem assim. Quanto mais servimos a Deus, agimos cada vez menos da maneira errada, e cada vez mais da maneira certa. Considere este versículo: "Deus tornou pecado por nós aquele que não tinha pecado, para que nele nos tornássemos justiça de Deus" (2 Coríntios 5:21).

Durante anos, eu disse: "O meu *ser* é completamente diferente do meu *agir*". Em outras palavras, quem eu sou *em Cristo* é uma coisa, e o que faço *em mim mesma* é outra completamente diferente. Devemos nos *tornar* exemplos de justiça.

Quando nascemos de novo, recebemos novas identidades. Deus nos torna Seus filhos, assim como quando os meus filhos nasceram, eles receberam o meu sobrenome e se tornaram Meyers. Eles nunca serão mais nem menos Meyers do que foram ao nascer. Em um dado momento no tempo, cada um deles se tornou para sempre e completamente um Meyer. Eles sempre agiram como um Meyer? Eles sempre agiram como nós gostaríamos que nossos filhos, que nos representam, agissem? É claro que não, mas ainda assim eram Meyers.

A religião nos ensina frequentemente a *fazer o que é certo* (seguindo normas e regulamentos) para provarmos que estamos *agindo corretamente* com Deus. O verdadeiro Cristianismo bíblico ensina o contrário: não podemos *agir corretamente* até que Deus tenha nos *justificado* perante Ele, e Deus faz isso por intermédio do nosso novo nascimento.

A passagem de 2 Coríntios 5:17 diz: "Portanto, se alguém está em Cristo, é nova criação. As coisas antigas já passaram; eis que surgiram coisas novas!" De repente nos tornamos novas criaturas. Gosto de dizer que somos uma nova argila espiritual. Temos dentro de nós o necessário para aprendermos a agir como Deus quer.

É crucial para nós entendermos isso se quisermos aceitar a nós mesmos. Precisamos crer que embora não estejamos como precisamos estar,

130 Parte 2 — Fique em Paz Consigo Mesmo

também não estamos como costumávamos estar. Somos, neste exato momento, perfeitos aos olhos de Deus e estamos a caminho da perfeição.

A Autoaceitação É o Fundamento Para a Paz

Não há fundamento para a nossa paz se não tivermos paz com Deus e com nós mesmos. A Paz com Deus deve nos levar ao princípio fundamental de termos paz conosco. Se Deus nos ama incondicionalmente, também podemos nos amar incondicionalmente. Se Ele nos aceita, devemos ser capazes de nos aceitar. A paz dentro de nós, que é a autoaceitação, está fundamentada no fato de Deus *nos tornar perfeitos* e justos em Cristo; não se baseia nas nossas próprias obras e comportamentos.

Na Sua Palavra, Deus se refere a nós (Seus crentes) como sendo "santos". Romanos 12:1 diz que devemos oferecer nossos corpos como sacrifício vivo, "santo" e agradável a Deus. 1 Coríntios 3:17 explica que o templo de Deus é "santo", e nós (crentes) somos o Seu templo. Efésios 3:5 fala dos "santos apóstolos (mensageiros consagrados) e profetas" de Deus. Essas, e outras passagens bíblicas, nos mostram claramente que Deus nos vê como santos, perfeitos e justos. Quer aceitemos quer rejeitemos esse fato, a escolha que fazemos afeta grandemente a maneira como nos vemos.

Somos a casa de Deus; somos o Seu lar. Ele veio viver em nós; somos Sua nova base de operações, por assim dizer. Ele trabalha por meio de nós (Seus filhos nascidos de novo) para atrair o mundo para si.

Ele quer paz em Sua casa! Você já gritou com seus filhos: "Quero um pouco de paz nesta casa!"? Eu já, e é provável que você também já tenha feito isso. Ouça Deus dizendo suavemente o mesmo a você neste instante, e chegue a um acordo de paz com quem você é.

Aceite a si mesmo exatamente como você está, e deixe Deus ajudá-lo a chegar onde ele quer que você esteja. Ele o ama e o aceita a cada passo do caminho. Ele está transformando-o de glória em glória (ver 2 Coríntios 3:18). Entre em acordo com Deus, e verá um novo poder em sua vida, diferente de qualquer coisa que você já experimentou antes.

Estar em paz consigo mesmo à luz de quem Deus o está transformando para ser lhe dará um firme fundamento sobre o qual você poderá construir uma boa vida. Lembre-se de que Satanás quer que você seja fraco e sem poder; Deus quer que você seja fraco e poderoso, pronto para desfrutar a vida, para que assim Ele possa usá-lo para realizar os Seus propósitos na terra. Mas não podemos crescer espiritualmente e ser aperfeiçoados para sermos usados por Ele até que estejamos em paz com nós mesmos.

SUAS FALHAS ESTÃO DISTRAINDO VOCÊ?

Para progredir espiritualmente, precisamos manter os olhos em Jesus em vez de em nós mesmos. Hebreus 12:2 nos ensina a tirarmos os olhos de tudo que nos distraia de Jesus, pois é Ele quem nos conduz e é a Fonte do nosso incentivo para termos fé. Também é aquele que fará nossa fé alcançar a maturidade e a perfeição.

Quando mantemos nossos olhos (nossos pensamentos) em tudo que está errado conosco, isso nos impede de prestar atenção no Senhor. Em vez de fazermos um inventário incessante de todas as nossas falhas, precisamos olhar e ver tudo que está certo com Ele e crer que Ele está trabalhando para reproduzir todas essas qualidades em nós. Não devemos manter nossos olhos nas pessoas, comparando-nos a elas; devemos manter os nossos olhos em Jesus. Ele é o nosso exemplo a seguir, e não as pessoas. No fim, compareceremos diante de Deus, e não das pessoas, e a Ele prestaremos contas de nossa vida.

E tire também os seus olhos de si mesmo; não fique meditando a respeito de tudo que você acha que faz certo, ou tudo que você acha que faz de errado. Ponha o foco em quem Deus diz que você é.

O Espírito Santo o convencerá da necessidade de mudança em determinadas áreas, e quando Ele fizer isso, sua reação não deve ser sentir-se condenado. Deve ser de gratidão por Deus se importar o bastante com você para enviar o Seu Espírito diariamente para ajudá-lo a permanecer no caminho estreito que conduz à vida.

Quando aprendi a reagir à correção de Deus (convicção) e ao fato de Ele me convencer dos meus pecados com gratidão em vez de condenação, isso fechou a porta para Satanás que eu tinha permitido que ficasse aberta durante toda a minha vida. Não podemos amadurecer sem sermos convencidos de nossos pecados, mas se sempre reagirmos nos sentindo condenados, isso também impedirá o nosso amadurecimento. Deus pretende que essa convicção dos nossos pecados nos erga acima dos comportamentos errados eliminando-os de nossa vida. Entretanto, a condenação nos pressiona para baixo e nos mantém prisioneiros do pecado. Nunca poderemos superar uma situação se ainda nos sentimos condenados por ela.

Verbalize Sua Autoaceitação

Muitas pessoas têm o mau hábito de dizer coisas negativas e degradantes sobre si mesmas. Isso é perigoso e errado. As palavras são receptáculos de poder; elas carregam influências criativas ou destrutivas. Provérbios 18:21 afirma que o poder da vida e da morte está na língua, e aqueles que a amam comerão do seu fruto para a vida ou para a morte. Em outras palavras, posso declarar morte ou vida às pessoas, às minhas circunstâncias, ou a mim mesma.

Antes, eu tinha o mau hábito de dizer coisas negativas que não procediam de Deus sobre mim mesma. O que estava no meu coração saía pela minha boca, assim como Mateus 12:34 confirma, e eu via aquela verdade atuando em minha vida. Eu tinha uma atitude negativa com relação a mim mesma; não gostava de mim, então eu dizia coisas que eram prova do que estava no meu coração.

Frequentemente pergunto nas conferências em que ensino: "Quantos de vocês costumam dizer regularmente coisas negativas e degradantes a respeito de si mesmos com a sua própria boca?" A maioria das pessoas na plateia levanta as mãos.

Falar sobre nós mesmos de modo negativo é um grande problema que precisamos tratar com seriedade. Se você não entende o tremendo poder das palavras, compre e leia meu livro *Eu e Minha Boca Grande*.

À medida que fui adquirindo revelação da Palavra de Deus, comecei a ver o quanto esse mau hábito de falar contra mim mesma era devastador, e lentamente comecei a substituir as coisas negativas que eu dizia por coisas boas. Inicialmente foi um passo de fé, porque eu me sentia tola quanto ficava a sós, dizendo coisas boas a meu respeito. Comecei a fazer isso quando estava sozinha, pois com certeza eu não tinha a coragem de dizer nada de lisonjeiro sobre mim mesma na frente de outros. Em vez de dizer "Sou uma idiota" quando eu cometia erros, mudei a minha reação para "Cometi um erro, mas Deus me ama incondicionalmente, e Ele está me transformando". Em vez de dizer "Nunca faço nada certo", eu dizia "Sou a justiça de Deus em Cristo, e Ele está trabalhando em mim".

Não estou sugerindo que devemos cultivar o hábito de dizer às pessoas o quanto achamos que somos maravilhosos — isso seria uma demonstração de orgulho, e um comportamento inaceitável. Mas quando houver uma oportunidade devemos dizer coisas boas em vez de coisas más.

Por exemplo, se alguém lhe perguntar quais são seus dons, talentos e habilidades, não diga: "Não tenho nenhum. Na verdade não sou muito inteligente". Diga: "Deus me deu o dom para fazer muitas coisas", e depois descreva aquilo que você faz bem.

Talvez você seja bom em encorajar pessoas; esse é um dom de Deus. Ou pode simplesmente amar ajudar as pessoas, e esse é um dos maiores dons dados por Deus a nós. Não sei o que eu faria se não tivesse pessoas que apenas soubessem ajudar com qualquer coisa que precise ser feita. Talvez você não tenha dons "visíveis", mas isso não os torna menos importantes.

Peça a Deus para perdoá-lo pelas vezes em que você disse coisas negativas a respeito de si mesmo, da sua vida e do seu futuro. Tome a decisão de começar a falar em termos positivos com relação a tudo em sua vida, inclusive a você mesmo.

Diga em voz alta várias vezes por dia: "Eu me aceito. Deus me criou com Sua própria mão, e não sou um erro. Tenho um futuro glorioso, e pretendo seguir em frente e saudar cada dia com paz e alegria".

Durante anos, desejei ser só um pouquinho mais magra, ter uma voz menos grave, não falar tanto, não ser tão direta na minha maneira de tratar as pessoas, e daí por diante. Descobri que muitas das coisas de que eu não gostava em mim eram exatamente algumas das qualidades necessárias que me permitiriam fazer o que Deus me chamou para fazer.

Como podemos ter paz com nós mesmos se sempre queremos ser o que não somos? Como podemos ter paz se estivermos com raiva de nós mesmos por causa de quem somos e do que somos, ou se vivermos sob condenação por não sermos perfeitos em nosso comportamento?

Recentemente li uma declaração de Watchman Nee que me abençoou; ele disse que "devemos ser para sempre aquilo que somos". Ele não quis dizer que Deus não está transformando o nosso comportamento enquanto crescemos nele, mas sim que Ele deu a cada um de nós um temperamento específico, e devemos sempre ser essencialmente aquelas pessoas que Deus nos criou para ser.

Deus me deu a minha voz e a minha personalidade ousada. Posso aprender a não ser áspera e rude, mas sempre serei ousada e determinada. Sou uma pregadora e mestra da Palavra de Deus. Sou uma boca no corpo de Cristo, por assim dizer. Deus usa minha boca. Sempre vou falar muito. Posso aprender a não entrar em conversas fúteis, assunto que discutiremos mais tarde, e a não dizer coisas que ferem as pessoas; mas nunca serei uma pessoa quieta e de fala mansa.

Você será sempre você, portanto, aceite-se e deixe Deus ser Deus em sua vida. Pare de lutar consigo mesmo, ponha o foco nos seus pontos fortes, e fique em paz.

Mantenedor da Paz Nº 10

CONCENTRE-SE NOS SEUS PONTOS FORTES E EXCLUSIVOS

Parte da autoaceitação é entender que você é único e nunca será exatamente igual a outra pessoa. Deus quer variedade, e não uma mesmice monótona. Na verdade, se olharmos ao redor, veremos que Deus é extremamente criativo. Desfrutamos de uma variedade de flores, árvores, pássaros e climas diferentes. A maior parte do que Deus criou é bastante variada — e isso inclui as pessoas.

Não se esforce para ser uma cópia xérox de alguém que você admira. Você é único, e existe algo que é capaz de fazer como ninguém mais no mundo inteiro. Deus precisou me ensinar a lição importantíssima de não me comparar com os outros e de não competir com eles e nem com suas habilidades. Ele teve de me ensinar a ser "livre para ser eu mesma" antes que pudesse me usar da maneira como havia planejado.

Ministrei estudos bíblicos em minha casa durante cinco anos, e, depois disso, Deus meio que me deixou "na prateleira", e fiquei sem fazer nada por um ano. Durante aquele ano, decidi que precisava me acalmar e viver uma vida "normal". Decidi que eu precisava ser uma "mulher normal". Sempre pensei que minhas esperanças e ambições fossem fora do comum, mas Satanás estava me atormentando com pensamentos de que eu era realmente esquisita e havia algo errado comigo.

Eu mantinha minha casa limpa e arrumada, mas não tinha muito interesse por decoração como várias de minhas amigas. Elas frequentavam aulas de arte e faziam reuniões sobre decoração de interiores regularmente. Eu mal podia pregar um botão nas camisas de meu marido, ao passo que minhas amigas faziam roupas para toda a família. Eu sentia o destino me chamando enquanto elas estavam contentes fazendo coisas que realmente me entediavam. O que elas faziam também era importante, mas simplesmente não era o que eu havia sido chamada para fazer.

Comecei a pensar que eu simplesmente precisava tomar jeito e ser o que uma mulher "deveria ser". Eu não tinha certeza exatamente do que isso significava, então tentei me adequar ao padrão das outras mulheres que conhecia. Uma das minhas amigas era realmente doce, por natureza, então, eu tentava falar mansamente e ser doce como ela. Outra tinha um jardim e preparava legumes em conserva, então, experimentei fazer isso também. Também tive aulas de costura e tentei fazer algumas roupas para minha família. Depois de tudo isso eu estava, no mínimo, me sentindo muito infeliz. Havia me obrigado a me encaixar em um molde que Deus nunca havia projetado para mim.

Todas essas ideias carnais brotaram de inseguranças profundamente enraizadas e remanescentes do meu passado de abuso. Eu era insegura por ser quem eu era, sentia-me profundamente imperfeita, tinha uma natureza baseada na vergonha e por isso ficava tentando me ajustar a um padrão que parecia aceitável ao mundo.

Mulheres pregadoras da Palavra não estavam exatamente no topo da lista do que o mundo aplaudia, principalmente quando eu comecei, no ano de 1976, e muito menos na denominação da qual eu fazia parte. Estou certa de que esses meus esforços carnais entristeciam o Senhor, mas Ele permitiu que eu passasse pelo processo de me comparar e competir com as pessoas, e também de ficar muito infeliz até que finalmente percebi que eu não era *esquisita*, eu era *única*. A exclusividade tem valor por tornar único algo em uma determinada espécie, ao passo que quando uma coisa é igual a muitas outras ela não tem o mesmo valor.

Eu estava me comparando a mulheres maravilhosas que estavam agindo a partir de suas habilidades naturais dadas a elas por Deus. Elas eram felizes, pois estavam fazendo exatamente o que Deus lhes havia designado para fazer. Deus forma pacientemente cada um de nós no ventre das nossas mães com a Sua própria mão. Quando examinar seus pontos fortes, lembre-se deste versículo:

> Tu criaste o íntimo do meu ser e me teceste no ventre de minha mãe. Eu te louvo porque me fizeste de modo especial e admirável. Tuas obras são maravilhosas! Disso tenho plena certeza. Meus ossos não estavam escondidos de ti quando em secreto fui formado e entretecido como nas profundezas da terra. Os teus olhos viram o meu embrião; todos os dias determinados para mim foram escritos no teu livro antes de qualquer deles existir. (Salmos 139:13-16)

Não somos acidentes nem algo feito simplesmente de qualquer maneira e totalmente ao acaso. Cada um de nós está aqui por um propósito, escolhido para viver neste período de tempo específico. Lutar consigo mesmo é como lutar contra Deus, porque você é feitura dele, predestinado para boas obras (ver Efésios 2:10).

Quando Paulo se converteu, ele certamente ouvira falar sobre o grande apóstolo Pedro. Tenho certeza de que Pedro era alguém a quem todos admiravam por causa da maneira tremenda como Deus o usava e dos tremendos dons que ele exercia. Pedro era um líder entre líderes. Poderíamos imaginar Paulo procurando Pedro em busca de aprovação e amizade, mas vemos exatamente o contrário. Paulo foi para a Arábia, permaneceu ali por três anos primeiramente e só depois foi a Jerusalém para conhecer Pedro. Então, após um período de mais quatorze anos, durante o qual ele ministrou onde Deus o direcionava a ir, ele foi para Jerusalém novamente para se encontrar com Pedro e com alguns dos outros apóstolos (ver Gálatas 1:17-2:12).

Paulo tinha confiança no seu chamado e não sentia a necessidade de se comparar com Pedro e nem com ninguém. Vemos evidências desse fato em outras Escrituras: no livro de Gálatas 1:10, Paulo afirmou que se ele estivesse tentando ser popular entre as pessoas, não teria se tornado um apóstolo do Senhor. Por quê? Porque seguir as pessoas em vez de seguir a Deus pode nos levar a caminhos errados para nossa vida. Deus não quer cópias — Ele quer originais. Paulo era um original e não uma cópia de Pedro ou de outras pessoas; Deus quer que seja assim.

No começo do meu ministério, tentei entrar em vários grupos diferentes de pregadores conhecidos. Eu queria a aprovação deles e comparar o que eu estava fazendo com o que eles estavam fazendo para ver se eu precisava mudar alguma coisa. Embora eu tenha melhorado nesse aspecto durante o ano em que passei "sem fazer nada" (exceto me esforçar para ser com eu achava que deveria ser uma mulher comum), eu ainda tinha inseguranças e teria me tornado uma cópia xérox de alguém se tivesse a oportunidade de fazer isso.

Fiquei muito frustrada quando Deus não permitiu que eu tivesse amigos no ministério naquela época, mas eu não entendia que Ele estava me treinando pessoalmente e não queria nenhuma interferência naqueles primeiros dias de preparação para o meu chamado.

Pessoas inseguras não são boas em dizer não! Elas não são boas em ser diferentes; elas geralmente se inclinam na direção para a qual todos estão se dirigindo, em vez de seguirem inteiramente o seu coração. Quando Deus estava pronto para promover o nosso ministério para uma posição mais visível, uma das coisas que eu costumava ouvir era: "Você é um sopro de ar fresco! Você é única, não é como todo mundo por aí". Isto não significa que todos os outros não fossem maravilhosos e necessários, significa apenas que precisamos de variedade.

A mensagem de Paulo era a mesma de Pedro, mas com uma ênfase diferente, e é assim que deve ser para que as pessoas amadureçam espiritualmente. Costumamos ter medo de ser diferentes; ficamos entediados com a mesmice, mas de algum modo nos sentimos seguros com ela.

Quando nos comparamos com os outros e tentamos ser como eles isso realmente rouba a nossa paz; é uma das coisas mais frustrantes que pode nos acontecer. Cuidado para não comparar qualquer aspecto da sua vida natural ou espiritual com a de outra pessoa — isso só vai gerar caos.

Comparações Espirituais

Lembro-me de ouvir um pregador falar sobre com que frequência ele via Jesus. Eu nunca havia visto Jesus, então, eu me perguntava o que havia de errado comigo. Outra pessoa que conheci orava durante quatro horas todas as manhãs. Eu não conseguia achar coisas suficientes para orar durante quatro horas e sempre acabava ficando entediada e sonolenta, então eu me perguntava o que havia de errado comigo. Eu não tinha o dom de me lembrar de longos trechos das Escrituras como uma conhecida minha, que decorava todos os Salmos e Provérbios assim como outros livros inteiros da Bíblia e, mais uma vez, eu me perguntava o que havia de errado comigo. Finalmente percebi que não havia necessariamente nada de errado porque eu não podia fazer o que os outros faziam. O fato era que eu estava pregando em todo o mundo, e nenhum deles estava fazendo isso.

Mesmo não podendo fazer algumas coisas, há muitas outras que podemos fazer. Mesmo que as pessoas possam fazer algumas coisas, também há outras que elas não podem fazer. Não faça mais o jogo do diabo. Não se compare com ninguém de maneira nenhuma, principalmente espiritualmente. Podemos observar o bom exemplo de algumas pessoas, mas elas nunca devem se tornar o nosso padrão. Ainda que aprendamos a fazer algo com elas, nunca faremos exatamente igual.

Dave me ensinou a jogar golfe, e a balançar o taco de golfe da mesma maneira que ele, mas eu não balanço o meu exatamente como ele faz, e nunca farei isso. Podemos ver exemplos como esse em muitas outras situações. Eu seguro o volante do carro de uma maneira diferente dele, freamos de modo diferente, quando eu passo uma camisa começo pelo colarinho, minha amiga começa pela manga. Que diferença faz a maneira como passamos a camisa, desde que ela fique bem passada?

Conheço pessoas que dizem nunca terem sentido a presença de Deus e que ficam realmente frustradas quando ouvem os outros dizendo coisas do tipo "Você sentiu a presença de Deus neste lugar esta noite?" Alguns têm grandes experiências emocionais quando nascem de novo ou recebem o batismo no Espírito Santo, enquanto outros o recebem inteiramente pela fé e não sentem absolutamente nada, embora vejam realmente o seu fruto em suas vidas mais tarde.

140 Parte 2 — Fique em Paz Consigo Mesmo

Creio que eventualmente todos nós caímos na armadilha de nos perguntarmos por que não somos como algumas pessoas que conhecemos ou não temos as mesmas experiências que elas, mas isso é *uma armadilha* — e uma armadilha perigosa. Ficamos presos em um laço armado por Satanás quando entramos em competição espiritual e começamos a nos comparar, ficando insatisfeitos com o que Deus está nos dando.

Deveríamos confiar que Deus fará o melhor por cada um de nós e deixar essa escolha aos cuidados dele. Se confiarmos em Deus dessa maneira, podemos deixar de lado os nossos medos e inseguranças a respeito de nós mesmos. A maneira como reagimos a Deus em diferentes áreas pode ser resultado de muitas coisas diferentes, como o nosso temperamento natural, nossos ensinamentos passados, e o nosso nível de ousadia natural. Por exemplo, Tomé era alguém que duvidava, mas Deus o amava e também o corrigiu por ter pouca fé. Ver e sentir é ótimo, mas Jesus disse: "Bem-aventurados os que não viram e creram" (ver João 20:29).

Estou certa de que todos nós gostaríamos de conseguir enxergar na esfera espiritual e de ter um grande número de experiências sobrenaturais, mas ficarmos frustrados se isso não acontecer rouba a nossa paz e com certeza não produz visões de Jesus. Tive algumas "experiências" com o Senhor, mas também passei muitos anos sem ter nada além da fé.

Passei por muitas frustrações e por todo o processo de me perguntar o que havia de errado comigo. Eu me questionava se havia cometido algum pecado e se por isso Deus não podia chegar até mim. Estava sempre me perguntando, racionalizando e vivendo momentos de ansiedade, inquietação e falta de paz... Por fim, encontrei a resposta: *Não compare a sua vida espiritual com a de ninguém conhecido ou com a de alguém a respeito de quem você leu.* Seja você mesmo. Você é único, e Deus tem um plano só para você.

COMPARANDO CIRCUNSTÂNCIAS

Comparar as circunstâncias que o cercam com as de outras pessoas roubará a sua paz e gerará confusão quanto ao plano exclusivo de Deus para você. Lembre-se, o diabo quer devorar as bênçãos que Deus preparou para você. A Palavra diz: "Resistam-lhe, permanecendo firmes na fé, sabendo que os irmãos que vocês têm em todo o mundo estão passando pelos mesmos sofrimentos" (1 Pedro 5:9).

Esse versículo nos mostra que devemos resistir ao diabo rapidamente e ficar firmes contra ele desde o início do seu ataque, sabendo que todos estão passando por dificuldades na vida. Quando estamos vivendo tempos difíceis, parece que Satanás nos provoca com pensamentos de que ninguém está sofrendo tanto quanto nós, mas isso não é verdade. Há sempre alguém vivendo uma situação muito pior do que a nossa, por mais difícil que a sua ou a minha situação possam parecer.

Entender isso produz gratidão em nossos corações, em vez de autopiedade. Não devemos ficar satisfeitos com o sofrimento dos outros, mas realmente nos ajuda o fato de não acharmos que somos os únicos que estão esperando por uma guinada na vida vinda da parte de Deus. Por mais tempo que estejamos esperando Deus fazer alguma coisa pela qual oramos, alguém está esperando há mais tempo. Por mais doentes, pobres, solitários ou assustados que qualquer um de nós esteja, alguém, em algum lugar, está em situação pior.

Deus nunca nos prometeu uma vida sem provações. Na verdade, Ele prometeu o contrário: que haveria sim provações, mas que não devíamos temê-las. "Porque Deus mesmo disse: 'Nunca o deixarei, nunca o abandonarei'" (Hebreus 13:5).

A presença de provações e tribulações não significa que Deus se esqueceu de nós ou que não nos ama. Às vezes olhamos para alguém e ele parece estar tendo uma vida maravilhosa enquanto estamos sofrendo e perguntamos: "Deus, por que Tu não me amas como amas aquela pessoa?" Somos tentados a fazer a mesma velha pergunta: *O que há de errado comigo?*

Não importa o que Satanás use, o propósito dele é o mesmo: fazer-nos pensar que alguma coisa está extremamente errada conosco, e por isso seria melhor termos a vida de alguma outra pessoa ou sermos como ela. Ele quer nos impedir de aceitarmos a nós mesmos e de termos a liberdade de ser quem somos, e assim *desfrutar nossa vida.*

Não despreze sua vida nem deseje ter outra só por estar passando por provações. Se você tivesse a vida de outra pessoa, suas provações poderiam ser piores que as atuais. Além disso, seja o que for que você esteja passando neste instante, lembre-se, *isto também passará!*

Olhe para além de quem você é; veja com os olhos da fé e creia em Deus para fazer até mesmo o impossível. A Bíblia diz que Abraão não tinha motivos para ter esperança, mas ele esperou pela fé que a promessa de Deus feita a ele se cumprisse (ver Romanos 4:18). Uma mente e uma atitude cheias de esperança ministram paz e alegria, enquanto o medo e o desânimo as roubam de nós.

Não se concentre em seus problemas; mantenha sua mente em Jesus e no Seu bom plano para a sua vida. Quando estiver lendo as promessas de Deus na Bíblia, procure pensar nela como uma carta pessoal dirigida a você. Por exemplo, se parafrasearmos Isaías 26:3, Deus está dizendo: "Eu vou guardar você em perfeita e constante paz enquanto você mantiver a sua mente em Mim, porque você se compromete comigo, depende de Mim, e espera confiantemente em Mim".

Para onde a mente vai, o homem segue. Se deixarmos nossa mente permanecer em coisas negativas (por exemplo, nos nossos problemas em vez de nas respostas de Deus) eles parecem se multiplicar. Quanto mais pensamos em um problema, mesmo pequeno, maior ele parece ser.

Posso dizer sinceramente que agora gosto de mim mesma. Admito ter levado muito tempo para ver essa mudança acontecer, mas eu realmente não tinha nada melhor a fazer do que prosseguir adiante em Deus, e saiba que você também não tem. Durante grande parte da minha vida, eu literalmente me odiava, e agora sei que esse tipo de atitude é um insulto a Deus, que nos criou cuidadosamente.

Não custa nada ser positivo e acreditar que Deus pode mudar você e a sua vida. Acione as suas bênçãos dizendo que você ama a sua vida, e seja grato por tudo, independentemente de quais sejam as circunstâncias, sabendo que essa é a vontade de Deus para você.

Toda vez que você for tentado (e isso acontecerá) a comparar a si mesmo ou qualquer aspecto da sua vida com outra pessoa, resista a Satanás desde o início. Nem sequer abrigue pensamentos de comparação desse tipo. Você é um indivíduo, uma pessoa única, e tem o direito de desfrutar a sua vida, e isso deve incluir a apreciação pelo fato de ser alguém exclusivo.

Abrace a sua vida. Coloque os braços ao redor de si mesmo neste momento como um ato de fé e diga em voz alta: "Eu me aceito, e me amo de uma maneira equilibrada. Não sou egoísta, mas estou firmado no fato de ser filho de Deus, e creio que Ele me criou e tem um propósito para a minha vida".

ACEITAR A SUA SINGULARIDADE ABRE A PORTA PARA AS BÊNÇÃOS

Mencionei anteriormente que Deus havia me colocado "na prateleira" por um ano durante o meu ministério, tempo em que decidi que tinha uma imaginação muito fértil e na verdade não havia realmente sido chamada para o ministério. Tentei ser o que eu achava que o mundo esperava de mim como mulher, esposa e mãe. Durante aquele ano senti que Deus não estava fazendo absolutamente nada em minha vida; eu não via progresso no meu ministério, então concluí que ele havia terminado quando na verdade estava apenas começando.

Durante aquele ano de comparações, competição, e de finalmente entender que mesmo sendo imperfeita, ainda assim eu tinha de ser eu mesma, Deus estava na verdade fazendo uma das maiores obras que Ele já fez em mim. Estava me libertando para ser eu mesma! Isto tinha de acontecer antes que Deus pudesse me promover para o próximo nível do meu ministério. Bem no fim daquele ano de provações, nossa família começou a frequentar uma nova igreja na cidade e, um pouco depois, eu estava dando estudos bíblicos semanais, que no final passaram a ter uma frequência de quatrocentas pessoas.

Tornei-me pastora adjunta daquela igreja, dava aulas no Seminário Bíblico três vezes por semana, e aprendi muito, o que me preparou para o desafio seguinte em meu ministério, que incluía o ministério na mídia que tenho atualmente. Nosso programa de televisão diário alcança 2.5 bilhões de pessoas, estamos em 350 estações de rádio, e tive o privilégio de escrever cerca de 60 livros, assim como outros projetos de evangelismo muito frutíferos.

Nosso programa vai ao ar em todo o mundo em 21 idiomas diferentes, e estamos acrescentando novas línguas o tempo todo. Vamos ao ar na Índia em 11 idiomas e recentemente tivemos o enorme privilégio de fazer uma conferência importante em Hyderabad. Em 4 dias, ministramos a 850.000 pessoas com 250.000 decisões para Jesus Cristo. Uau! Que privilégio fazer parte de algo assim!

Nada disso estaria acontecendo hoje se eu não tivesse parado de me comparar com as pessoas e de competir com elas. É vital para o seu futuro que você leve isso a sério e peça a Deus para revelar quaisquer áreas de comparação em sua vida.

Se Deus tem um plano para você e para mim, Ele certamente não fará com que ele se cumpra enquanto estivermos tentando ser outras pessoas. Deus nunca nos dará graça para sermos alguém além de nós mesmos. Sem essa graça, a vida fica muito desgastante, e não gostamos nem um pouco de uma vida assim. Mas com a Sua graça (poder do Espírito Santo), podemos entrar no descanso (paz) do Senhor e experimentar uma alegria indizível e cheia de glória.

Quando eu estava presa na armadilha da autorrejeição, me comparando e competindo com muitas das pessoas que Deus havia colocado em meu caminho, Ele me levou a ler um artigo que transformou a minha vida. Quero compartilhar alguns trechos dele com você, e oro para que ele o abençoe como me abençoou.

O seguinte artigo sobre "a consciência do pecado e o anseio por santidade" foi uma carta que Hudson Taylor, missionário na China no século XIX, escreveu à sua irmã, e que mais tarde foi reimpresso. Ele se chama "A Vida Transformada". Hudson Taylor escreveu:

> Todos os dias, em quase todas as horas, a consciência do pecado me oprimia. Eu sabia que se tão somente pudesse permanecer em Cristo, tudo ficaria bem, mas eu não conseguia. Começava o dia com oração, determinado a não tirar a minha mente Dele nem por um instante; mas a pressão das obrigações, às vezes muito desafiadoras, e as constantes interrupções capazes de serem extremamente desgastantes, costumavam fazer com que eu me esquecesse dele... Cada dia trazia o seu registro de pecado, fracasso e impotência. O querer estava realmente presente comigo, mas eu não descobria como realizar...

O mês passado, ou alguns dias mais, talvez tenha sido o período mais feliz de minha vida; e anseio por lhes contar um pouco do que o Senhor fez por minha alma. Não sei até que ponto conseguirei me fazer entender, pois não há nada de novo, estranho ou maravilhoso — e, no entanto, tudo é novo! Em uma palavra: "Eu era cego, e agora vejo...".

Eu sentia a ingratidão, o perigo, o pecado de não viver mais perto de Deus. Eu orava, agonizava, jejuava, me esforçava, tomava decisões, lia a Palavra com mais diligência, buscava mais tempo para me retirar e meditar para estar a sós com Deus — mas tudo era em vão. Todos os dias, em quase todas as horas, a consciência do pecado me oprimia... Eu me odiava; eu odiava o meu pecado; no entanto, não tinha nenhuma força para enfrentá-lo.

Eu sentia que era um filho de Deus. Apesar de tudo, o Seu Espírito em meu coração clamava: "Abba, Pai", mas eu estava completamente impotente para me erguer à altura dos meus privilégios como filho [de Deus].

Eu pensava que a santidade deveria ser atingida gradualmente pelo uso diligente do meio da graça. Sentia que não havia nada que eu desejasse tanto neste mundo, nada que eu precisasse tanto. Mas quanto mais eu procurava e me esforçava em busca da santidade, mais ela fugia do meu alcance, até que a própria esperança quase se apagou... Eu sabia que nada podia fazer. Eu disse isso ao Senhor e lhe pedi para me dar ajuda e força...

Quando a agonia em minha alma estava no ápice, uma frase em uma carta do querido [John] McCarthy [em Hangchow, China] foi usada para remover as escamas dos meus olhos, e o Espírito de Deus revelou a verdade da nossa unidade com Jesus como eu nunca havia visto antes. McCarthy, que sentira a mesma sensação de fracasso, mas viu a luz antes de mim, escreveu (cito de memória): "Mas como fortalecer a fé? Não se esforçando em busca da fé, mas descansando naquele que é Fiel".

Quando li isso, pude ver tudo! "Se não cremos, Ele permanece fiel". Olhei para Jesus e vi (e quando vi, ah, como a alegria fluiu) que Ele havia dito: "Nunca te deixarei".

"Ah, *existe* um descanso!" pensei. "Esforcei-me em vão para descansar nele. Não vou mais me esforçar. Pois Ele prometeu permanecer *comigo* — nunca me deixar, nunca falhar comigo, não é mesmo?" Então... Ele o fará!

A alegria fluirá em nossa vida quando tirarmos nossos olhos de nós mesmos e os colocarmos em Jesus — tirando-os do que está errado conosco, e colocando-os no que está certo com Ele. Finalmente, quando entendemos que somos um com Ele, podemos viver uma vida transformada em vez de uma vida frustrada.

Jesus tomou a nossa antiga vida e nos deu uma vida nova. A vida dele está em nós, e Ele nos deu a Sua paz (ver João 14:27). A alegria dele é nossa. Ele se tornou pobre para que pudéssemos nos tornar ricos; Ele levou o nosso pecado e nos deu a Sua justiça; Ele levou as nossas doenças e enfermidades e a dor da nossa punição e nos deu a Sua força. Sim, Ele levou tudo de ruim e nos deu uma nova vida para desfrutarmos juntamente com a paz que excede todo entendimento.

Lembre-se de que Jesus disse: "Eu vim para que tenham vida e a tenham em abundância". Então, desfrute a força que Deus lhe deu, e ponha o foco na vida que Ele quer que você desfrute. No próximo capítulo, compartilharei com você como evitar a paralisia da autoanálise e encontrar paz, mantendo suas prioridades em foco.

Mantenedor da Paz Nº 11

MANTENHA SUAS PRIORIDADES EM ORDEM

Creio que um dos motivos pelos quais as pessoas perdem a paz e fracassam em conquistar aquilo que desejam é o fato de terem suas prioridades invertidas. Existem muitas escolhas às quais as pessoas podem dedicar tempo e atenção. Se não tiverem prioridades claras, as pessoas podem ficar paralisadas pela indecisão. Chamo isso de *paralisia da análise.*

Algumas das nossas opções não são boas e facilmente podem ser reconhecidas como escolhas a serem evitadas, mas muitas das opções que podemos fazer são boas. Mas até mesmo boas escolhas podem fazer com que nossas prioridades fiquem fora de ordem. O que pode ser uma prioridade máxima para alguém pode ser um problema para nós. Portanto, temos de tomar cuidado para não fazermos simplesmente o que todos estão fazendo — precisamos fazer o que Deus está nos direcionando individualmente a fazer.

Quando definimos nossas prioridades, é importante entender que Jesus é o poder responsável por sustentar tudo que é bom em nossa vida. Colossenses 1:17 diz: "Ele é antes de todas as coisas, e nele tudo subsiste". É por isso que Ele deve sempre ser a nossa prioridade número 1. Jesus une todas as coisas em nossa vida de modo coeso.

Um casal não pode ter um bom casamento se Jesus não o mantiver coeso. Na verdade, as pessoas não terão bons relacionamentos com *ninguém* se Jesus não as estiver conduzindo e influenciando para amarem umas às outras. As finanças ficam um caos sem Jesus. Nossos pensamentos ficam nebulosos e confusos sem Jesus. Nossas emoções ficam fora de controle sem Ele.

Colossenses 1:18 continua: "Ele é a cabeça do corpo, que é a igreja; é o princípio e o primogênito dentre os mortos, *para que em tudo tenha a supremacia*" (grifo da autora). Jesus é o cabeça do corpo da igreja; portanto, somente Ele, em todos os aspectos, deve ocupar o lugar principal, vir em primeiro lugar e ser proeminente em nossa vida.

Isto significa que se Jesus não estiver em primeiro lugar em nossa vida precisamos reorganizar as nossas prioridades. Mateus 6:33 diz que se buscarmos o reino de Deus e a Sua justiça, todas as outras coisas nos serão acrescentadas. A versão *Amplified Bible* para esse versículo diz que devemos "buscar a Sua maneira de agir e de ser correto".

Buscar o reino significa descobrir como Deus quer que as coisas sejam feitas, como Ele quer que tratemos as pessoas e como quer que nos comportemos nas diversas situações e circunstâncias. Significa também descobrir como devemos agir e até mesmo descobrir que tipo de entretenimento Jesus aprova para nós.

Nossas vidas não serão abençoadas se guardarmos Deus em uma caixinha para o domingo de manhã, restringindo a atenção prioritária que lhe damos apenas quarenta e cinco minutos, uma vez por semana, em uma igreja, durante o culto. Enquanto estivermos aqui neste mundo, precisaremos resistir a nos tornarmos como o mundo — e isso é uma batalha diária. *A igreja está cheia de crentes mundanos, carnais, e é por isso que não estamos influenciando o mundo da maneira como deveríamos estar.*

Se os cristãos estivessem colocando Jesus em primeiro lugar em tudo, o mundo estaria em melhores condições. É claro que existem crentes sinceros, tementes a Deus e dedicados em todas as igrejas e na sociedade, mas nem de longe tantos quantos deveria haver. Todos nós precisamos nos lembrar da importância de andarmos no Espírito e não na carne. O mundo está nos observando, somos representantes de Cristo; Deus está fazendo o Seu apelo ao mundo através de nós (ver 2 Coríntios 5:20).

Estabeleça a Graça Como a Sua Prioridade

Nossa prioridade número 1 não deveria ser ganhar a vida ou ter uma boa educação. Na verdade, 1 Coríntios 8:1 diz que "o conhecimento traz orgulho, mas o amor edifica". Isso nos diz que colocar o foco na nossa caminhada em amor é uma prioridade mais importante do que aprender uma habilidade relacionada à nossa carreira (não estou dizendo que Deus é contra termos um nível de educação superior, mas você não acha que este seria um mundo maravilhoso se fosse exigido que todos passassem quatro anos na universidade aprendendo a andar em amor?).

Em geral não pensamos em quais são as nossas prioridades, mas mesmo assim nós as temos. Elas são tudo que vem à nossa mente em primeiro lugar e também a maneira como planejamos o nosso tempo. Para ter verdadeira paz em nossa vida é indispensável que coloquemos Deus em primeiro lugar acima de todas as outras coisas que exigem a nossa atenção.

Se você colocar Deus em primeiro lugar no que diz respeito às suas finanças, seu tempo, suas conversas, seus pensamentos e suas decisões, sua vida será um sucesso. Sou uma prova viva dessa verdade. Antes de aprender a colocar Deus em primeiro lugar, eu vivia o pior caos em que uma pessoa pode viver. Tinha uma atitude negativa e não conseguia ter dois pensamentos positivos seguidos. Eu não gostava de ninguém, e ninguém gostava de mim. O abuso em minha infância havia me deixado cheia de amargura, ressentimento e falta de perdão.

Mesmo quando me tornei crente, eu ainda pensava que só podia obter aprovação por meio de boas obras. Não entendia o simples fato de que Jesus me amava, e a graça de Deus simplesmente não fazia o menor sentido para mim. Mas finalmente aprendi que essa graça é melhor do que as nossas obras.

As obras geram racionalização e ansiedade, e elas acabam sufocando a nossa paz. Graça e obras são duas coisas totalmente diferentes e não podem andar juntas. Se a graça tem alguma coisa a ver com as obras, então já não é mais graça; e se as obras têm alguma coisa a ver com a graça, então já não são mais obras. Romanos 11:6 (AMP) explica: "E, se é pela graça (Seu favor e graciosidade imerecidos), já não está mais condicionado às obras ou a qualquer coisa que os homens tenham feito. De outro modo, a graça já não seria mais graça [ela não teria sentido]". Mesmo depois de colocar Deus em primeiro lugar, precisei aprender a deixar que a graça (o poder de Deus) produzisse o fruto do meu ministério.

Eu não tinha paz quando tentava realizar o que estava em meu coração por intermédio das obras. Como você lerá adiante, eu não podia sequer desfrutar de um banho de espuma relaxante enquanto achasse que as obras me ajudariam a encontrar minhas respostas. Foi há vários anos que Deus me chamou a atenção para esta vívida lição.

Eu já havia experimentado um tremendo crescimento em nosso ministério por meio do rádio e da TV. Minha secretária naquela época era também a gerente do nosso escritório, e seu marido, nosso contador. Eles moravam em um apartamento no andar de baixo da nossa casa e estavam conosco havia vários anos, tomando conta inclusive de nossa casa e do nosso filho adolescente sempre que viajávamos.

Consequentemente, falávamos muito sobre o trabalho em nossa casa. Deus estava tentando me ensinar que eu precisava aprender a delegar e ficar longe de alguns assuntos se quisesse ter paz em minha vida. Ele estava me mostrando que eu devia deixar Dave lidar com algumas coisas que me frustravam, e eu nem sequer deveria tomar conhecimento delas. Eu podia simplesmente cuidar dos meus assuntos.

Certa noite, porém, eu sabia que Dave ia discutir alguns assuntos de negócios com aquele casal, e eu queria ouvi-los também. Embora Deus já tivesse me instruído a deixar Dave cuidar de muitas questões que estavam roubando a minha paz, mesmo assim eu ainda queria participar de *tudo*. Então, naquela noite específica, coloquei de lado algumas coisas que eu realmente precisava fazer a fim de participar daquela reunião. Eles acabaram falando sobre outros assuntos, e me pareceu que não iam discutir questões de trabalho afinal, então eu acabei dizendo algo sobre irmos direto ao ponto.

Dave disse: "Bem, só que ainda não estamos prontos. Por que você não vai em frente e toma o seu banho?" Então, relutantemente, subi e liguei a torneira e entrei na banheira, mas assim que fiz isso, ouvi todos falando lá embaixo e percebi que eles haviam começado a reunião de negócios. Ali estava eu, uma mulher adulta, com quase cinquenta anos de idade naquela época, e queria tanto ouvir o que estavam dizendo que por fim saí da banheira e tentei ouvir a conversa deles através da grade da porta!

Quando isso não funcionou, abri a porta do banheiro para poder ouvir da escada, quando de repente o Espírito Santo me fez perceber o quanto eu estava fazendo papel de idiota. Lembro que Ele me disse: "Por que você não entra na banheira, Joyce, e cuida da sua vida?"

Estou dizendo tudo isso para ajudar você a perceber que sei em primeira mão o quanto é difícil abrir mão das obras e confiar na graça de Deus para nos levar para onde queremos ir. Sei o quanto é difícil delegar tarefas a outras pessoas e depois confiar que essas tarefas serão feitas da maneira adequada e sem nenhum envolvimento da nossa parte.

Se não pudermos deixar a graça de Deus trabalhar a nosso favor em questões pequenas, nunca aprenderemos a deixá-la trabalhar nas grandes questões. Eu era tão intrometida que nem consegui ficar na banheira quando achei que Dave estava discutindo assuntos de negócios e eu não ia saber o que estava se passando. Se continuasse assim, como eu poderia progredir em confiar em Deus para cuidar dos assuntos maiores?

Deus quer que você confie realmente nele. A preocupação é obra da nossa carne e é antibíblica. Tanto ela como a racionalização e a frustração são esforços internos que não agradam a Deus. Preocupar-se é se atormentar com pensamentos perturbadores, e é um indicador claro de que Deus não está em primeiro lugar na sua vida.

A Graça de Deus É Suficiente Para Hoje

Deus lhe dará a graça que você precisa para hoje, e Ele também lhe dará graça para amanhã, mas como eu disse a graça de amanhã não virá antes de amanhã. A graça de Deus é exatamente como o maná era para os israelitas; todas as manhãs ele caía do céu e era suficiente para aquele dia. Sempre que alguém tentava guardar uma provisão para o dia seguinte, ele apodrecia. Com a graça acontece a mesma coisa. Devemos aprender a viver a nossa vida um dia de cada vez.

Quando temos de nos levantar pela fé e crer que Deus nos ajudará a avançar em uma determinada área, queremos saber imediatamente quando a resposta virá. A resposta de Deus é que ela virá — um dia de cada vez. E preocupar-se ou tentar fazer algo acontecer não ajudará a acelerar o processo.

A oração do Pai Nosso o ajudará a permanecer em paz enquanto você espera uma resposta. Em Mateus 6:11, Jesus nos ensinou a orar, dizendo: "O pão nosso de cada dia dá-nos hoje". Deus quer que oremos *todos os dias* por qualquer provisão da qual necessitemos para aquele dia. Jesus também disse para não ficarmos "eternamente inquietos (ansiosos e preocupados)" com a nossa vida (v. 25).

Eu percebia que me sentia frustrada desde o momento em que me levantava pela manhã. Estava sempre tão apressada, que independente do que eu estivesse fazendo, minha mente já estava sempre na próxima coisa que eu precisava fazer. Certa manhã, enquanto escovava os dentes, descobri que estava com pressa, pois já estava pensando em fazer a cama. Nessa hora Deus me disse: "Desacelere. Escove os dentes".

Deus continuou a me mostrar como as prioridades fora de ordem estavam me roubando a paz e o prazer da minha vida. Eu corria para fazer minha cama, mas por nunca manter minha mente no que estava fazendo naquele momento, eu já estava ansiosa em relação à próxima coisa que precisava fazer. Quando começava a fazer a cama, eu pensava: *É melhor colocar uma carne para descongelar para o jantar.* Então eu deixava a cama meio arrumada e corria para o andar de baixo, para tirar a carne do freezer, mas a caminho de lá eu via uma pilha de roupas sujas e pensava: *É melhor eu colocar essas roupas na máquina para bater.* Assim que eu colocava o sabão na máquina, o telefone tocava, então eu corria para a cozinha para atender ao telefone.

Enquanto estava no telefone, eu percebia que precisava colocar a louça na máquina de lavar pratos, então colocava alguns pratos nela enquanto falava. Mas então a pessoa que estava ao telefone dizia "Você gostaria de ir à cidade comigo?" E eu pensava *Bem, preciso comprar selos para enviar umas cartas,* então eu me apressava para me vestir para ir à cidade.

Eu passava o dia assim, nunca terminando o que começava. Quando Dave chegava em casa, tudo estava um caos e ele perguntava como quem não quer nada "E então, o que você fez o dia todo?".

Aquilo me ofendia e eu tinha um ataque, dizendo: "O que você quer dizer com o que eu *fiz* o dia todo? Estive correndo para lá e para cá como uma louca tentando trabalhar!".

Ora, não é assim que se desfruta a vida. Isso é ansiedade! E a ansiedade é um esforço que nunca realiza nada.

A paz começa por mantermos sempre nossas prioridades em ordem. É um desafio desfrutar completamente cada momento que Deus nos dá. Mas quando aprendermos a fazer isso, desfrutaremos os nossos dias. Quando aprendermos a desfrutar os nossos dias, descobriremos que estamos desfrutando nossas vidas.

Podemos aprender a *desfrutar* fazer a cama, lavar a roupa e lavar os pratos. Podemos desfrutar preparar as refeições para nossa família, ir ao mercado e separar um tempo para falar com os amigos. Se não desfrutarmos cada fase do nosso dia, perderemos a vida que Deus preparou para desfrutarmos.

A vida não pode ser apenas cheia de coisas divertidas para fazer. Mas podemos desfrutar as tarefas mais cotidianas que precisamos realizar permanecendo cheios do Espírito Santo. Efésios 5:18 diz: "Encham-se e sejam estimulados pelo Espírito Santo" (AMP). Podemos fazer isso cantando cânticos espirituais, mantendo uma atitude de louvor em nosso coração e falando com o Senhor enquanto trabalhamos. Permanecemos cheios do Espírito Santo dando graças a Deus enquanto executamos as nossas tarefas diárias (ver vv. 19-20).

Se você nunca cantarolou uma pequena melodia enquanto trabalhava, ficará surpreso ao ver a rapidez com que esse simples ato eleva o seu espírito. O Senhor nos projetou, então só Ele sabe o que é preciso para desfrutarmos nossas vidas e ficarmos livres da ansiedade. Ter uma melodia em nosso coração e uma atitude de louvor para com Deus O manterá em primeiro lugar na nossa lista de prioridades.

Eu o desafio a examinar a sua vida e a perguntar a si mesmo: quanto de minha vida estou desperdiçando com a ansiedade? Você não terá paz se desperdiçar muito dela. O tempo é algo que nunca volta atrás. Aprenda a desfrutar todo o seu dia. Divirta-se mesmo enquanto executa tarefas extenuantes. E não perca tempo se preocupando ou ficando frustrado com circunstâncias que você não pode mudar.

Dê a Deus a Melhor Parte do Seu Dia

Eu me treinei para começar cada dia dando a Deus as primícias do meu tempo. Percebi que não vou conseguir passar o dia em paz se não separar algum tempo para estar Deus.

Então, todas as manhãs, eu faço um café e geralmente me sento tranquilamente de pijamas, e simplesmente passo algum tempo com Deus da maneira como sei que preciso fazer para sentir que posso me comportar adequadamente e andar no fruto do Espírito ao longo do dia.

Quando comecei a fazer isso, eu usava esse tempo para murmurar, falando com Deus sobre todos os problemas da minha vida. Então, certa manhã o Espírito Santo falou comigo e disse: "Afinal Joyce, esta manhã você vai ter comunhão comigo ou com os seus problemas?"

Aprendi a usar a melhor parte do meu dia para dar a Deus a melhor parte do meu coração. Entregar a Ele os primeiros momentos da manhã me ajuda a manter minhas prioridades em ordem pelo restante do dia. Na verdade, escrevi um pequeno livro que o ajudará a adquirir o hábito de começar o seu dia com Deus, chamado *Começando Bem Seu Dia*. Cada devocional encoraja você a meditar na Palavra de Deus durante esse tempo e o lembra de lhe pedir para ajudá-lo a depender da Sua graça durante todo o dia.

Não use esse presente do tempo com Deus para meditar a respeito dos seus problemas. Não passe esse tempo se preocupando com tudo o que você quer que Deus faça por você e ainda não fez, ou tentando imaginar a maneira como você pode fazer com que Ele as faça. Durante esse tempo com Deus, acalme o seu coração como o salmista fez, ao escrever: "Mas eu confio em ti, Senhor, e digo: Tu és o meu Deus. *O meu futuro está nas tuas mãos...*" (Salmos 31:14-15, grifo da autora).

A Bíblia diz: "Confie no Senhor de todo o seu coração e não se apoie em seu próprio entendimento; reconheça o Senhor em todos os seus caminhos, e ele endireitará as suas veredas. Não seja sábio aos seus próprios olhos..." (Provérbios 3:5-7).

Qual é o sentido de dizer que confiamos em Deus e depois passarmos o dia tentando imaginar como e quando nossos problemas serão resolvidos? Deus quer nos ouvir dizer: "Senhor, não sei como Tu vais fazer isto.

Não me importa como o Senhor vai fazer. Seja o que for que Tu faças, sei que será o certo. Não posso fazer isso de qualquer maneira, então não vou me frustrar tentando imaginar como eu poderia fazer. Confio as minhas circunstâncias a Ti. *O meu futuro está em Tuas mãos.* Confiar em Ti é a minha maior prioridade na vida".

FIQUE EM PERFEITA PAZ

Deus quer que desfrutemos perfeita paz, e não podemos fazer isso a não ser que entreguemos a Ele nossas preocupações. "Portanto, humilhem-se debaixo da poderosa mão de Deus, para que ele os exalte no tempo devido. Lancem sobre ele toda a sua ansiedade, porque ele tem cuidado de vocês" (1 Pedro 5:6-7).

A maneira como você se humilha debaixo da poderosa mão de Deus é se recusando a tentar entender tudo. A racionalização e a preocupação são obras da nossa carne. Lembre-se, como eu disse no começo deste capítulo, a paz virá pela graça e não pelas obras.

Ezequiel 20:40 diz que devemos levar ao Senhor as nossas primícias, a escolha selecionada de todas as nossas ofertas. Para permanecer em perfeita paz, devemos dar a Deus o melhor do nosso tempo e dos nossos bens. Devemos ser sinceros com nós mesmos sobre quais são realmente as nossas prioridades e começar a fazer mudanças para que possamos colocar Deus em primeiro lugar.

Estar ocupado demais não é uma desculpa aceitável para não nos mantermos focados no que é realmente importante. Cada pessoa define sua própria agenda. Precisamos estabelecer limites, e aprender a dizer não quando as pessoas nos pedem para fazer algo que nos desvie da paz (falarei mais sobre dizer não no próximo capítulo).

Seja sincero consigo mesmo enquanto examina como gasta o seu tempo. Não dê suas sobras a Deus; não dê a Ele a parte do seu dia quando você está esgotado e não consegue pensar direito ou mal consegue manter os olhos abertos. Dê a Deus as primícias da sua atenção. Dê a Ele a melhor parte do seu dia, pois é ali que as suas verdadeiras prioridades estão.

Deus precisa ser a sua prioridade em *tudo* que você faz. Desde se vestir a organizar a sua agenda, você pode pedir a Deus sabedoria para fazer escolhas que o glorifiquem. Você pode mesclar o seu tempo com Deus em tudo que fizer a tal ponto de poder orar sem cessar (como sugeri anteriormente, ore por direção ao longo do seu dia). À medida que você se tornar ciente da Sua presença, não será possível separar Deus em um único compartimento em sua vida nem separar as atividades seculares das sagradas. Até os acontecimentos comuns se tornarão sagrados porque Ele estará envolvido neles.

Você pode simplesmente falar com Deus durante o dia, pedindo-lhe para dirigi-lo nas escolhas que fizer e revesti-lo de poder para os trabalhos que você precisa concluir. À medida que você reconhecer que Deus está sempre ao seu lado, você o manterá em primeiro lugar em tudo que se dispuser a fazer, e Ele lhe mostrará um caminho direto conduzindo-o à paz. Então você terá prazer, sabendo que está em parceria com Deus em tudo o que faz.

Seguir a direção do Espírito Santo a cada momento fará com que você desfrute todos os dias cada momento da sua vida. O Espírito de Deus é criativo; as Suas misericórdias se renovam a cada manhã, portanto se você seguir a direção do Espírito Santo, Ele manterá as suas prioridades em ordem. Ele garantirá que o seu tempo com Ele seja o tempo certo, e o tempo com sua família seja adequado, e que, além disso, você esteja realizando a obra que Ele tem para sua vida.

Deus, pela sua graça, também vai enchê-lo de energia para fazer tudo que Ele o dirigir a fazer. Se as suas prioridades ficarem fora de ordem, você trabalhará em vão e se cansará rapidamente. No próximo capítulo, veremos como fazer escolhas saudáveis irá ajudá-lo a evitar o estresse, a exaustão, e a irritação, para assim aprender a desfrutar o seu tempo de quietude com Deus.

Mantenedor da Paz Nº12

PROTEJA SUA SAÚDE

Independentemente do que as pessoas possuem na vida ou de qual seja a posição que ocupem, se a sua saúde não for boa, elas não desfrutarão nada. A boa saúde é um dos maiores tesouros que temos; ela é um dom de Deus. O salmista escreveu: "Bendiga o Senhor a minha alma! Não esqueça nenhuma de suas bênçãos! É ele que perdoa todos os seus pecados e cura todas as suas doenças" (Salmos 103:2-3).

O apóstolo João escreveu: "Amado, oro para que você tenha boa saúde e tudo lhe corra bem, assim como vai bem a sua alma" (3 João 1:2). Devemos fazer tudo o que for possível para proteger nossa saúde, tanto física quanto emocional. É triste ver pessoas em nossa sociedade abusando regularmente de seus corpos e depois se perguntando por que ficaram doentes.

Descobri que é muito mais difícil permanecer tranquila diante de qualquer tipo de oposição caso eu também precise enfrentar o estresse de não estar me sentindo bem. Se eu estiver realmente cansada, é mais difícil conviver com as pessoas ou demonstrar o fruto do Espírito.

Passei por longos períodos em minha vida em que não me sentia bem, e ouvia os médicos dizerem sem parar: "Você está estressada". O diagnóstico deles sempre me frustrava porque eu não sabia como viver de nenhuma outra maneira a não ser dominada pelo estresse. Eu achava que não tinha escolha, a não ser fazer tudo o que estava fazendo, embora muitas vezes eu admitisse: "Não posso fazer tudo isso. É demais".

As doenças relacionadas ao estresse estão fora de controle. Perguntei ao Dr. Don Colbert, um especialista em nutrição a quem respeito muito, como o estresse afeta a nossa saúde e os nossos nervos. Ele escreveu: "Aproximadamente de 75% a 90% de todas as visitas aos médicos são motivadas por distúrbios relacionados ao estresse. O estresse crônico na verdade foi relacionado à maioria das principais causas de morte, inclusive às doenças do coração, ao câncer, às indisposições dos pulmões, aos acidentes, à cirrose e ao suicídio".

O Dr. Colbert concorda que as pessoas precisam aprender a se proteger contra o estresse, dizendo:

> Poucas pessoas entendem que as vidas aceleradas que estão vivendo, as crescentes demandas em suas agendas, e a maneira como lidam com o estresse ou reagem a ele ou às situações estressantes, tudo isso está sob o controle delas. Sim, todos nós podemos escolher continuar com essa agenda frenética; podemos escolher reagir a essa situação nos tornando cada vez mais frustrados, ou podemos aprender a limitar as demandas sobre as nossas vidas diárias e a reagir em amor em vez de frustração.

O seguinte texto do Dr. Colbert é um relatório que ele compartilhou comigo sobre como o médico canadense Hans Selye acidentalmente descobriu os efeitos do estresse sobre o corpo físico:

> A intenção de Selye não era a de descobrir os efeitos do estresse, mas descobrir o mais novo hormônio do sexo feminino. Ele havia extraído uma substância de ovários femininos e injetado essa solução em ratos. Entretanto, Selye não era muito habilidoso nas suas técnicas de injeção. Ele sempre deixava os roedores caírem e passava grande parte da manhã perseguindo os ratos pela sala, usando uma vassoura para tirá-los de trás de uma escrivaninha ou de uma pia. No fim de alguns meses, Selye descobriu que os ratos haviam desenvolvido glândulas adrenais aumentadas, tecidos imunológicos encolhidos e úlceras pépticas.

Selye, entretanto, achou que essas alterações se deviam ao extrato ovariano que estava injetando nos ratos. Então ele testou outro grupo, e injetou neles apenas uma solução salina. Devido à sua má coordenação, entretanto, ele também deixou esses ratos caírem, perseguiu-os pelo laboratório, e também os caçou com a vassoura. No fim da experiência, os ratos do segundo grupo também haviam desenvolvido as glândulas adrenais aumentadas, os tecidos imunológicos encolhidos e as úlceras pépticas. Então Selye descobriu que a causa *não era o que ele estava injetando, mas o tremendo estresse ao qual ele estava submetendo os ratos* enquanto tentava injetar aquelas substâncias neles. Ele tinha literalmente estressado as criaturinhas. O Dr. Selye determinou que quando o estresse é mantido por muito tempo, o corpo passa por três fases distintas: (1) a fase do alarme, (2) a fase da resistência, e (3) a fase da exaustão.

A fase do alarme é produzida pelo sistema de emergência de lutar ou correr que Deus criou em nosso corpo para a nossa sobrevivência. O cérebro envia um sinal à glândula pituitária para liberar um hormônio que ativa as glândulas adrenais. Então a adrenalina coloca o corpo em estado de alerta. O cérebro fica concentrado, a visão fica aguçada, e os músculos se retesam enquanto o corpo se prepara para lutar ou correr. Esse sistema de alarme impressionante permitiu que milhares de pessoas sobrevivessem a ataques cruéis de animais, a acidentes de carro, e a outros traumas. O sistema hormonal do corpo volta ao normal quando o ataque termina.

Entretanto, essa reação de alarme está sendo ativada centenas de vezes por dia em muitos cristãos devido aos prazos no trabalho, às pressões financeiras, às discussões com cônjuges e filhos, aos engarrafamentos de trânsito, assim como a todos os outros estresses que fazem parte da vida moderna. Em outras palavras, a frustração, a raiva, a culpa, a dor, a ansiedade, o medo, bem como a maioria das outras emoções, também dispararão esse mesmo sistema de alarme e ele pode então levar a um enfarte ou derrame.

A segunda fase do estresse mencionada pelo Dr. Selye chama-se fase da resistência. Quando alguém está passando por um estresse crônico como ter um filho viciado em drogas ou álcool ou na cadeia, problemas matrimoniais prolongados, uma doença crônica, desemprego por um longo período de tempo, ou alguma outra situação sobre a qual há muito tempo vem sentindo que perdeu o controle, isso geralmente leva à fase de resistência do estresse. Esse é outro sistema de emergência que Deus colocou dentro de nós para que pudéssemos sobreviver a períodos de fome, doença e pestes. Durante essa fase, nossos níveis de cortisol e adrenalina se elevam. O cortisol é muito semelhante ao medicamento cortisona, que os médicos recomendam para tratar asma, artrite, doenças pulmonares obstrutivas, assim como inúmeras outras doenças. Entretanto, a liberação de cortisol pode levar à elevação do açúcar no sangue, o que pode finalmente levar ao diabetes e ao aumento de peso, principalmente na região abdominal. Com o tempo, pode resultar em perda óssea, que pode levar à osteopenia e à osteoporose. O cortisol elevado também leva à hipertensão, à perda de memória, à privação de sono, e ao comprometimento do sistema imunológico.

A fase da resistência é semelhante a ter o acelerador do seu carro preso no fundo do carro. O seu sistema fica totalmente "engrenado" e é incapaz de desacelerar, mesmo à noite. As pessoas que estão nessa fase da resistência geralmente têm insônia, ou acordam as duas ou três da manhã e acham muito difícil adormecer de novo. Depois de viverem por meses ou anos na fase da resistência, as pessoas finalmente entram na fase 3 do estresse, que é a fase da exaustão.

As pessoas estão na fase da exaustão quando se sentem esgotadas. Exemplos dessa fase são as pessoas com fadiga crônica, fibromialgia, a maioria das doenças autoimunes, inclusive o lúpus, a artrite reumatoide, a esclerose múltipla, e, geralmente, o câncer. Em outras palavras, essas pessoas viveram com o acelerador pressionado até o fundo por tanto tempo que acabaram ficando sem gasolina, e o corpo poderoso e robusto que Deus lhes deu, projetado por Ele para ter saúde, começa a se degenerar e morrer. Esse corpo tem mais facilidade em adquirir infecções bacterianas e virais, alergias, cândida, doenças ambientais, inflamação de juntas e fadiga grave.[1]

Fica óbvio, com base nesse relatório, que o estresse destrói o sistema de defesa imunológica do corpo. Quando esse sistema entra em colapso, restaurá-lo à sua saúde plena pode ser um processo difícil e prolongado.

Para restaurar seu sistema imunológico, as pessoas precisam fazer o que deveriam ter feito desde o princípio, para início de conversa: ter um bom tempo de descanso; comer alimentos de boa qualidade, e não lanches sem valor nutritivo; manter um estilo de vida de paz e viver uma vida equilibrada, que inclui adoração, trabalho, descanso e lazer. Além disso, é importante se exercitar na medida em que seu organismo permitir.

Mas não devemos esperar até sermos obrigados a fazer o que é certo. Vamos agir voluntariamente e manter a nossa saúde. Os sintomas do estresse são reais, e embora possamos tomar remédios para mascarar ou aliviar esses sintomas, a causa de muitas de nossas doenças é simplesmente um estilo de vida estressado. Se não lidarmos com ele, teremos sempre um novo sintoma que surgirá de algum outro modo. O mundo não vai mudar, então nós é que precisamos fazer isso.

O Dr. Colbert instrui as pessoas que estão sofrendo de estresse a evitarem assumir compromissos em excesso e a aprenderem a estar satisfeitas para não serem levadas a gastar em excesso. Ele escreve:

> A maior parte do nosso estresse vem das exigências que a vida diária nos impõe e do fato de escolhermos viver frustrados, tentando cumprir regras inalcançáveis, em vez de andarmos em amor. Se simplesmente andarmos em amor em vez de andarmos frustrados, seremos capazes de arrancar as raízes do estresse da nossa vida.

O estresse esgota nosso corpo e enfraquece nosso sistema imunológico, fazendo com que a doença e a depressão possam se instalar.

---

[1] Reimpresso com permissão. Para mais informações sobre os conselhos do Dr. Colbert sobre como ter uma saúde melhor, visite o seu site www.drcolbert.com

Na verdade, um pouco de estresse é bom para nós; poderíamos dizer que ele exercita vários órgãos do corpo. Deus projetou nosso corpo para lidar com uma determinada quantidade de estresse; é somente quando nos forçamos continuamente além dos limites razoáveis que sucumbimos sob a força da tensão. É quando ficamos em desequilíbrio que abrimos a porta para a doença entrar em nossa vida. O estresse excessivo por um longo período acaba fazendo com que nossos órgãos se desgastem.

Todas as vezes que dizemos "estou exausto", deveríamos entender que estamos exaurindo alguma coisa em nosso corpo também. Nós nos recuperamos do estresse normal através de um descanso adequado; entretanto, podemos gerar danos irreversíveis quando não temos o descanso necessário.

Vivemos em tempos de estresse, mas seguindo o conselho de Jesus e lançando sobre Ele as nossas ansiedades, podemos viver sem estresse em um mundo estressado. Se exaltarmos Jesus, se o erguermos e o colocarmos em primeiro lugar seguindo a direção do Seu Espírito, não acabaremos exaustos.

Jesus está exaltado na Sua vida, ou você está exausto? Exaltar alguém é colocá-lo acima das outras coisas, em primeiro lugar. Estar exausto é estar completamente esgotado, sem energia e suscetível a doenças.

Existe uma canção popular de adoração que se chama "Ele é Exaltado". Certa vez, durante um período em que eu estava extremamente exausta, tentei cantar essa canção, mas misturei as palavras e cantei ao Senhor "Ele é *exaustado*".

Ele me interrompeu e disse: "Não, Joyce, Eu sou exaltado. É você quem está exausta".

Lembre-se, Deus sempre nos dará energia para fazermos o que *Ele nos direciona* a fazer. É somente quando vamos além da Sua vontade para seguirmos nossa própria vontade ou a de outras pessoas que provavelmente ficaremos exaustos. A Bíblia diz em 2 Coríntios 2:14 diz que Deus sempre nos "conduz em triunfo". Não é a vontade dele para nós que vivamos vidas derrotadas e fragilizadas; Ele quer que sejamos mais do que vencedores. A vontade dele para nós é força e não fraqueza e doença.

Você Está Sofrendo de Exaustão?

Você está extremamente cansado o tempo todo, e mesmo depois de dormir ainda acorda se sentindo cansado novamente? Você vai ao médico, mas ele não consegue descobrir nada de errado com você? Então pode estar apresentando alguns sintomas de exaustão, ou do que chamo de esgotamento. Longos períodos de esforço exagerado e estresse podem gerar fadiga constante, dores de cabeça, insônia, problemas gastrointestinais, tensão, uma sensação de estar amarrado e incapaz de se mover, e uma incapacidade de relaxar.

Alguns outros sinais de esgotamento são choro, irar-se facilmente, negatividade, irritabilidade, depressão, sarcasmo (debochar das qualidades dos outros) e amargura com relação às bênçãos recebidas pelos outros e até para com a sua boa saúde.

O esgotamento faz com que fiquemos fora de controle, e quando isso acontece, não estamos mais dando bons frutos em nossa vida diária. O esgotamento rouba a nossa alegria, tornando a paz impossível de ser encontrada. Quando o nosso corpo não está em paz, tudo parece estar tumultuado.

Deus estabeleceu a lei do descanso no sábado para impedir o esgotamento em nossas vidas (ver Marcos 2:27). A lei do Sábado simplesmente diz que podemos trabalhar seis dias, mas por volta do sétimo dia, precisamos descansar e passar tempo adorando a Deus. Até Ele descansou depois de seis dias de trabalho. É claro que Deus nunca se cansa, mas nos deu esse exemplo para que o seguíssemos como padrão. Em Êxodo 23:10-12, vemos que mesmo a terra precisava descansar depois de seis anos, e os israelitas não deviam plantar no sétimo ano. Durante esse descanso, tudo se recuperava se preparando para a produção futura.

Tudo descansava no Sábado: as pessoas, os servos, e os animais domésticos. Aqueles eram dias de relaxamento completo para a mente, as emoções e o corpo. Em Levítico 26, vemos que muitos problemas e confusões decorrem de ignorarmos as ordenanças de Deus.

Atualmente nos Estados Unidos, quase todos os negócios ficam abertos sete dias por semana. Alguns chegam a ficar abertos 24 horas por dia, sete dias por semana. Ouvi dizer que depois de desembarcarem em

Plymouth Rock, os peregrinos que fundaram a nação começaram a estabelecer a América e um tocador de tambor andava pelas ruas, sinalizando para que todos fossem à igreja no Sábado. Depois da igreja, eles descansavam o dia inteiro. Aqueles que violavam o Sábado eram presos!

As pessoas dizem que estamos livres da lei do Antigo Testamento e que guardar o Sábado fazia parte daquele velho sistema. Isto é bom, pois aqueles que violavam o Sábado naquela época eram apedrejados. Felizmente, não devemos ser legalistas quanto a isso, mas precisamos honrar o espírito do princípio do Sábado. Jesus disse que o Sábado havia sido feito para o homem, isso implica simplesmente que precisamos descansar pelo menos um dia em cada sete. Quando ficamos disponíveis 24 horas por dia, 7 dias por semana, corremos o risco de sofrer um esgotamento.

Hoje em dia, todos logo argumentam que não podem se dar o privilégio de tirar um dia de folga, mas eu digo que ninguém pode se dar ao luxo de não fazer isso. Costumamos ouvir: "Sou ocupado demais para isso. Eu nunca terminaria tudo que preciso fazer se tirasse um dia de folga". A minha resposta é: "Então você está ocupado demais, e alguma coisa precisa mudar na sua vida".

Quando estamos ocupados demais para obedecer às ordenanças de Deus, pagamos o preço por isso. Lembre-se, a Bíblia diz que colhemos apenas o que plantamos. Se plantarmos o estresse contínuo sem nenhum descanso para contrabalançá-lo, vamos colher os resultados em nosso corpo, em nossas emoções e em nossa mente.

Se alguém disser: "Bem, meu chefe insiste que eu trabalhe sete dias na semana", então eu lhe diria para procurar outro emprego. Aprendi com a história de Epafrodito; ele trabalhava com Paulo no ministério e ficou tão doente por excesso de trabalho que quase morreu. Então mesmo se eu estiver trabalhando em excesso "para Jesus" (no meu modo de pensar), ainda assim pagarei o preço por abusar do meu corpo.

O tempo regular separado para Deus é uma das maneiras mais rápidas de restaurar uma mente e um corpo cansados. Jesus nos convidou para descansar quando chamou aqueles "que estão cansados e sobrecarregados". Ele prometeu acalmar, aliviar e renovar a nossa alma. Chegou até a oferecer "recreação e tranquilidade abençoada" para as nossas almas (Mateus 11:28-30, AMP). Simplesmente entregue os seus fardos a Jesus, passe tempo com Ele. Descanse na Sua presença, e você experimentará uma gloriosa restauração. Deus tem prazer em restaurar todas as coisas.

Não Espere Até Ser Tarde Demais

A questão não é *se você tem estresse* em sua vida. Todos têm. A questão é: *você está administrando o seu estresse?* Use a sabedoria, que é na verdade o bom senso santificado. Entenda que você não pode gastar uma coisa que não tem. Gastar o que não se tem gera estresse financeiro, e, por fim, o colapso financeiro. Gastar a energia que não temos tem exatamente o mesmo efeito, com a diferença de que é a nossa saúde física, e não a financeira que está em jogo.

O corpo nos adverte quando está ficando sem energia. Devemos respeitá-lo. Lembro-me de conferências nas quais eu dirigia cinco reuniões de três horas cada, e em vez de ir para casa descansar conforme precisava, eu ia para o *shopping*.

É claro que eu me sentia extremamente cansada, mas não queria ir para casa. Minha cabeça doía, meus pés doíam, eu estava mal-humorada e muitas vezes me sentia desanimada, mas não queria descansar. Eu não estava respeitando o meu corpo e nem dando ouvidos aos sinais de advertência que ele me enviava. De lá para cá, aprendi a agir de um modo melhor. Se eu estiver fazendo algo e começar a sentir que estou ficando sem energia, não espero até ficar completamente esgotada. Vou para casa enquanto ainda tenha alguma força. Aprendi a respeito dos perigos da exaustão total e tenho um medo reverente de abusar do meu corpo.

Ignorei esses avisos no passado e paguei o preço por isso. Estou encorajando-o a não esperar até ser tarde demais, e você ter perdido a sua saúde. Comece agora mesmo a respeitar o seu corpo, e a valorizar a saúde que Deus lhe deu. Sou grata por ser capaz de dizer que Deus me restaurou, e eu me sinto bem a maior parte do tempo. Também devo dizer que provavelmente precisarei ser duplamente cuidadosa pelo restante de minha vida. Quando forçamos nosso corpo além do que Deus pretendia que ele fosse forçado, desenvolvemos fraquezas que aparecerão rapidamente na primeira oportunidade.

166 Parte 2 — Fique em Paz Consigo Mesmo

A fé e a oração funcionam, e Deus irá nos restaurar. Ele é o Deus da restauração, mas também precisamos entender que não podemos ignorar continuamente os avisos. Deus é misericordioso, mas Ele também é justo. Ele coloca alarmes de segurança naturais em nosso corpo para indicar quando precisamos de descanso, e nos ensina o que fazer quando eles soam. Ele fala sério: somos a habitação do Espírito Santo, e não devemos fazer nada para ferir o templo de Deus (ver 1 Coríntios 3:17; 6:19).

A Angústia Frequente Faz Mal ao Coração

Passei muitos anos ficando frequentemente angustiada. Havia provavelmente muito poucos dias nos quais eu não ficava irritada, e, em geral, isso acontecia várias vezes por dia. Ao estudar a Palavra de Deus, adquiri sabedoria e comecei a entender que isso requeria muita energia. Eu ficava cansada durante a maior parte do tempo e não tinha nenhuma energia de reserva. Em momentos assim, eu sabia que precisava me acalmar. Jesus disse aos Seus discípulos, conforme é relatado em João 14:27, que eles deviam parar de se permitir ficar "agitados e perturbados". Ele lhes disse, basicamente, para relaxarem.

Não sei quanta energia é necessária para ficar realmente angustiado e depois tentar se acalmar, mas tenho certeza de que é muita. É preciso energia para resistir à frustração, mas nem de longe tanta energia quanto é necessário para passar por todo esse ciclo.

Finalmente aprendi a resistir a ficar angustiada assim que me sentia irritada. Aprendi a falar comigo mesma e assim me acalmar. Eu sempre pedia ajuda a Deus ao sentir que estava perdendo a minha paz. Fui aprendendo a "manter" a minha paz, assim como Moisés disse aos israelitas para fazerem. Ele os confortou: "O Senhor pelejará por vocês, e vocês manterão a sua paz" (Êxodo 14:14, AMP). Perder a calma com frequência ou ter ataques de raiva é prejudicial à nossa saúde.

O que costumamos fazer com o nosso corpo me faz lembrar um elástico: quando você o estica demais, ele arrebenta, e você precisa amarrá-lo com um nó para continuar a usá-lo. Se isso acontecer por várias vezes, no final você só terá nós. Como um elástico, só podemos ser esticados até certo ponto, e, por fim, acabamos arrebentando por causa da tensão.

Quando a angústia nos estica além do nosso limite, finalmente arrebentamos, então damos um nó e seguimos em frente, depois outro e mais outro, até que vamos ao médico e dizemos: "Sinto-me como se eu estivesse cheio de nós e não consigo relaxar". Não temos ideia do quanto essa afirmação é verdadeira.

O Salmo 39:4-6 essencialmente nos diz que é inútil ficar agitado — e como essa afirmação é verdadeira! Não é nada bom. O único a se sentir realizado quando ficamos angustiados é o diabo. Ele prepara uma armadilha para nos deixar frustrados de algum modo, e quando isso acontece, é claro que ele fica satisfeito. Ele é o ladrão e só vem para matar, roubar e destruir. Ele quer nos matar, roubar a nossa saúde, e destruir o nosso corpo e a nossa mente. Devíamos fazer como Jesus e dizer: "Para trás de mim, Satanás. Você é um escândalo, e está no meu caminho".

Deveríamos olhar para o nosso corpo e para o nosso nível de energia como sendo uma conta bancária. Temos o suficiente para toda a vida. Mas se gastarmos tudo no início, nos sentiremos vazios nos nossos últimos anos. Odeio ver jovens abusando dos seus corpos, comendo lanches rápidos em excesso e sem nunca descansarem, talvez até usando substâncias químicas prejudiciais. Tentei falar com alguns, mas sempre ouço a mesma resposta: "Puxa, cara, eu me sinto ótimo, estou cheio de energia!" Eles não entendem que se gastarem demais hoje, ficarão sem nada mais tarde.

APRENDA A DIZER NÃO

Um dos motivos pelos quais eu inicialmente ficava estressada, esgotada e doente foi por não saber como dizer não. Todos nós queremos agradar às pessoas, mas podemos nos matar tentando fazer isso.

Eu queria aproveitar todas as oportunidades de ministrar que apareciam no meu caminho, mas o detalhe é que era impossível fazer isso. Precisamos aprender a deixar que o Espírito de Deus nos dirija, e não os desejos das pessoas. Elas frequentemente costumam me dizer que Deus lhes mostrou que eu deveria ir à igreja delas e ser palestrante nas suas conferências. Houve um tempo em que isso me pressionava, pois pensava: *se eu disser não, na verdade, estarei dizendo que não ouvi Deus falar.*

As pessoas não podem ouvir Deus por nós. Somos indivíduos e temos o direito de ouvi-lo pessoalmente. Comecei a entender que independentemente do que elas achassem ter ouvido, eu não podia ter paz em assumir o compromisso se eu mesma não tivesse ouvido Deus falar. Lembre-se, Deus não tem obrigação de nos ajudar a terminar algo que Ele não nos disse para fazer.

Dr. Colbert ensina que muitas pessoas são incapazes de dizer não por terem uma personalidade passiva. Ele explica que a maioria delas se enquadra em uma destas três categorias de personalidade: passiva, agressiva ou assertiva. Ele descreveu o seguinte panorama para demonstrar um caso típico de pessoa passiva:

> Se você é passivo, geralmente tem problemas em expressar seus sentimentos e pensamentos e acha difícil se defender. Outras pessoas, principalmente as do tipo agressivo, tendem a passar por cima de você; elas podem manipulá-lo e até tomar decisões em seu lugar. Pessoas passivas geralmente se sentem culpadas e gostam de se desculpar. Elas geralmente têm baixa autoestima e mantêm pouco contato visual ou então olham para outro lado ou para o chão quando alguém fala com elas.
>
> Encontrei muitos cristãos passivos, e grande parte do estresse que os acomete está diretamente relacionado à sua passividade. Quando alguém é passivo, os problemas dos outros se tornam os problemas dele.
>
> Por exemplo, uma pessoa passiva não saberá dizer não quando alguém lhe pede para fazer alguma coisa. Uma pessoa agressiva no trabalho pode pedir a um empregado passivo para ficar até mais tarde para ajudá-lo a terminar seu trabalho porque tem um compromisso importante. A pessoa passiva é incapaz de dizer não, então ela faz hora extra, assumindo o trabalho do outro. Isso pode gerar problemas com sua esposa, já que aquele marido passivo volta para casa tarde do trabalho. Essa situação vai se repetir porque a

pessoa agressiva continuará a colocar cada vez mais peso nas costas da passiva, e ela vai permitir isso. Muitas vezes essa situação acontece porque a pessoa passiva tem um bom coração e bons motivos, e ela permite que o medo da rejeição controle a sua vida. Em vez disso, ela deveria defender seus sentimentos e ideias, mesmo correndo o risco de não ser aceita.[2]

Você está dizendo *sim* com sua boca enquanto seu coração está gritando *não*? Se estiver, acabará ficando estressado, esgotado e possivelmente doente. Simplesmente não podemos continuar assim para sempre sem acabarmos estourando sob tanta pressão. Seja verdadeiro com o seu próprio coração.

Não tenha medo de dizer não. Não tenha medo da rejeição. Independentemente de quantas pessoas você agrade, sempre haverá alguém que não ficará satisfeito. Encare os fatos agora, e supere isso.

Aprenda que você pode desfrutar a sua vida mesmo sem todo mundo achar que você é maravilhoso. Não seja viciado na aprovação das pessoas; se Deus o aprovar, isso é o que realmente importa.

Não tente se esforçar tanto para manter as pessoas felizes a ponto de lhe custar a sua alegria, a sua paz e a sua saúde. Nenhuma dessas pessoas que pressionam você comparecerá diante de Deus para prestar contas da sua vida; somente você fará isso. Esteja preparado para poder dizer a Ele: "Segui o meu coração do melhor modo que pude".

Ser alguém comprometido é muito bom, mas ter compromissos em excesso é muito perigoso. Como eu disse anteriormente, conheça os seus limites e não hesite em dizer não se você sabe que precisa fazer isso. Diga às pessoas quando não sentir paz em se envolver em uma determinada atividade ou projeto. Elas devem respeitar os seus direitos e desejar que você tenha paz em sua vida. Do contrário, fica claro que elas não estão pensando no que é bom para você.

Lembre-se de que o ser humano pode ser muito egoísta. É bom ser uma bênção, fazer coisas pelos outros e servi-los, mas não a ponto de ficarmos doentes tentando manter todos os que conhecemos felizes. Não

---

[2] Usado com permissão.

estou dizendo que nunca devemos fazer nada que não queremos fazer. Sempre haverá momentos em que serviremos às pessoas em uma atitude de sacrifício, mas não devemos deixar que os desejos delas nos controlem e empurrem para a exaustão e para altos níveis de estresse.

Deus designou um período de vida para cada um de nós, e embora não saibamos exatamente quanto tempo teremos na terra, devemos certamente desejar viver a plenitude dos nossos anos. Queremos gastar energia, e não nos desgastar. Devemos viver com paixão e zelo e não com exaustão; devemos ser bons exemplos para as pessoas.

Aprenda a dizer não quando for preciso — isso o ajudará a permanecer saudável!

Dobre-se Antes Que Você Quebre

Aquelas pessoas que têm uma personalidade agressiva já possuem seu próprio conjunto de condutores de estresse, capazes de gerar caos suficiente em sua vida. O Dr. Colbert escreveu:

> As pessoas que têm um comportamento agressivo geralmente dominam, intimidam e tiranizam os outros, e são bastante confrontadoras. Elas tendem a ver as suas próprias necessidades como sendo uma prioridade, e não param diante de nada para obter o que querem. A maioria de nós já se deparou com motoristas agressivos que nos cortam no trânsito ou fazem sinais feios com a mão.
>
> Deus não deseja que os cristãos sejam passivos e nem agressivos, mas *assertivos*. A assertividade permite que as pessoas comuniquem com confiança, ousadia e clareza seus pensamentos, sentimentos e desejos. Mas se não foram criados em um ambiente familiar amoroso e estável, no qual receberam encorajamento, liberdade e aceitação, a maioria dos cristãos nunca aprendeu a ser assertivo.
>
> Muitos cristãos cresceram em famílias disfuncionais. Em vez de serem programados para o sucesso, foram programados para o fracasso. Eles ouviram que não serviam para nada e nunca seriam

nada na vida, que eram perdedores. Algumas crianças reagiram passivamente a esse ambiente; outras se tornaram iradas e agressivas.[3]

Embora possamos entender o perigo de ser passivo demais, também é importante percebermos que ser inflexível e agressivo não levará a situações saudáveis. Aprender a ser adaptável, considerando o bem-estar daqueles que nos cercam, é uma maneira de mantermos a paz.

Não espere que o mundo se adapte a você; esteja pronto para se dobrar antes de se quebrar. Quando você começar a se sentir estressado porque as coisas não estão correndo conforme gostaria e sentir que a sua paz está indo embora, veja depressa o que pode mudar para aliviar a pressão. Na maioria das vezes, você precisará simplificar, simplificar e simplificar. Quanto mais simples for a sua vida, mais paz você terá.

Tenha em mente que ser assertivo é o objetivo saudável que você está trabalhando para alcançar. A assertividade é como o couro: ele é duro de rasgar e apresentará apenas uma pequena fissura sob o impacto de um martelo, ao passo que a agressividade é como o arenito frágil que se esmigalha facilmente se for atingido com um golpe forte. Do mesmo modo, o temperamento de uma pessoa agressiva se quebra facilmente ou se parte sob pressão, mas uma pessoa assertiva é capaz de permanecer flexível e íntegra.

Quando refletimos sobre essa comparação, podemos perceber por que os planos de Satanás podem prosperar na vida de uma pessoa agressiva. Ele pretende nos quebrar aplicando força e pressão. Entretanto, não obterá êxito se no processo estivermos dispostos a nos dobrarmos e permanecer flexíveis. Os planos dele podem fazer com que as pessoas teimosas ou de cabeça dura desabem facilmente, entrando em uma crise emocional.

Eu costumava ser uma dessas pessoas agressivas, mas percebi há muito tempo que não valia a pena ser assim. Um pouco de humildade pode preservar em muito a nossa saúde. A Palavra nos adverte: "Não sejam como o cavalo ou o burro, que não têm entendimento, mas precisam ser controlados com freios e rédeas, caso contrário não obedecem" (Salmos 32:9).

---

[3] Usado com permissão.

A Palavra nos diz para resistirmos ao diabo, mas se resistirmos às coisas erradas em nossa vida, sacrificaremos uma energia preciosa. Pare de tentar mudar aquilo que não pode mudar. Deixe Deus ser Deus! Adapte-se quando precisar fazer isso, e a recompensa valerá a pena.

A flexibilidade fará com que você pareça mais jovem quando os outros parecem mais velhos do que realmente são; você terá energia ao passo que outros estarão cansados, e você começará a dar frutos na velhice, muito depois de os outros terem se aposentado.

As pessoas se quebram quando tentam fazer algo com relação a alguma coisa que não podem mudar. Elas se esgotam quando estão tentando conseguir alguma coisa que só Deus pode dar ou tentando fazer desaparecer alguma coisa que só Deus pode retirar. Resistir a tudo que não queremos na vida gera uma pressão dentro de nós muito danosa à saúde.

Todos nós passamos por coisas que não planejamos. Podemos estar nos vestindo pela manhã, e de repente descobrirmos uma mancha em nossa roupa. Não planejamos isso e não temos tempo para lidar com isso. Podemos ficar frustrados e irritados enquanto trocamos de roupa, podemos sair com a mancha na roupa, ou escolher trocar de roupa em paz já que temos uma situação a respeito da qual não podemos fazer nada. Pense nisto: de que adianta ficar irritado com algo que não mudará em resultado da nossa irritação?

Lembro-me de que certa vez, quando eu estava ministrando uma conferência, enviamos uma parte da bagagem para casa mais cedo em um dos caminhões do nosso ministério, achando que não precisaríamos mais dela. Quando chegamos ao aeroporto, descobrimos que estávamos sem as passagens. Ficamos consternados ao lembrar que elas estavam na bagagem que mandamos para casa. Contamos nossa história para o agente de viagens, que disse não poder fazer nada a respeito. A única solução possível era comprar novos bilhetes.

Pude sentir a irritação crescer dentro de mim, e logo depois me lembrei das minhas próprias mensagens e simplesmente tive uma conversinha comigo mesma. Eu disse: "Joyce, isto é algo que você não pode fazer nada para mudar; ficar irritada não vai mudar as coisas. Então compre as passagens, e vá para casa".

Esse tipo de situação ocorre com alguma regularidade na vida de todos nós. Preserve a sua saúde parando de tentar fazer alguma coisa a respeito de algo que você não pode mudar! Aprender a ficar calmo em situações potencialmente irritantes é uma grande vitória. Manter a estabilidade em todo tipo de circunstância indica grande maturidade espiritual.

A PAZ GERA RESTAURAÇÃO

Uma das coisas com potencial para gerar estresse e que enfrentamos diariamente em nossa sociedade é o barulho. Vivemos em uma sociedade barulhenta. Para desfrutar de uma atmosfera de paz, precisamos criar essa atmosfera. A paz exterior desenvolve a paz interior. Encontre um lugar onde você possa ir que seja tranquilo, um lugar onde você não será interrompido, e aprenda a simplesmente desfrutar o fato de ficar em silêncio por longos períodos. Tenho uma cadeira em minha sala onde costumo me sentar para me recuperar.

É uma espreguiçadeira branca que fica de frente para uma janela e dá para o nosso jardim cheio de árvores. Na primavera e no verão, posso olhar os pássaros, os coelhos, e os esquilos. Houve um tempo em que eu teria achado isso monótono, mas agora não — agora eu amo fazer isso!

Hoje em dia , quando volto de uma conferência, vou para casa, tomo um banho quente, e depois me sento naquela cadeira. Às vezes fico sentada ali por várias horas. Posso ler um pouco, orar, ou simplesmente olhar pela janela que dá para fora. O fato é que estou *sentada tranquilamente e desfrutando o silêncio*. Descobri que a tranquilidade ajuda a me recuperar.

Ficar em silêncio tem um efeito tranquilizante em nós. A paz gera mais paz. Se encontrarmos lugares tranquilos e ficarmos ali por algum tempo, começaremos a sentir a calma envolver nossa alma. Não podemos viver vidas barulhentas continuamente e esperar sentir paz.

Algumas pessoas precisam ter algum barulho na atmosfera ao seu redor o tempo todo. Elas estão sempre ouvindo música, ou estão sempre com a televisão ou o rádio ligados. Querem ter alguém com elas o tempo todo para poder falar. Cada uma dessas coisas feita com equilíbrio é boa, mas também precisamos da tranquilidade total, ou do que eu chamo de *tempo a sós*.

Jesus se certificava de ter momentos de paz e tempos a sós. Ele ministrava ao povo, mas se esquivava regularmente das multidões para ficar a sós e orar. "Todavia, as notícias a respeito dele se espalhavam ainda mais, de forma que multidões vinham para ouvi-lo e para serem curadas de suas doenças. Mas Jesus retirava-se para lugares solitários, e orava" (Lucas 5:15-16). Se Jesus precisava desse tipo de estilo de vida, certamente nós também precisamos.

Em Lucas 9, lemos sobre uma ocasião em que Jesus levou Pedro, Tiago e João com Ele até uma montanha para orar, e eles viram o Seu rosto transfigurado (transformado). O versículo 29 diz: "Enquanto orava, a aparência de seu rosto se transformou, e suas roupas ficaram alvas e resplandecentes como o brilho de um relâmpago".

Quando ficarmos a sós e separarmos um tempo para orar, também seremos transformados: nossas fraquezas se transformarão em força. Nosso rosto refletirá a paz de estar na presença de Deus. Isaías 40:31 confirma: "Mas aqueles que esperam no Senhor renovam as suas forças. Voam bem alto como águias; correm e não ficam exaustos, andam e não se cansam".

Esperar no Senhor em silêncio é uma atitude capaz de restaurar o nosso corpo, mente e emoções mais do que qualquer outra coisa. Precisamos disso regularmente. Insista em desfrutar esses momentos; não deixe que ninguém os tire de você. Organize a sua agenda em torno de Deus — não tente encaixá-lo na sua agenda.

Talvez você tenha tentado de tudo para se sentir melhor, mas eu o encorajo a aceitar minha sugestão e experimentar doses regulares de tranquilidade. Creio que você terá restauração e uma paz cada vez maior. Lembre-se, a paz exterior ajuda a desenvolver a paz interior. Descanse na presença de Deus, e você levará a paz dele com você quando retornar às atividades cotidianas.

Se você tiver paz, poderá ministrá-la a outros. Jesus pôde declarar paz à tempestade somente porque Ele tinha a paz dentro dele. Creio que Ele tinha paz dentro de si porque sempre encontrava tempo para simplesmente descansar em silêncio e passar tempo com Seu Pai celestial.

Espero que você possa ver o quanto é importante aliviar-se do estresse emocional a fim de manter a sua paz. No próximo capítulo, veremos como equilibrar seus hábitos relacionados a gastos é uma maneira prática e poderosa de manter a paz que encontrou até agora.

Mantenedor da Paz Nº 13

EVITE A PRESSÃO FINANCEIRA

De acordo com uma pesquisa realizada pelo nosso ministério, o problema número 1 que a maioria das pessoas enfrenta é a pressão financeira. Estar endividado e não ter dinheiro suficiente gera um estresse terrível sobre as pessoas, e realmente rouba a nossa paz. A pressão financeira também é uma das maiores causas dos problemas nos casamentos e a culpada por trás de muitos divórcios e até mesmo suicídios.

Entendemos que todos podem se ver em circunstâncias difíceis que não podem controlar, mas geralmente são as próprias pessoas que criam pressão financeira por causa da falta de sabedoria. Quando você tem mais dinheiro saindo do que entrando, isso acabará causando grandes problemas.

O primeiro passo para as pessoas receberem ajuda é encarar a verdade sobre a maneira como chegaram à situação em que estão. A maioria delas está pressionada pelas dívidas e sente pena de si mesma, acreditando que não está errada e achando que não é responsável por suas dívidas.

Se estamos vivendo sob pressão financeira, precisamos perguntar: "A situação estava realmente fora do meu controle, ou as coisas poderiam ter sido diferentes se eu tivesse feito escolhas melhores?".

É claro que não podemos colocar a culpa pelas nossas dívidas em mais ninguém, e o arrependimento é o primeiro passo para a recuperação. Gastar mais dinheiro do que temos é pecado, assim como qualquer outro excesso em nossa vida, e requer o perdão de Deus.

Só a verdade nos liberta. Você já deve ter ouvido a frase "A verdade dói", e realmente dói, mas permanecer em um cativeiro dói ainda mais. Se administramos mal nossas finanças, fizemos escolhas erradas ou agimos pela emoção, devemos simplesmente admitir isso para nós mesmos e para Deus, pedir o perdão dele, e começar imediatamente a reverter a situação por meio do poder das escolhas certas.

Se suas finanças estão fazendo com que você perca a paz, peça um plano a Deus, procure ajuda profissional se for preciso, e esteja disposto a esperar para obter aquilo que deseja. Fazer más escolhas é o que nos cria problemas. Entretanto, fazer *uma* única escolha acertada não desfará o resultado negativo das más escolhas que fizemos.

Prepare-se para permanecer firme. A paciência será crucial para tirá-lo do estresse financeiro, mas no final valerá a pena. Qualquer pessoa pode ser abençoada e estável financeiramente se desejar isso realmente.

Toda pessoa pode ser próspera e ter segurança financeira, mas esse homem ou mulher precisa seguir as diretrizes de Deus. Para simplificar, podemos dizer que as diretrizes dele envolvem devolver o dízimo, dar ofertas e usar de sabedoria em seus gastos. Deus sempre suprirá o que *precisamos* se formos ofertantes, ainda que talvez Ele nem sempre supra tudo que *gostaríamos* de ter.

Deus definitivamente quer abençoar, radical e tremendamente, todos os Seus filhos. A Palavra diz que o Senhor tem prazer na prosperidade do Seu servo (ver Salmos 35:27).

Deus quer que prosperemos, mas não de forma desproporcional ao nosso crescimento espiritual. Se as pessoas são imaturas ou carnais, isso significa que vivem de acordo com seus desejos carnais e não precisam realmente de muito dinheiro e de muitas coisas, pois elas provavelmente os usarão de uma maneira egoísta. As posses podem realmente nos afastar de Deus em vez de nos aproximar dele, a não ser que entendamos que elas são ferramentas usadas como bênção em um mundo sofredor. Deus liberará cada vez mais para nós à medida que crescermos espiritualmente.

Peça a Deus o que você quer e deseja, mas também peça-lhe para não lhe dar mais do que Ele sabe que você pode administrar.

Quase todos usam cartões de crédito. Nós os usamos em nosso ministério por conveniência. Pagamos com cartões de crédito e depois fazemos cheques com base no valor que temos em nossa conta para cobrir as despesas. Colocamos os cheques em um envelope até que a fatura chegue e possa ser paga. É fácil comprar coisas com cartão, mas também é fácil perder a noção do total comprado.

Recomendo enfaticamente que você use esse método que citei, ou mantenha um total dos itens adquiridos para saber o tempo todo como estão suas finanças. Perder a noção do que está acontecendo é provavelmente uma das principais causas da pressão financeira.

Usar cartões de crédito de maneira responsável não é problema, mas quando as pessoas compram coisas e não têm o dinheiro para pagar por elas, isso é um problema. Muitas pessoas não sabem como adiar a gratificação. Estamos acostumados a ter tudo instantaneamente: queremos tudo "prá já"!

Você está gastando hoje a prosperidade de amanhã? Se estiver fazendo isso, está comprando hoje mercadorias sem ter o dinheiro para pagar por elas. Se gastar hoje o dinheiro que vai receber amanhã, o que você fará quando o amanhã chegar? Precisará usar os cartões de crédito de novo, e o ciclo jamais terminará.

O valor das dívidas de cartões de crédito no mundo é inacreditável. A pressão que a mídia exerce sobre as pessoas para que adquiram novos produtos é impressionante. Em nossa sociedade, todos somos loucos por comprar; a batalha para possuir os produtos mais recentes está fora de controle. As pessoas trabalham em dois empregos, e ignoram suas famílias, às vezes perdendo-as nesse processo, apenas para adquirir casas maiores ou carros mais novos.

Será que essas coisas são realmente tão importantes? Você tem gavetas e armários cheios de coisas que se endividou para comprar e que agora nem sequer aprecia? Ainda está pagando por coisas que já se desgastaram ou que nem sabe onde estão? O mundo diz: "Compre agora, pague depois", mas não é isso que a sabedoria diz. A sabedoria diz: "Faça agora aquilo que o deixará satisfeito depois". Não podemos ficar satisfeitos

178 Parte 2 — Fique em Paz Consigo Mesmo

pagando por uma coisa durante meses e até mesmo anos depois de não a estarmos usando mais. O desejo por gratificação instantânea está roubando a paz financeira de muitas pessoas.

Sabemos, com base nas Escrituras, que Deus quer que Seus filhos sejam abundantemente abençoados, e Ele oferece o seguinte plano para que isso aconteça:

> Pode um homem roubar de Deus? Contudo vocês estão me roubando. E ainda perguntam: "Como é que te roubamos?" Nos dízimos e nas ofertas. Vocês estão debaixo de grande maldição porque estão me roubando; a nação toda está me roubando. Tragam o dízimo todo ao depósito do templo, para que haja alimento em minha casa. Ponham-me à prova, diz o Senhor dos Exércitos, e vejam se não vou abrir as comportas dos céus e derramar sobre vocês tantas bênçãos que nem terão onde guardá-las. (Malaquias 3:8-10)

Se fizermos o que Deus nos diz para fazer, Ele nunca deixará de fazer o que prometeu. A maneira de Deus funciona! Milhões podem testemunhar a respeito de guinadas milagrosas em suas finanças como resultado de darem o dízimo (dar 10 por cento).

Como mencionei no início deste capítulo, estar disposto a dar o dízimo e a dar outras ofertas conforme Deus direcionar é o primeiro passo para vencer a pressão da dívida. Muitos dizem: "Não posso me permitir fazer isso. Afinal, estou endividado!" Eu digo: "Você não pode se permitir *não* fazer isso. Se não fizer isso, continuará endividado".

Uma maneira de lembrar esse princípio simples do ganho financeiro é que o dízimo se transforma em aumento, ao passo que os cartões de crédito geram a diminuição da sua paz financeira. A maioria de nós, em algum momento ou outro em nossa vida, já experimentou em primeira mão a pressão das dívidas de cartões de crédito. Algumas pessoas estão vestindo o seu dízimo neste instante, ou o estão dirigindo, ou o usaram em férias que nem sequer desfrutaram ou em outros gastos igualmente sem sabedoria. Dê a Deus o que pertence a Deus, e Ele sempre garantirá que você tenha as suas demais necessidades supridas.

No início do nosso casamento, pedi um cartão de crédito a Dave. Não tínhamos muito dinheiro, e eu queria comprar coisas. Ele na verdade não queria ter um, mas finalmente cedeu.

Começamos com cautela, mas como a maioria das pessoas, acabamos usando o cartão para aquilo de que realmente não precisávamos, mas simplesmente desejávamos. Logo estávamos com um saldo devedor enorme e fazendo o pagamento mínimo, nunca reduzindo o valor principal da nossa dívida. Estávamos pagando juros sobre coisas que já havíamos usado e sem as quais poderíamos certamente passar.

Mais uma vez, a sabedoria é fazer agora o que trará satisfação e contentamento mais tarde, ao passo que o impulso nos leva a fazer agora o que mais tarde trará arrependimento e até mesmo desespero. A gratificação instantânea — adquirir imediatamente algo que realmente queremos — é algo gostoso, mas depois, quando estamos pagando sem parar, costumamos não ficar nada satisfeitos.

Dave foi sábio o suficiente para se recusar a viver assim, então quebramos o cartão e continuamos a fazer os pagamentos até termos pagado todo o saldo devedor. Passamos anos sem cartões de crédito, pois havíamos provado que não éramos capazes de administrá-los. Finalmente voltamos a ter cartões de crédito, mas só depois que havíamos desenvolvido domínio próprio suficiente para usá-los somente por sua conveniência. Então íamos para casa e deduzíamos o dinheiro da nossa conta bancária.

Um de nossos administradores compartilhou abertamente conosco que ele e sua mulher fizeram o mesmo que Dave e eu, e milhões de outras pessoas também já o haviam feito. Quando decidiram quitar suas dívidas, eles pagaram seus cartões de crédito durante oito anos, sem usá-los, para saldar completamente tudo o que deviam.

Quando as pessoas estão pagando casas, um ou dois carros, mensalidades escolares, móveis, talvez outros empréstimos, e dois ou três cartões de crédito, como elas podem ficar de outro jeito que não seja estressadas ao máximo? Poucas pessoas ganham o suficiente para enfrentar esse tipo de pressão financeira.

Independentemente de quanto dinheiro se ganhe, essa não é a maneia adequada de administrá-lo. Ouvimos falar de pessoas que se tornaram amargas a seus empregadores, achando que não recebem o suficiente para fazer o seu trabalho, quando na verdade elas estão simplesmente vivendo além das suas posses. Não coloque a culpa pelos resultados de uma decisão errada em mais ninguém — só a verdade pode libertá-lo.

Tome muito cuidado ao fazer qualquer tipo de compra parcelada, e quando fizer , tenha certeza de olhar com seriedade por quanto tempo estará fazendo esse pagamento e quanto de juros você vai pagar durante os meses ou anos em questão. Pergunte a si mesmo se acredita que essa compra vai valer a pena para você mais tarde, assim como agora. Lembre--se de que emoções são passageiras. Todos nós podemos fazer coisas por empolgação e acabar lamentando por isso mais tarde.

A internet nos oferece uma série de conveniências, inclusive ajuda financeira. Você pode encontrar sites que lhe oferecem um programa de amortização e calculam quanto tempo levará para quitar uma dívida. Por exemplo, se você tem uma dívida de cartão de crédito de 20 mil reais, pela qual você está pagando 300 reais mensais a uma taxa de juros de 12,99%, você levará 10 anos para quitá-la! E pagará mais de 15 mil reais de juros! Se você pagar 500 reais ao mês, levará aproximadamente cinco anos para quitar a dívida, mas ainda pagará mais de 6 mil reais de juros.

Obviamente, a gratificação que você pode sentir ao comprar artigos a crédito não será tão tentadora se você calcular a quantidade de juros e de tempo que levará para quitar a dívida.

FALÊNCIA

Se as dívidas avassaladoras o deixaram sem nenhuma maneira de quitar o seu débito, talvez você tenha decretado falência — ou talvez esteja pensando em tomar essa decisão agora. Não tenho a intenção de dizer o que vou dizer para condenar ninguém, mas realmente desejo deixar claro como o fato de decretar falência afeta o seu crédito mais tarde, e essa situação às vezes pode segui-lo durante toda a sua vida.

Em primeiro lugar, deixe-me dizer que podem haver razões legítimas para alguém decretar falência. Quando eu tinha dezoito anos, casei-me com um homem que não queria trabalhar. Ele cometeu adultério, roubava coisas, passava cheques sem fundos, e finalmente acabou sendo preso.

Quando nos divorciamos, de repente descobri que eu era legalmente responsável por pagar todas as dívidas dele. Naquela época eu achava que não tinha outra escolha, e me pareceu impossível e injusto pagar pelas dívidas dele, então decidi decretar falência. Se conhecesse Deus como conheço agora e tivesse ciência da Sua Palavra e do Seu poder libertador, talvez eu tivesse feito uma escolha diferente.

Levei alguns anos para recuperar meu crédito. A falência nunca deve ser nossa primeira escolha; devemos fazer tudo que for possível para pagar nossas dívidas. A Bíblia nos ensina em 1 Timóteo 3 que os cristãos devem ter uma boa reputação aos olhos do mundo para que ninguém tenha motivos para julgá-los. Não pagar as nossas contas não ajuda em nada a melhorar nossa reputação.

Hoje, decretar falência é extremamente fácil e passou a ser a resposta para muitas pessoas. Essa certamente não deve ser a solução para a má administração financeira. Quando as pessoas vivem gastando em excesso, por fim acabarão sofrendo para colocar as contas novamente em equilíbrio. A falência pode aliviar a pressão naquele momento, mas ela certamente cria outro tipo de pressão durante os anos seguintes.

Vemos muitas pessoas com problemas financeiros hoje; na verdade, esse número é tremendamente impressionante, e geralmente é resultado de uma má administração e de escolhas ruins. Algumas pessoas têm aprendido a agir com sabedoria e por isso estão fazendo escolhas melhores, mas elas ainda continuam pagando o preço pelos erros passados. Deus nos perdoa, mas os nossos credores não são tão perdoadores quanto Deus. Eles querem o dinheiro deles!

Embora Deus seja perdoador, Ele espera que paguemos pelo que compramos. A Palavra diz: "Os ímpios tomam emprestado e não devolvem, mas os justos dão com generosidade; aqueles que o Senhor abençoa receberão a terra por herança, mas os que ele amaldiçoa serão eliminados" (Salmos 37:21-22).

Deus quer que as pessoas paguem suas dívidas, eu creio nisso, e Ele frequentemente as ajuda por meio de milagres, quando elas começam a agir da maneira correta. É encorajador ouvir testemunhos sobre como Deus livrou alguém milagrosamente das dívidas. É bom crer em um milagre, mas ao mesmo tempo, precisamos fazer o que for possível.

Na verdade, creio que as pessoas não receberão milagres se elas não estiverem plantando sementes de obediência a Deus. Digo às pessoas o tempo todo: "Se você fizer o que pode fazer, Deus fará o que você não pode fazer". Não seja o tipo de pessoa que acredita em Deus para fazer um milagre nas suas finanças, mas não está disposta a fazer a sua parte para ajudar nesse processo.

Se você não tem crédito e tem muitas dívidas, talvez precise trabalhar com mais afinco por alguns anos e ser diligente no pagamento de suas contas. A maioria das empresas trabalhará com pessoas que estão em dificuldades financeiras se elas também estiverem dispostas a fazer a sua parte. Ainda que você só possa pagar dez dólares por mês para amortizar sua dívida, faça o que for possível. Lembre-se: Deus abençoa a diligência, mas Ele não abençoa a preguiça e as desculpas.

Não escolha o caminho mais fácil (a falência) apenas porque pode fazer isso legalmente. Faça todo o possível para não ficar com uma má reputação financeira.

Se você já arruinou o seu crédito, creio que pode superar isso, mas precisará ser paciente e perseverante. Se estiver tomando más decisões financeiras neste instante e ainda pode evitar fazer escolhas ruins, oro para que este livro o ajude a realmente pensar sobre o que está fazendo, e nos resultados em longo prazo das suas escolhas.

Lembre-se: o que plantamos hoje, colheremos amanhã — e o amanhã sempre vem. As pessoas normalmente desejam obter gratificação instantânea, e elas não pensam no amanhã, mas eu repito: *o amanhã sempre vem.*

RECURSOS PARA A PROSPERIDADE FINANCEIRA

Deus dá recursos a todos nós. Ele não faz acepção de pessoas e não tem favoritos. Deus dá a cada um de nós: tempo, energia, dons, talentos e recursos financeiros. Se fizermos as escolhas corretas com o que temos, nossos recursos sempre se multiplicarão. Se fizermos escolhas erradas, eles irão se esgotar e acabaremos sem nada.

Vamos tomar como exemplo a energia. A maioria dos jovens se sente bem, tem muita energia e pode fazer muitas coisas sem parar, como o coelhinho do comercial das pilhas *Energizer*. Conforme mencionei no capítulo anterior, em geral eles não cuidam de si mesmos; na verdade, abusam do seu corpo e mais tarde ficarão doentes, tendo de enfrentar sérios problemas de saúde.

O tempo é outro bom exemplo. Todos nós temos exatamente a mesma quantidade de tempo, mas alguns realizam muito enquanto outros não fazem nada com ele. Algumas pessoas constantemente dizem não ter tempo, mas elas têm o mesmo tempo que todo mundo tem. Durante a minha vida, eu frequentemente usei meu dia para trabalhar em um livro ou em um estudo para uma futura conferência, enquanto outras pessoas que eu conhecia brincavam o dia inteiro. Um pianista profissional passava muito tempo treinando enquanto as outras crianças estavam se distraindo. Um ganhador de medalha de ouro em patinação nas Olimpíadas praticava enquanto os outros se divertiam.

Aqueles que atingiram seus objetivos fizeram uma escolha que trouxe uma recompensa diferenciada. Eles não tiveram apenas "sorte" nem foram mais abençoados do que outros; eles trabalharam duramente, e usaram seu tempo para atingir seus objetivos na vida.

Certamente não estou dizendo que não precisamos nos divertir às vezes, e entendo que houve um período em minha vida em que eu era viciada em trabalho, mas Deus disse que devíamos trabalhar seis dias e descansar um. O nosso mundo revela seu extremo desequilíbrio quando as pessoas querem se divertir mais do que trabalhar, procurando a diversão com uma frequência excessiva.

As pessoas costumam me perguntar como consigo fazer tudo o que faço, e a resposta é: *eu trabalho.* Não acho que eu esteja desequilibrada; eu tomo cuidado para também me divertir e descansar, mas também trabalho com afinco. Estou usando o meu tempo para deixar um legado para o mundo em livros, fitas, programas de televisão e de rádio. Quero que o tempo em que estou aqui tenha importância. Não quero apenas passar pelo mundo ocupando um espaço durante oitenta ou noventa anos, e depois morrer sem ninguém mais se lembrar de que estive aqui. Quero que as pessoas leiam os meus livros daqui a várias centenas de anos, a não ser que Jesus volte antes disso.

184   Parte 2 — Fique em Paz Consigo Mesmo

O tempo é um recurso, e a maioria das pessoas o desperdiça. Um dia eu me ouvi dizendo que achava estar "gastando" muito do meu tempo me vestindo, me maquiando, arrumando o cabelo, fazendo as unhas, e tudo o mais. Deus falou ao meu coração e disse: "É verdade, você 'gasta' tempo, portanto, certifique-se de que valha a pena gastá-lo".

Qualquer área da nossa vida pode ficar desequilibrada. Acredito firmemente que precisamos ter a melhor aparência possível, e para isso é necessário passar algum tempo cuidando da nossa aparência. Algumas pessoas não investem nenhum tempo em sua aparência, e outras investem tempo demais. Tudo que realmente precisamos em qualquer área é de equilíbrio.

Qualquer recurso tem a ver com dons e talentos. Todos podem fazer alguma coisa; as pessoas têm capacidades e devem usá-las. Se não usamos algo, nós o perdemos; ou se passar algum tempo aquilo acabará se estragando e não nos fará bem algum, e nem a ninguém.

O que estou fazendo com o que Deus me deu? Essa é uma das perguntas que devemos fazer regularmente a nós mesmos. Se não estivermos satisfeitos com a resposta, precisamos realizar algumas mudanças.

Existem muitas coisas que eu não posso fazer; por exemplo, não posso cantar bem o bastante para produzir algo que não seja apenas um barulho alegre, mas posso falar. Tenho o dom da comunicação, e Deus o está usando desde que ofereci todas as minhas habilidades e a mim mesma a Ele. Todos deveriam parar de se lamentar pelo que não podem fazer, e começar a fazer o que podem. Se você usar seus recursos, Deus ficará satisfeito, e Ele os multiplicará.

Em Mateus 25:15-29 a Bíblia nos ensina a respeito dos recursos que um senhor deu aos seus servos. A Bíblia se refere a esses recursos como "talentos". Nessa passagem das Escrituras, os talentos representavam dinheiro que os servos deviam usar adequadamente até a volta do senhor, quando ele exigiria uma prestação de contas. Ao ler a história, você descobrirá que um pegou o que havia recebido e multiplicou cinco vezes mais. Outro servo pegou a sua parte e aumentou-a duas vezes mais. Outro não fez nada com a sua parte, a não ser escondê-la com medo de que o senhor ficasse irado se ele a perdesse.

Quando o senhor voltou, ele ficou muito satisfeito com os dois que haviam multiplicado o que haviam recebido, mas repreendeu aquele que não fez nada. O mestre chamou-o de "mau, preguiçoso e ocioso" (v. 26), tirou dele o que ele tinha e o deu ao que havia multiplicado mais.

Esse é o jeito de Deus. Ele dá a todas as pessoas aquilo com o que elas podem lidar e espera para ver o que fazem com isso. Aquelas que não fazem nada sempre se tornam perdedoras, e as que trabalham muito, investindo seus recursos e multiplicando-os, sempre se tornam vencedoras na vida. O senhor disse aos dois homens que investiram e tiveram um bom retorno que ele os colocaria sobre mais, e permitiria que desfrutassem a alegria do seu senhor.

Creio que as pessoas são mais felizes e têm mais alegria e paz na vida quando estão usando os seus recursos. Todos nós temos embutido em nós o conhecimento de que é certo progredir e errado ficar ocioso vendo a vida passar.

Geralmente as pessoas que não fazem nada invejam aquelas que prosperam. Não tenha inveja do que alguém tem se você não está disposto a fazer o que ele fez para conseguir isso.

Deus espera que administremos o que Ele nos dá e o usemos com sabedoria para multiplicá-lo. Não somos abençoados de modo algum quando desperdiçamos nossos recursos, e sempre pagamos o preço pelo desperdício. Um dos nossos recursos é a capacidade de trabalho. Na verdade, a Bíblia nos instrui a trabalhar!

> Quando ainda estávamos com vocês, nós lhes ordenamos isto: Se alguém não quiser trabalhar, também não coma. Pois ouvimos que alguns de vocês estão ociosos; não trabalham, mas andam se intrometendo na vida alheia. A tais pessoas ordenamos e exortamos no Senhor Jesus Cristo que trabalhem tranquilamente e comam o seu próprio pão. (2 Tessalonicenses 3:10-12)

Naturalmente, isso não se aplica àqueles que estão velhos demais ou doentes para trabalhar. Deus supre as necessidades deles de outras maneiras, mas aqueles que podem trabalhar, Ele espera que façam isso. Deus trabalhou e depois descansou dos Seus trabalhos, e devemos seguir o Seu

186 Parte 2 — Fique em Paz Consigo Mesmo

exemplo. Deuteronômio 28:11-12 declara que Deus abençoará a obra das nossas mãos; Ele não abençoa a nossa preguiça.

DISCIPLINA E DOMÍNIO PRÓPRIO

Aliviar a pressão financeira requer disciplina e domínio próprio. A Bíblia ensina em muitos lugares sobre a importância dessa disciplina. Se não nos disciplinarmos, nossas circunstâncias acabarão fazendo isso por nós. A Palavra de Deus nos diz que devemos ser sóbrios, isso significa sermos marcados pela moderação, nos mantermos dentro de limites (nos acomodarmos entre dois extremos ou encontrar o meio-termo).

Evidentemente, devemos manter o equilíbrio. É errado gastar em excesso, mas também é errado gastar de menos. Você pode ter chegado a um ponto em que precise parar de gastar por algum tempo, ou talvez precise separar uma parte do seu dinheiro e fazer algo com ele. Deus nos dá dinheiro não para amontoar, mas para desfrutar. A sabedoria economiza um pouco, gasta um pouco, e dá um pouco.

Meu marido é um excelente administrador financeiro, e o seu lema é: "Economize um pouco, gaste um pouco, dê um pouco dentro dos seus limites, e você será sempre abençoado!".

Não deixe que as emoções dominem você — discipline-as. Não permita que elas assumam o controle ou conduzam as suas decisões. Como afirmei anteriormente, as emoções vem à tona, mas também passam. Elas podem animá-lo a começar algo, mas não estarão ali para ajudá-lo a terminar. Você pode ficar empolgado em fazer uma compra, mas deprimido na hora de fazer pagamento. As emoções são instáveis e — estão sempre mudando. Depender delas é uma escolha tola.

Ser disciplinado também é sempre saber como estão as suas finanças. Verifique o seu talão de cheques regularmente; se não fizer isso, poderá achar que tem mais dinheiro do que tem realmente e passar cheques que serão devolvidos por "insuficiência de fundos". Quando isso acontece, o banco geralmente cobra pelo menos uma taxa, o que vai lhe custar mais dinheiro e só aumenta o problema.

É impressionante quantas pessoas fazem cheques sem ter dinheiro para cobri-los. Em nosso ministério, as pessoas às vezes dão ofertas e compram produtos com cheques sem fundos ou cartões de crédito que já ultrapassaram o limite aprovado.

Isso não deve acontecer com ninguém, mas definitivamente não deve acontecer com cristãos. Somos a luz do mundo; deveríamos dar o exemplo. Devemos ser excelentes e demonstrar integridade. Obviamente, passar cheques sem fundos não ajuda a realizar nenhum dos nossos objetivos bíblicos.

Entendo que todos nós podemos cometer erros. Tive alguns cheques devolvidos em minha vida. Mas foi porque somei errado ou me esqueci de debitá-lo, não por não estar prestando nenhuma atenção às minhas finanças.

Muitas pessoas gastam dinheiro sem saber quanto possuem. Já lidei com uma pessoa que parecia não ter nenhuma capacidade de olhar adiante. Se ela tivesse trezentos reais na conta, achava que podia gastar esse dinheiro. Ela se esquecia de que ainda não havia pagado a conta de luz do mês.

Olhe mais adiante e veja que contas serão cobradas, e considere quando será seu próximo pagamento, antes de gastar dinheiro só por ele estar em sua conta bancária. Nunca deixe sua conta zerada, pois sempre acontece alguma coisa inesperada. Reserve dinheiro para emergências, e você terá muito mais paz.

BOM SENSO

Administrar nossas finanças não é realmente tão difícil se aprendermos os seguintes princípios de bom senso:

1. Dê o dízimo e as ofertas regularmente.
2. Não gaste mais dinheiro do que recebe.
3. Esteja sempre consciente da sua situação financeira.
4. Planeje-se sempre para qualquer emergência.
5. Não desperdice dinheiro.

188 Parte 2 — Fique em Paz Consigo Mesmo

6. Não gaste hoje a prosperidade de amanhã.
7. Deixe que as emoções se acalmem antes de decidir fazer uma compra.
8. Use o máximo de sabedoria com os cartões de crédito.
9. Adote a prática de adiar a gratificação; resista a comprar por impulso.
10. Siga sempre esta diretriz: "Economize um pouco, gaste um pouco, e dê um pouco dentro das suas possibilidades".

Economize Um Pouco

Economize sempre uma parte daquilo que ganhar, por menor que seja — tenha esse compromisso e não abra mão dele. Um jovem contou que seu pai havia lhe ensinado a dar sempre 10 por cento de tudo que ganhasse e a economizar 10 por cento. Ele havia seguido esse conselho por toda a vida e, aos trinta e sete anos, já tinha uma quantia considerável de dinheiro e não tinha dívidas. Sua casa e seu carro estavam pagos, e muito cedo ele já podia trabalhar em casa como consultor, escolhendo seu próprio horário, sem nenhuma pressão financeira.

Economizar até mesmo 1 por cento seria melhor do que nada. Seria um ponto de partida, e você poderia ir aumentando a partir daí. Fazer alguma coisa é melhor do que não fazer nada! Sem ter economizado algum dinheiro, você nunca poderá comprar as coisas sem pagar juros. Economize para conseguir comprar o que quer, economize para a aposentadoria e para emergências. *Poupe — poupe — poupe.* Tenha várias contas ao mesmo tempo nas quais possa depositar algum dinheiro para necessidades futuras. Economize o ano inteiro para o Natal, por exemplo, e quando o Natal chegar, você estará preparado.

Quando Dave era adolescente, ele escondia dinheiro nas meias. Ele pagou à vista pelo seu primeiro carro, que era de segunda mão, mas mais tarde pagou à vista por um carro novo quando tinha cerca de vinte e dois anos. Isso é impressionante, mas qualquer pessoa pode fazer isso se estiver disposta a começar economizando e sendo diligente em fazer isso. Embora Dave já não esconda mais dinheiro nas meias, ele chama as suas diversas contas de seus "esconderijos" ou de suas "meias". Toda a nossa família aprendeu muito sobre finanças apenas observando Dave. Ele é um homem muito paciente e capaz de esperar por tudo que quer. Ele economiza e faz as coisas na hora certa.

Como resultado dos seus dons administrativos, pudemos pagar à vista por tudo no ministério. Estamos no ministério eclesiástico desde 1976, e em nosso próprio ministério desde 1985. Desde a criação do nosso ministério, só compramos parcelado um equipamento (uma copiadora de quinhentos dólares). Pagamos à vista até pelo prédio que ocupamos atualmente. Isso parece quase impossível na economia de hoje, mas é possível.

Dave simplesmente se recusa a comprar coisas pelas quais não pode pagar. Ele precisou ficar sem algumas coisas no início enquanto economizava, mas quando chegou o momento certo e tinha dinheiro economizado, ele ficou no controle, e não os cobradores.

Poderíamos ter conseguido dinheiro emprestado e construído a sede do nosso ministério em um ano, mas levamos cinco anos para construí-la porque queríamos nos mudar para lá sem dívidas. No fim, a paciência sempre vale a pena! Certamente não estou julgando ninguém que não possa pagar à vista por tudo que faz, mas estou dizendo que isso é possível se economizarmos regularmente.

Gaste Um Pouco

Já mencionei o fato de que algumas pessoas realmente precisam gastar um pouco do seu dinheiro. Talvez esteja na hora de você fazer algo especial por si mesmo. Agir assim ministra vida às suas emoções desgastadas, e absolutamente não é errado. Entendo que isso pode deixá-lo empolgado, mas certifique-se de que você é alguém que realmente *precisa* gastar. E estou me referindo a gastar o que você economizou. Não gaste o necessário para fazer outras coisas, e, sobretudo, não gaste o que não tem.

Aqueles que realmente *precisam* gastar são pessoas que têm a tendência de poupar em excesso. Eles acumulam, guardam tudo para o futuro, e não gastam nada agora. Na maior parte do tempo, as pessoas acumulam por medo ou ganância. Percebi que quando comecei a poupar dinheiro, acumulei certa quantia e achei aquilo tremendo, e quanto mais eu economizava, mais queria economizar e passei a não querer gastar nada daquele dinheiro. Eu queria ter um saldo elevado na minha conta. Então percebi que quando eu me recusava a gastar qualquer valor, Deus parava de enviar mais. Ele quer nos ver desfrutando o que nos dá, e também economizando para o futuro.

Se eu gastava um pouco como Deus me instruía, então Ele voltava a me suprir com mais. É como o princípio de podar arbustos. Se não fizermos isso, eles podem continuar a crescer, mas também se tornam um problema. Se nós os podarmos, eles crescem de novo, mas em melhor forma e condição do que antes.

Algumas pessoas não querem gastar nada consigo mesmas, pois não se acham merecedoras de nada. Algumas são mártires; querem poder dizer que nunca fazem nada por si mesmos, esperando com isso provocar a piedade dos outros. Outras pessoas são simplesmente sovinas, e estão sempre acumulando tudo porque possuir coisas faz com que se sintam seguras e poderosas. Seja qual for o motivo, é errado estar em desequilíbrio. Uma pessoa equilibrada economiza um pouco, gasta um pouco, e dá um pouco.

Se você está se esforçando para sair das dívidas, e por isso nunca pode gastar nada consigo mesmo, creio que Deus fará coisas especiais por você por meio de outras pessoas. Quando você está fazendo a sua parte, Deus sempre faz a parte Dele. Peça a Ele para abençoá-lo sobrenaturalmente, mas recuse-se a afundar em dívidas.

Dê Um Pouco

Dar é realmente uma das escolhas mais sábias que alguém pode fazer. A Bíblia diz que quando dermos nos será dada uma "boa medida, calcada, sacudida e transbordante" de volta (Lucas 6:38). Dar é sábio, pois na verdade gera aumento. Aprender a dar é uma das coisas mais fantásticas que já me aconteceram, e muitas outras pessoas podem testemunhar a esse respeito. Ouvi uma mulher, que tem uma vida maravilhosa, dizer recentemente: "Minha vida é resultado do prazer que tenho em dar". Essa é uma afirmação sobre a qual devemos refletir.

Você é uma pessoa que tem prazer em dar? Se não é, deveria começar hoje. Deus exige os primeiros 10 por cento de toda a nossa renda (como vimos em Malaquias 3). Devemos entregá-los no "depósito", o lugar ou os lugares onde somos alimentados espiritualmente (ver Êxodo 34:26). Além disso, Ele nos direciona a dar ofertas em diversos momentos e ocasiões especiais.

Quando você der, faça isso com uma maravilhosa disposição. Nunca faça isso por obrigação, mas entenda que é um privilégio. Em 2 Coríntios 9 a Palavra de Deus nos dá uma percepção maravilhosa sobre os princípios e o prazer de ofertar. Diz que não devemos dar "com relutância ou com tristeza ou mediante compulsão, porque Deus ama... aquele que dá... com alegria [cujo coração tem prazer em dar]" (v. 7). A atitude com a qual damos é muito importante para Deus. Devemos fazer isso para abençoar. Deus nos abençoa para que possamos ser uma bênção.

Muitos acham difícil dar, principalmente quando não foram acostumados a fazer isso. A natureza básica da carne é egoísta; queremos possuir coisas e não dar coisas. Mas quando as pessoas recebem Jesus Cristo como Salvador, a natureza delas muda; elas recebem a natureza de Deus. Essa natureza vem como uma semente dentro do espírito delas, e elas devem regar esta semente com a Palavra de Deus. Ao agirem assim, elas começam a querer fazer o que Deus faria. Ele é o Doador; aqueles que o servem devem ser doadores também.

Dave cresceu em uma igreja cujo ministro ensinava a bênção do dízimo; assim, temos dado o dízimo desde que nos casamos. Sempre vimos Deus suprir as nossas necessidades. Em trinta e seis anos de casamento, Dave ficou sem emprego apenas por cerca de dois dias, se não me falha a memória. Tivemos alguns anos de aperto, mas sempre pagamos as contas em dia e nunca ficamos sem as necessidades básicas da vida.

Em 1976, quando Deus tocou minha vida e nos chamou para o ministério, começamos a dar mais do que nunca. Queríamos ir além do nosso dízimo. Passamos por tempos de teste, mas nunca nos arrependemos da decisão que tomamos. Continuamos a aumentar nosso dízimo ao longo dos anos e vimos Deus ser fiel em aumentar nossos recursos também.

Creio que as pessoas cuja alegria é dar recebem uma colheita de volta em qualquer área de que necessitem. Graças a Deus porque Ele nos supre financeiramente, mas essa não é a única área de provisão. Ele nos dá graça. "E Deus é poderoso para fazer que lhes seja acrescentada toda a graça, para que em todas as coisas, em todo o tempo, tendo tudo o que é necessário, vocês transbordem em toda boa obra" (2 Coríntios 9:8). Com base nesse versículo, vemos que Deus dá graça em abundância para que tenhamos *todas* as nossas necessidades atendidas.

DA POBREZA À PROSPERIDADE

Se você tem feito escolhas certas e tem usufruído de prosperidade, continue assim. Nunca se desvie dos princípios de sabedoria que você aprendeu.

Se você estiver endividado ou passando necessidade, comece agora a fazer o que é certo. Se não, você ainda estará na mesma situação no ano que vem, e no ano seguinte, e daí por diante. Pague o preço para ter liberdade financeira e segurança. Independentemente do tamanho do caos em que você se encontra, *se fizer consistentemente o que pode fazer, Deus fará o que você não pode fazer*. Lembre-se desta fórmula simples: poupe um pouco, gaste um pouco, e dê um pouco dentro das suas posses, e logo você verá sua situação mudar. O fato de não precisar se preocupar com dinheiro aumentará grandemente a sua paz.

Mantenedor da Paz Nº 14

MANTENHA O SEU PENSAMENTO ACIMA DAS TEMPESTADES DA VIDA

Embora as pessoas não possam ver nossos pensamentos, elas podem ver os resultados deles. O que está na nossa mente e no nosso coração é o que sai por meio das palavras dos nossos lábios. Se tivermos uma mente perturbada, não viveremos uma vida pacífica e serena. Não iremos ministrar paz aos outros, porque não podemos dar a eles o que não temos dentro de nós mesmos.

Jesus disse que devemos ser pacificadores e mantenedores da paz. Paulo disse para trabalharmos pelo que contribui para a paz, unidade, harmonia e concordância com as pessoas. É muito importante fazer da paz uma prioridade, mas ela começa dentro de nós.

Como eu disse antes, Jesus foi capaz de acalmar a tempestade que caía lá fora porque mantinha a paz dentro de si mesmo. Jesus não tinha a Sua mente na tempestade embora ela tivesse se levantado contra Ele. Enquanto os discípulos estavam desesperados e temerosos, Jesus dormia. Ele mantinha a paz no meio da calamidade e pôde realmente acalmá-la. Ele tinha paz; por isso pôde transmiti-la às circunstâncias.

Isaías disse que se mantivermos a nossa mente no Senhor, Ele nos *dará* perfeita e constante paz (ver Isaías 26:3). A Palavra de Deus tem muito a dizer sobre a nossa mente e a maneira como pensamos. Provérbios 23:7 nos ensina que assim como o homem pensa, ele se tornará. Digo isso de outra maneira: para onde a mente vai, o homem segue. Os pensamentos precedem as ações!

PODEMOS CONTROLAR NOSSOS PENSAMENTOS?

Não podemos controlar os pensamentos quando vêm à nossa mente, mas podemos controlar aquilo em que continuamos pensando. Durante anos, eu fiz o que a maioria das pessoas faz: pensava em qualquer coisa que me viesse à mente. Eu não sabia que podia escolher. A Bíblia nos ensina que a mente é a área que Satanás tenta controlar. Ele oferece pensamentos para nos entreter regularmente; podemos guardá-los ou jogá-los fora e substituí-los pelos pensamentos de Deus.

A Palavra de Deus escrita é um relato dos Seus pensamentos acerca de nós e sobre a maneira como devemos viver. A Bíblia literalmente abrange todas as áreas de nossas vidas. Se organizarmos nossos pensamentos e conversas de acordo com a Palavra de Deus, ficaremos impressionados ao ver o quanto a vida se tornará agradável e próspera. Mas primeiro precisamos crer que podemos escolher nossos pensamentos e não precisamos meditar em qualquer coisa que por acaso nos venha à mente.

As palavras de 2 Coríntios 10:4-5 são importantes para os cristãos entenderem: "As armas com as quais lutamos não são humanas; pelo contrário, são poderosas em Deus para destruir fortalezas. Destruímos argumentos e toda pretensão que se levanta contra o conhecimento de Deus, e levamos cativo todo pensamento, para torná-lo obediente a Cristo".

Essa passagem da Palavra nos explica a respeito das nossas armas espirituais, com as quais podemos destruir qualquer argumento que "se levante contra o conhecimento de Deus". Nós recebemos poder divino para "destruir fortalezas" e "levar cativo todo pensamento e torná-lo obediente" ao conhecimento de Cristo. Esses versículos nos ensinam que Satanás tenta construir fortalezas em nossas mentes para conseguir dominar áreas da nossa vida através de pensamentos errados.

Satanás é um mentiroso, e se acreditarmos em suas mentiras, ele terá bom êxito em nos enganar em uma ou mais áreas. Por exemplo, Satanás me disse durante anos que eu nunca teria uma vida boa por ter sofrido abuso na minha infância. Por falta de conhecimento, acreditei em meus pensamentos. Quando me tornei uma estudiosa da Palavra de Deus, entendi que muito embora meu passado tivesse sido desagradável, Deus tinha um grande futuro planejado para mim. Entendi que não era tarde demais para mim, como Satanás estava me dizendo há anos.

A Palavra de Deus renova a nossa mente; ela nos ensina a ter uma nova maneira de pensar. Podemos começar a pensar como Deus pensa em lugar da maneira como Satanás gostaria que pensássemos. Em vez de olharmos para uma bela casa pensando: *Eu jamais poderia ter uma casa como esta,* podemos pensar (e dizer): *Deus me abençoará com uma casa adorável. Ele supre todas as minhas necessidades.*

Em vez de pensar que não podemos de jeito nenhum perdoar alguém que nos magoou, podemos pensar assim: *Estou sofrendo, e o que me fizeram foi errado, mas confio em Deus para me vingar. Posso perdoar através do poder do Espírito Santo. Vou orar pela pessoa que me feriu, vou abençoá-la, e Deus me dará duplas bênçãos em lugar do meu problema passado.*

Pense naquilo em que você pensa. Se começar a se sentir deprimido, desanimado ou irado, pare e examine seus pensamentos. Você descobrirá que alguns dos seus pensamentos estão produzindo as suas emoções negativas. Podemos nos tornar infelizes ou felizes dependendo daquilo em que escolhemos pensar.

Quando escreveu sobre o efeito que o estresse exerce sobre a nossa saúde, o Dr. Colbert incluiu a seguinte análise sobre a importância de manter nossos pensamentos alinhados com a Palavra de Deus:

> Talvez os maiores fatores de estresse que uma pessoa precise enfrentar sejam as tempestades [inesperadas] da vida. Pode ser a doença de um membro da família, de um amigo, ou dela mesma; uma separação conjugal ou divórcio, a morte de um parente ou de um amigo próximo, uma demissão, um processo na justiça, descobrir que sua filha solteira está grávida ou fez um aborto, ou que seu filho está viciado em drogas. Essas são tempestades que parecem ocor-

rer em nossas vidas nos momentos mais inoportunos. A maioria de nós quer que esses problemas desapareçam, e quando isso não acontece, eles nos deixam ainda mais frustrados e estressados do que antes, e a nossa mente parece ficar pensando neles constantemente, sem conseguir enxergar nenhuma solução.

Quando somos confrontados com problemas desse tipo, a primeira coisa que precisamos fazer é entender que neste mundo teremos tribulações — isso nos foi prometido. Jesus disse: "Eu venci o mundo" (João 16:33). E "muitas são as aflições do justo, mas o Senhor de todas o livra" (Salmos 34:19, Almeida Fiel).

Então, em outras palavras, devemos ser capazes de aceitar os problemas como sendo parte inevitável das nossas vidas e vê-los como professores em potencial em vez de ficarmos analisando cada um, meditando e lutando com eles.

Uma vez ouvi um pregador usar a expressão "alugando espaço demais na nossa mente para os problemas". Ele falava sobre um homem que havia comprado um complexo de apartamentos e alugava 90 por cento deles para viciados em drogas, prostitutas e membros de gangues, e os outros 10 por cento do complexo para cidadãos que cumpriam a lei e realmente pagavam seus aluguéis. Bem, depois de alguns meses, os 90 por cento haviam feito os outros 10 por cento deixarem o local. Então os viciados em droga, as prostitutas, e os membros de gangues tomaram todo o complexo, e ninguém mais pagava o aluguel.

Algo semelhante acontece na nossa mente quando começamos a refletir, ponderar, e nos preocupar com problemas sobre os quais não temos nenhum controle. Terminamos alugando espaço demais em nossa mente para esses problemas, e eles finalmente acabam ocupando a maior parte dos nossos pensamentos. Em outras palavras, ficamos ligados no problema, e não na solução. Nós nos esquecemos da segunda parte do Salmo 34:19: "Muitas são as aflições do justo: *mas o Senhor de todas o livra*" (Almeida Fiel, grifo da autora).

Em vez de alugar tanto espaço para os nossos problemas, precisamos aprender a mudar nossa mente do canal da preocupação para o canal do louvor, da adoração e da alegria. Temos que mudar nossa mente para o canal da gratidão, do amor, ou para o canal do riso, e começar a pôr o foco nas coisas que são boas em nossas vidas. Quando focamos demais em um problema, isso só o torna maior, e então se afligir realmente se torna um hábito, e é muito difícil quebrar um hábito.

As pessoas em geral têm cerca de cinquenta mil pensamentos por dia, e para muitos, esses pensamentos são essencialmente pessimistas e negativos. Quando você é confrontado com um pensamento negativo, tem sempre a opção de ignorá-lo ou de convidá-lo a entrar e analisá-lo, meditar nele, e permitir que alugue ainda mais espaço em sua mente.

Quando escolhe essa última possibilidade, você começa a declarar o problema com sua boca, e ele se torna uma palavra. Você reflete mais nele, e o problema se torna uma ação. Então você analisa e medita mais nele, e ele se torna um hábito, e infelizmente para a maioria dos cristãos, a maioria dos seus problemas são simplesmente pensamentos negativos que se tornaram hábitos.

Quando for confrontado por um problema sobre o qual não tem controle, pergunte a Deus o que Ele quer lhe ensinar a partir dele. Tente descobrir o que Ele está tentando ensinar ao permitir que a situação continue por mais tempo do que você gostaria.

Você precisa ser mais paciente, mais perdoador, mais amoroso? Quando permitir que seus problemas sejam seus professores em vez de serem o seu castigo, você começará a aprender com eles e a desenvolver um caráter divino.

Portanto, quando uma das tempestades da vida vier , como você vai reagir? Vai aprender a ignorar problemas pequenos e insignificantes e a não alugar espaço na sua mente para eles? Em vez disso, vai trocar de canal, para o canal da gratidão, da alegria, do amor, da paz e do louvor e adoração? Quanto uma tempestade terrível, como um furacão, entrar em sua vida, você vai permitir que os seus pensamentos o aproximem do Senhor? Vai conseguir praticar o amor, o perdão, a paciência, e todos os frutos do Espírito?

Muitas vezes, as tempestades da vida na verdade nos mostram o que realmente existe dentro do nosso coração e, infelizmente, a

> maioria dos cristãos fracassa nesse teste; eles reagem na carne, com ira, autopiedade, hostilidade, falta de perdão, medo, ou amargura. Digo aos pacientes para praticarem caminhar em amor durante as pequenas provações da vida: Pratiquem a paciência e a bondade, em vez de serem invejosos ou rudes. Por meio de uma prática intensa estaremos prontos para as tempestades da vida; e quando elas nos atingirem, poderemos mudar de canal na nossa mente para o canal do amor, da paz, da alegria, e do perdão — para o canal de todos os frutos do Espírito. E, assim, resistiremos a essas tempestades e iremos encará-las como um mestre que nos torna ainda mais sábios.[4]

Sabemos que o fruto do Espírito habita em nós, mas como o artigo do Dr. Colbert ilustra, nunca sabemos realmente o quanto está maduro até ele ser "apertado". As provações "apertam" o nosso fruto e revelam o nível da nossa maturidade espiritual. Aprendemos mais sobre nós mesmos durante as provações do que em qualquer outro momento da vida.

Precisamos nos lembrar de que Deus não é o autor dos nossos problemas, mas se eles surgirem, Ele os usará para nos ajudar. Deus é bom, e Ele extrairá o bem de todas as coisas se confiarmos nele. Romanos 8:28 nos ensina que todas as coisas cooperam para o bem daqueles que amam a Deus e que são chamados de acordo com o Seu propósito. Talvez nem todas as coisas nos pareçam boas, ou nos façam sentir bem, ou talvez nem sejam realmente boas, mas Deus pode fazê-las cooperarem para o bem! O que o inimigo planeja para o nosso mal, Deus planeja para o nosso bem (ver Gênesis 50:20).

COMBATA O BOM COMBATE DA FÉ

Manter nossos pensamentos puros e dentro da vontade de Deus é uma batalha que vai durar por toda a vida. Precisamos "combater o bom combate da fé", de acordo com 1 Timóteo 6:12. A mente é o campo de batalha onde lutamos. Satanás guerreia na esfera dos nossos pensamentos,

---

[4] Reimpresso com permissão.

pois ele sabe que se puder controlar nossos pensamentos, poderá nos controlar e controlar o nosso destino.

Estude novamente os seguintes versículos, e peça a Deus para ajudar você a realmente entender a profundidade do seu significado: "Porque as armas da nossa milícia não são carnais, mas sim poderosas em Deus para destruição das fortalezas; destruindo os conselhos, e toda a altivez que se levanta contra o conhecimento de Deus, e levando cativo todo o entendimento à obediência de Cristo" (2 Coríntios 10:4-5).

Paulo disse que devemos levar todo pensamento cativo à obediência de Jesus Cristo. Isso significa que assumimos a autoridade sobre os pensamentos errados e os colocamos em sujeição à vontade de Deus. A vontade dele é a Sua Palavra, então precisamos pensar de acordo com essa Palavra para estarmos em obediência a Ele. O diabo gosta de argumentar conosco; ele nos tenta para que vivamos na esfera mental do que o raciocínio nos impõe. Ele injeta pensamentos orgulhosos e arrogantes em nossas mentes. Sugere que somos melhores do que os outros, dizendo que eles estão errados e nós certos. Ele coloca críticas em nossa mente. Precisamos lançar fora esses pensamentos induzidos por demônios e substituí-los por pensamentos humildes de amor e preocupação pelos outros.

Se partirmos do pressuposto de que estamos pensando na maior parte do tempo, consideraremos a renovação da mente uma grande batalha, principalmente no início da nossa jornada com Deus. Quando comecei a aprender esses princípios, tudo que eu fazia inicialmente durante o dia inteiro era lançar fora pensamentos e vê-los voltar imediatamente depois.

Por fim, clamei a Deus, dizendo-lhe que não sabia como não pensar em certas coisas. Ele me respondeu dizendo que era muito simples; eu devia formar o hábito de encher a minha mente com bons pensamentos para que as coisas más não encontrassem lugar.

Eu já fui uma pessoa extremamente negativa, mas Deus me ensinou, fazendo que eu mudasse de direção. Assim, hoje eu sou muito positiva e realmente tenho aversão por estar perto de pessoas negativas. Elas não são o tipo de pessoa com quem quero trabalhar ou ter comunhão. Romanos 12:21 compartilha um dos princípios mais poderosos da Palavra de Deus, quando diz que vencemos o mal com o bem! Isso funciona em todas as situações.

Ser bom com as pessoas que lhe trataram mal é a maneira de conquistá-las e quebrar o poder de Satanás. É uma porta aberta para bênçãos radicais de Deus em nossa vida. Ter bons pensamentos é a maneira certa de vencer o hábito de ter pensamentos maus. Sim, o bem sempre vence o mal.

Deus é mais forte que o inimigo: "Filhinhos, vocês são de Deus e os venceram, porque aquele que está em vocês é maior do que aquele que está no mundo" (1 João 4:4). Isso faz referência ao fato de Deus e tudo que Ele representa ser maior do que o diabo e qualquer coisa representada por ele. Deus é bom, o diabo é mau; assim, o bem sempre vence o mal.

Se andarmos no Espírito, não satisfaremos os desejos da carne (ver Gálatas 5:16). Não precisamos passar nossa vida lutando contra o pecado, a tentação, os pensamentos errados e os desejos da carne. Podemos escolher o que é certo, e o que é errado não terá lugar em nós.

Haverá momentos de combater o bom combate da fé, mas como em qualquer outra guerra, se vencermos batalhas suficientes, por fim ganharemos a guerra.

Pouco a Pouco

Vencemos as devastações causadas pelo nosso antigo modo de vida pouco a pouco. Cometemos um grande erro se olharmos para tudo que está errado em nossas vidas como resultado de muitos anos de más escolhas e esperarmos erradicar esses resultados da noite para o dia.

Deus nos livra dos nossos inimigos pouco a pouco (ver Deuteronômio 7:22). Esperar por algo diferente disso nos leva ao desânimo. Se você descobrir, em decorrência de ler este livro, que realmente tem alguns problemas com os seus processos de pensamento e precisa de algumas mudanças grandes em sua vida, não pense que tudo acontecerá da noite para o dia ou mesmo rapidamente.

Ter a sua mente totalmente renovada é um processo que pode levar anos. Fique encorajado com o seu progresso e não desanime com o que ainda precisa ser feito. Fique empolgado ao ver o quanto já chegou longe, e não deprimido por ver o quanto ainda precisa avançar. Até mesmo o fato de perceber que tem um problema já é um progresso.

Temos pensamentos em literalmente milhares de diferentes áreas e Deus trata com todos eles, um de cada vez. O Espírito Santo trabalhou em mim por muito tempo, ajudando-me a aprender a ter pensamentos melhores acerca de mim mesma. Então trabalhamos juntos na maneira como eu via as pessoas, o meu passado, o meu futuro, o meu mundo, o meu trabalho, e daí por diante. No começo da minha jornada com Deus, eu me sentia derrotada a maior parte do tempo porque ficava pensando sobre o quanto ainda precisava progredir. Por mais progresso que eu fizesse, estava sobrecarregada pelo que ainda precisava ser feito.

Satanás queria garantir que eu não me sentiria vitoriosa de maneira nenhuma, mas finalmente entendi que precisava tomar cuidado com minha maneira de pensar. Eu podia pensar: *Nunca vou mudar. Nunca serei positiva o suficiente para superar todo o lixo que existe em minha mente.* Ou eu podia pensar: *Talvez eu ainda tenha problemas em muitas áreas do meu pensamento, mas progredi, e vou continuar progredindo. Ainda que demore o restante da minha vida, vou prosseguir e vou experimentar novas vitórias a cada dia.*

A princípio, pensar assim era estranho, trabalhoso e exigia esforço. No decorrer do tempo, ser positiva acabou se tornando algo natural, e ser negativa passou a me dar uma sensação de estar totalmente errada. Ter pensamentos errados agora me deixa realmente desconfortável; sinto um fardo em meu espírito quando faço isso. Pense apenas em como se sentiria alguém que tivesse vinte e cinco anos e nunca tivesse usado sapatos — quando inesperadamente alguém coloca sapatos nessa pessoa. Ela iria com certeza se sentir desconfortável. Quando Deus coloca esse filtro em nossa mente, a princípio é desconfortável; mas é a disciplina que nos leva ao plano melhor que Ele tem para nós. Deus quer transformar o nosso pensamento, como demonstra este versículo:

> Não se amoldem ao padrão deste mundo, mas transformem-se pela renovação da sua mente, para que sejam capazes de experimentar e comprovar a boa, agradável e perfeita vontade de Deus (Romanos 12:2).

Quando nossas mentes forem completamente renovadas, provaremos por nós mesmos o que é a boa e perfeita vontade de Deus. Precisamos pensar de acordo com Ele para manifestar a Sua glória.

Não se apresse! Sei por experiência própria que isso não adianta nada. Serve apenas para fazer com que nos sintamos derrotados o tempo todo. Nossa própria expectativa errada nos predispõe aos sentimentos de fracasso. Fui uma pessoa muito impaciente durante a maior parte da minha vida e acabei percebendo que Deus se moveria no tempo dele, independentemente do quanto eu estivesse com pressa.

Percebi o meu problema quando comecei a estudar a Palavra de Deus. Eu queria mudança imediata, e quando isso não acontecia me sentia desanimada, frustrada e derrotada. Mas a Bíblia afirma em 1 Pedro 5:10: "O Deus de toda a graça... depois de terem sofrido durante pouco de tempo... os restaurará, os confirmará, lhes dará forças e os porá sobre firmes alicerces".

Por que Ele permite que soframos? Creio que o sofrimento começa quando entendemos que temos um problema e não podemos mudar a nós mesmos — só Deus pode fazer isso. Ao esperarmos nele, confiando nele para nos libertar, teremos vitória. A espera prova a nossa fé para ver se ela é genuína. Todos passam pelo mesmo processo, então podemos nos acalmar e desfrutar a jornada. Se você tem dificuldades para manter seus pensamentos acima das tempestades da vida, eu o encorajo a ler o meu livro intitulado *Campo de Batalha da Mente*. Ele o ajudará a aprender a renovar sua mente e a se manter firme nas promessas de Deus para a sua vida.

Podemos ser transformados de pessoas que se preocupam o tempo todo em pessoas que constantemente desfrutam paz de espírito, mas precisaremos combater o bom combate da fé e não desistir se tudo não mudar tão depressa quanto gostaríamos.

ESQUEÇA SEU PASSADO

Pensar no passado, principalmente nas coisas ruins, não nos faz bem algum. Podemos aprender com os erros que cometemos, mas, além disso, a melhor coisa que podemos fazer é nos arrepender dos nossos erros e esquecê-los.

Deus é maior do que qualquer erro que você ou eu tenhamos cometido no passado, e todos nós cometemos muitos erros. Todo mundo tem alguns "esqueletos no armário" que preferiria não expor. O próprio Deus nos encoraja a esquecer do passado e a seguir em frente: "Esqueçam o que se foi; não vivam no passado. Vejam, estou fazendo uma coisa nova! Ela já está surgindo! Vocês não a reconhecem? Até no deserto vou abrir um caminho e riachos no ermo" (Isaías 43:18-19).

Deus está sempre fazendo algo novo. Quando ficamos mentalmente presos ao passado, perdemos o nosso presente, e o nosso futuro. Precisamos fazer o esforço de não gastar tempo com coisas inúteis. Falamos sobre a preocupação e como ela é inútil, então por que nos preocuparmos? Permanecer no passado é outro exemplo excelente de gastar tempo fazendo algo que não serve para nada. Podemos pedir perdão às pessoas se as magoamos, podemos pedir a Deus para nos perdoar, mas não podemos desfazer o que foi feito, então seguir em frente é a única solução. Como eu disse, podemos aprender com nossos erros, o que na verdade é muito valioso.

Por falta de sabedoria, você pode ter arruinado um relacionamento, perdido um emprego, feito más escolhas financeiras, ou ter se envolvido em uma empreitada malsucedida. Seja qual for o caso, aprenda a lição e siga em frente — não há nada mais a fazer. Aprendemos com a Palavra de Deus e com as experiências da vida (ver Provérbios 3:13).

Deus é misericordioso e não usa os nossos pecados para nos acusar. Hebreus 4:15 afirma que Ele é o Sumo Sacerdote que entende as nossas fraquezas e enfermidades. Essa informação sempre me consola e tenho certeza de que também consola você. Deus não fica zangado com você se você errou.

O apóstolo Paulo afirmou em Filipenses 3:12-13 que uma coisa ele sempre tentava fazer: esquecer-se do que ficou para trás e prosseguir em direção ao que estava adiante. Se ele precisou fazer isso, talvez nós não devêssemos nos sentir tão mal quando o mesmo acontece conosco. Paulo foi um grande apóstolo — ele recebeu cerca de dois terços do Novo Testamento por revelação direta de Deus — e, no entanto, cometeu erros e teve de superá-los. Certamente ele não se permitia permanecer no passado, mas não podemos superar nada que nos recusemos a esquecer.

A Palavra afirma que se não seguirmos em frente seremos roubados do futuro planejado por Deus para nós. Hebreus 11 fala daqueles que prosse-

204 Parte 2 — Fique em Paz Consigo Mesmo

guiram pela fé. O versículo 15 diz: "Se estivessem pensando naquela [terra] de onde saíram, teriam oportunidade de voltar". Pedro é um ótimo exemplo de alguém que cometeu um erro terrível e precisou esquecê-lo. Deus havia chamado e ungido Pedro para fazer algo grande. Ele havia sido um dos doze discípulos de Jesus e, na verdade, era um dos três com quem Ele costumava passar um tempo especial. No entanto, na crucificação de Jesus (na Sua maior agonia, na Sua hora de necessidade), Pedro decepcionou-o negando que o conhecia. Pedro teve medo; foi simples assim.

Na manhã da ressurreição, quando Maria encontrou o túmulo vazio, o anjo que ela viu lhe disse para ir contar aos discípulos *e a Pedro* que Jesus havia ressuscitado (ver Marcos 16:7). Algo que sempre me abençoou foi o fato de aquele anjo mencionar o nome de Pedro. Os outros foram reunidos em um único grupo chamado "discípulos", mas Pedro foi mencionado em separado. Por quê? Pedro provavelmente achava que não tinha mais sequer o direito de fazer parte do grupo; com certeza a sua dor era intensa.

Tenho certeza de que Pedro imaginou ter destruído a sua chance de servir a Deus. Ele pensou ter feito papel de tolo e fracassado miseravelmente. Pedro havia saído e chorado amargamente depois de perceber o que havia feito, e esse foi o seu momento de arrependimento. Quando ele se arrependeu, Jesus o perdoou, e também fez Pedro saber que ele não era obrigado a viver no seu erro. Jesus incluiu Pedro nos Seus planos para o futuro.

Se você cometeu erros e ainda está preso ao passado, eu o encorajo firmemente a tomar a decisão de esquecer-se dele. Pare de pensar no passado, pare de falar nele, e siga em frente.

Também encorajo você a não permanecer excessivamente ligado às vitórias passadas. Não transforme os seus milagres e feitos poderosos do passado em memoriais que você admira; isso pode impedi-lo de fazer coisas ainda maiores no futuro.

Mateus 6:3 nos ensina a não deixarmos que a nossa mão direita saiba o que a mão esquerda está fazendo com relação às boas obras. Creio que essa afirmação em parte significa que não devemos nos prender às coisas boas que fizemos. Dê a glória a Deus, agradeça-lhe por deixá-lo estar envolvido nelas, e depois passe para a próxima tarefa que Ele tem para você.

Liderei um ministério de mulheres em St. Louis por cerca de sete anos. Construímos uma congregação semanal com cerca de quinhentas mulheres. Tivemos momentos maravilhosos, aprendemos e crescemos juntas, vimos obras poderosas em suas vidas, mas chegou a hora em que aquele ministério devia terminar. Deus havia dirigido Dave e eu a levarmos o nosso ministério para uma parte maior do mundo. Para isso, foi preciso esquecer o que ficou para trás. Foi difícil fazer isso e mais difícil ainda para muitas das pessoas que frequentavam nossas reuniões. Afinal, eu estava mudando para algo novo, mas algumas pessoas se sentiram como se eu as estivesse abandonando. Durante anos depois de encerrarmos aquelas reuniões semanais, elas ainda falavam comigo sobre "os bons tempos" em que tínhamos o ministério com mulheres.

Eu estava empolgada com o futuro, mas elas estavam agarradas ao passado. Por fim, muitas dessas mulheres já não estavam mais envolvidas em minha vida e meu ministério. Quando Deus se move, precisamos nos mover com Ele, ou seremos deixados para trás.

Uma delas inclusive me pediu perdão em seu leito de morte, dizendo ter ficado zangada comigo por mais de dez anos, pois achava que eu havia abandonado as mulheres que dependiam de mim. É claro que ela percebeu que estava errada, mas havia sofrido emocionalmente de forma desnecessária por muitos anos por ficar presa aos "bons tempos" do passado.

Se eu tivesse permitido que as emoções de minhas amigas ditassem a minha decisão, não veria o bom fruto que vejo hoje em todo o mundo. A vida está sempre fluindo e indo para algum lugar; precisamos ser capazes de seguir esse fluxo. Não fique estagnado nem construa memoriais de coisas que Deus já pode ter encerrado.

Não teremos paz enquanto vivermos no passado. O poder de Deus está disponível para vivermos hoje; o ontem se foi, e precisamos deixá-lo para trás mental e emocionalmente.

Encha os Seus Pensamentos Com Fé

Embora já tenhamos discutido a respeito da preocupação, quero dizer mais algumas coisas com relação a pensarmos excessivamente no futuro. Todos nós adoraríamos saber o que ele nos reserva, mas ninguém sabe, exceto Deus e aqueles a quem Ele revela os acontecimentos futuros. Ele

206 Parte 2 — Fique em Paz Consigo Mesmo

pode, de tempos em tempos, nos dar discernimento espiritual do que o futuro nos reserva, mas falando de uma maneira geral, precisamos viver pela fé diariamente.

Ter fé significa não vermos nem termos nenhuma prova natural do que o amanhã pode nos reservar. Cremos em coisas boas, esperamos coisas boas, e esperamos em Deus. Podemos eventualmente ficar decepcionados, mas em Cristo podemos sempre ser trazidos de volta ao foco. Podemos sacudir a decepção ou o desânimo para longe e seguir em frente com o que Deus está fazendo.

Eu estava refletindo nessa manhã sobre o futuro do nosso ministério. Estamos envolvidos nele desde 1976, e houve muitas mudanças durante esses anos. Entendo que haverá mudanças daqui a dez anos, mas não sei exatamente quais serão. Dave e eu estamos ficando um pouco mais velhos, e entendemos que não poderemos manter para sempre a pesada agenda de viagens que temos atualmente.

Quanto tento olhar para o futuro com meus pensamentos, devo admitir que não vejo realmente nada definido. Pretendo continuar fazendo o que faço hoje e em espírito de oração ajudar cada vez mais pessoas. Eu simplesmente creio que de qualquer maneira o que Deus fizer será totalmente bom. Creio ser extremamente importante para muitos dos nossos leitores entender que até os ministros e escritores nem sempre têm uma direção exata do Senhor; andamos por fé assim como todo mundo. Confio que Deus sempre cuidará de nós e Ele sempre fará a coisa certa. Deus não comete erros — as pessoas sim. Em geral cometemos nossos erros devido a um planejamento excessivo, isso acaba se tornando tão importante para nós que perdemos aquilo que Deus quer fazer.

Fazer planos para o futuro faz parte do nosso processo mental, mas se exagerarmos ao fazer isso poderemos causar muita infelicidade para nós mesmos. Esperamos que as coisas corram conforme planejamos, e então, quando isso não acontece, ficamos infelizes e perdemos a paz.

O plano de Deus é sempre melhor do que o nosso, por isso devemos tomar cuidado para não fazermos os nossos planos em excesso. Sempre digo: faça um plano e siga-o, mas prepare-se para abrir mão dele rapidamente se Deus lhe mostrar outra coisa. Deus deve sempre ter a prioridade e o direito de interferir nos nossos planos a qualquer momento.

Não podemos viver sem fazer planos; se tentássemos viver sem um plano, a maioria de nós não faria nada. Mas existem pessoas que são obsessivas em fazer planos, e percebi que elas parecem estar angustiadas na maior parte do tempo. Por quê? Simplesmente por não estarem no controle, mas Deus está. Faça planos nas áreas em que isso for necessário, mas não planeje o seu futuro com tanta precisão a ponto de criar problemas para si mesmo. Um dos melhores conselhos que podemos receber é viver um dia de cada vez.

Os versículos bíblicos a seguir nos ensinam que, no fim, Deus fará as coisas do jeito dele, portanto tome cuidado com o excesso de planejamento:

- Ao homem pertencem os planos do coração, mas do Senhor vem a resposta da língua (Provérbios 16:1).
- Em seu coração o homem planeja o seu caminho, mas o Senhor determina os seus passos (Provérbios 16:9).

De nossas mentes podem surgir o que parecem ser ótimas ideias, mas na verdade elas não funcionarão por se tratarem de planos nossos, e não de Deus. A Bíblia diz que existe um caminho que parece direito ao homem, mas o fim dele é morte (ver Provérbios 16:25). Não significa que vamos literalmente morrer por causa dos nossos planos, mas que eles não vão acrescentar nada à nossa vida, apenas subtrair. Eles irão criar problemas e não ministrar paz e alegria; eles não irão funcionar.

Devíamos agradecer a Deus pelos nossos planos nem sempre darem certo, mais uma vez lembrando que Ele é mais inteligente do que nós, e os Seus planos são melhores. Quero a vontade dele em minha vida mais do que a minha própria vontade, e estou certa de que você pensa do mesmo modo.

Quanto tempo mental você passa planejando o que fará amanhã, ou até mesmo pelo restante de sua vida? Se for tempo demais, sugiro que você passe mais tempo dizendo ao Senhor o quanto deseja a vontade dele, pedindo-lhe para fazer Seus planos se realizarem em sua vida.

A Palavra diz que se confiarmos nossas obras ao Senhor, Ele fará com que os nossos pensamentos se tornem agradáveis a Ele, e os nossos planos serão bem-sucedidos, porque serão, na realidade, os Seus planos (ver Provérbios 16:3).

O que significa *confiarmos nossas obras ao Senhor?* Creio que significa querermos a Sua vontade genuinamente, e não a nossa, e evitar nos envolver com as obras da carne tentando fazer as coisas acontecerem de acordo com o nosso projeto.

Sou grata porque geralmente posso discernir quando *eu* estou tentando fazer alguma coisa acontecer e quando Deus está por trás dela, fazendo-a acontecer. Quando Ele está envolvido, as coisas fluem, há certa tranquilidade santa no que se refere ao projeto. Ele concede favor e abre portas; Ele supre. Quando sou eu quem age, eu me esforço, nunca há o suficiente, e certamente não tenho paz e nem satisfação.

Por mais que eu queira ver algo acontecer, aprendi que não adianta continuar empurrando um projeto no qual Deus não está envolvido. Nossas obras da carne não geram bons frutos. Portanto, devemos confiar as nossas obras ao Senhor, confiando nele para colocar os pensamentos certos em nossa mente, pensamentos que estarão de acordo com a Sua vontade para produzirem coisas boas.

Confiança é Melhor
do que Conhecimento

Geralmente pensamos que gostaríamos de conhecer o futuro, mas em muitos casos se soubéssemos o que ele nos reserva, seríamos infelizes e teríamos até mesmo medo de seguir em frente. Confiar em Deus nos capacita a lidarmos com a vida um dia de cada vez. Deus nos dá o que precisamos. No momento, não temos tudo de que necessitamos para o nosso futuro porque ele não ainda não chegou, pois se conhecêssemos o futuro nos sentiríamos sobrecarregados.

Descobri que perco muita paz com aquilo que sei. Conhecimento pode não ser algo tão bom quanto imaginamos. Há algumas questões que deveríamos deixar ocultas. Por exemplo, não quero saber se alguém não gosta de mim e tem falado de mim de uma maneira pouco gentil. Isso só vai me deixar infeliz. Às vezes estamos na mais perfeita paz e então recebemos uma informação e, de repente, perdemos a nossa paz por causa do que acabamos de saber.

Eu gostaria muito de saber de todas as coisas maravilhosas e empolgantes que vão acontecer no meu futuro, mas não quero saber das dificuldades e decepções. Entretanto, entendo que ambas farão parte do meu futuro. Assim como todo mundo, passarei por bons e maus momentos. Realmente creio que posso lidar com o que vier se eu receber essas coisas um dia de cada vez, mas saber de tudo agora seria demais. É por isso que Deus retém algumas informações e nos diz para simplesmente confiarmos nele.

Confiar realmente é melhor do que ter todo o conhecimento. A confiança ministra paz, e isso é muito importante. Suponhamos que possamos fazer esta pergunta a nós mesmos: Você quer paz ou conhecimento? Eu escolho a paz. E você?

COLOQUE SUA MENTE NAS COISAS DO ALTO

A Palavra nos adverte a pensarmos nas coisas do alto, e não nas coisas da terra. Isso não significa que devemos ficar sentados pensando no céu o dia inteiro, mas significa que devemos pensar no que Deus pensaria.

Ele pensa em coisas elevadas, e não em coisas inferiores; coisas boas, e não más. Podemos pensar no que quisermos, mas precisamos nos lembrar de que colhemos o que plantamos. Definitivamente os pensamentos são sementes que sempre produzirão uma colheita em nossas vidas.

A Palavra diz que devemos "procurar as coisas que são do alto, onde Cristo está assentado, à direita de Deus" (Colossenses 3:1). Quando fizermos isso, seremos realmente levados por Cristo a viver um modo de vida superior. O versículo 2 diz para "mantermos nossos pensamentos nas coisas do alto e não nas terrenas". Isso significa claramente que podemos determinar aquilo em que vamos pensar. Enchemos a nossa mente com o que estamos buscando, desejando, e muito provavelmente com o que teremos no final. Lembre-se, para onde a mente vai, o homem segue.

Coloque a sua mente nos tesouros eternos nos quais Cristo está. A mente tem a tendência de divagar. Nosso poder de concentração não é muito forte. Isso se deve em parte aos dias nos quais vivemos. Temos literalmente milhares de mensagens vindo em nossa direção regularmente. Dirigir pela estrada é como dirigir por uma enciclopédia. Podemos ver centenas de tipos de anúncios em painéis luminosos e cartazes e em um curto trajeto.

Vivemos na era da informação. Cerca de quatro ou cinco produtos podem ser anunciados durante um intervalo comercial de um programa de televisão, e isso ocorre inúmeras vezes em uma hora. Na maior parte do tempo, os comerciais são tão deprimentes e até mesmo frustrantes para mim, que acabo não assistindo a programas da tevê aberta. Assisto às emissoras não comerciais ou aos vídeos que possuo. Quero ter paz de espírito, e não tanta informação vindo em minha direção de uma vez a ponto de não conseguir digerir.

A Bíblia diz que devemos ter uma mente decidida e mantê-la assim. Isso significa basicamente: pense nas coisas certas e continue pensando nelas — não desista facilmente. Por exemplo, se você pensa em começar um programa de exercícios, precisará manter a sua mente decidida a fazer isso, do contrário desistirá quando se cansar ou ficar dolorido.

Satanás nos rouba fazendo com que mudemos de ideia sobre fazermos o que deve ser feito. Ele nos mostra a dificuldade relacionada a tudo que tentamos fazer. Precisamos nos lembrar de que o Espírito Santo nos reveste de poder para fazermos coisas difíceis e para dizermos isso ao diabo. Creia que você pode fazer o que for preciso pelo tempo que for necessário.

Podemos viver uma vida boa, mas isso é impossível se não tivermos uma mente decidida e a mantivermos firmada em coisas boas. Tome cuidado quando escolher sobre o que vai pensar, porque os seus pensamentos ajudam a determinar o seu futuro. Deus tem um plano para você, mas o diabo também tem! Com quem você vai concordar?

Qualquer pensamento que não ministre paz deve ser lançado fora e rejeitado. Deus é o Deus da paz, e não da confusão e do tumulto. Jesus é o Príncipe da Paz; Ele deixou a Sua paz para desfrutarmos.

Se começarmos a nos sentir angustiados de alguma forma, devemos examinar em que estamos pensando. Às vezes os pensamentos são tão vagos que não percebemos no que estamos pensando. Poderíamos, por exemplo, ter um pensamento amargo em nosso subconsciente sobre alguém que nos feriu. Várias vezes por dia, esse pequeno pensamento vago vem até nós e não nos fixamos nele por muito tempo, mas ele continua voltando, e no fim do dia gastamos muito tempo com algo que não devíamos ter na nossa mente.

Recentemente, uma pessoa me irritou parecendo estar sempre discordando de mim. Independentemente do que eu gostasse, ela nunca gostava , tornando decisões simples muito mais difíceis. Eu apenas queria decidir algo e seguir em frente, mas essa pessoa sempre precisava fazer uma tempestade em copo d'água por coisas que não tinham importância para mim.

Embora todas as vezes que isso acontecia eu conscientemente tomasse a decisão de perdoar a atitude ofensiva e seguir em frente, descobri que estava ficando irritada várias vezes durante o dia quando pensava naquela pessoa. Minha mente repassava os acontecimentos sobre os quais havíamos discordado, e eu até começava a prever o mesmo comportamento nas próximas reuniões. Eu precisava mostrar a ela outro projeto e já estava irritada antecipadamente porque achava que enfrentaria a mesma oposição dos encontros anteriores.

Acabei ficando furiosa com o diabo. Percebendo que ele era responsável por injetar esses pensamentos negativos na minha mente, comecei a dizer em voz alta: "Eu me dou muito bem com essa pessoa, e podemos tomar decisões rápidas juntas. Gostamos muito das mesmas coisas e temos harmonia uma com a outra".

Embora essa pessoa e eu nunca tenhamos tido harmonia e concordância, desejo que isso aconteça no futuro, então estou chamando essas coisas que não existem como se já existissem. Como mencionei, Romanos 4:17 nos ensina que Deus faz o mesmo: "... o Deus que dá vida aos mortos e chama à existência coisas que não existem, como se existissem". Nós, também, podemos declarar por fé o que cremos ser a vontade de Deus para as nossas circunstâncias porque Ele nos criou à Sua imagem e nos encoraja a praticarmos fazer o que Ele faz.

Certamente não vai me ajudar de maneira alguma continuar pensando e falando sobre o que vivi no passado; isso só vai criar mais acúmulo de algo que não quero guardar.

E se, mesmo depois de fazer essa boa confissão, minha situação com a pessoa em questão não mudar? Continuarei a guerrear contra os pensamentos negativos sobre esse indivíduo, pois eles fazem com que eu me sinta mal interiormente, roubam a minha paz, e não é a vontade de Deus que eu tenha pensamentos amargos. Continuarei a combater o bom combate da fé, sabendo que a minha recompensa virá de Deus.

A Mente é Impressionante

Independentemente de quais sejam circunstâncias angustiantes que estejamos passando na vida, se pudermos tirá-las de nossa mente, elas não nos angustiarão mais — é como se não existissem para nós. Quando nos lembramos, elas se tornam novamente parte da nossa realidade. Não é de admirar que Satanás traga à nossa mente continuamente coisas que roubam a nossa paz. Ele até usa outras pessoas para nos lembrar de algo que queremos esquecer.

Se quisermos ter paz, precisamos estar dispostos a dizer às pessoas que não queremos falar sobre certas coisas. Recentemente, telefonei para outro ministro que conheço, e ele começou a me falar sobre um ministro que ambos conhecemos, contando detalhes sobre um divórcio confuso, mentiras e imoralidade. Ele explicou a situação, mas depois obviamente queria continuar falando sem parar sobre o assunto. Comecei a perder a minha paz e estava ficando irritada, então eu disse simplesmente: "Bem, você já me disse o que eu preciso saber, agora vamos falar de outra coisa".

Eu fui rude? Acho que não. Houve um tempo em que eu teria ouvido por tanto tempo quanto ele desejasse e teria participado daquilo. Mas naquela época eu não tinha uma vida de paz e parece que não sabia por quê. Descobri que ser um depósito de lixo para os outros não promove a minha paz, e hoje quero ter paz mais do que quero saber o que está acontecendo na vida das pessoas.

Não deixe que Satanás use outras pessoas para roubar a sua paz lhe dando informações angustiantes das quais você, na verdade, não precisa, e certifique-se de que o inimigo não o use para angustiar outras pessoas da mesma maneira.

A mente é um órgão absolutamente impressionante. Os pensamentos afetam nossas emoções, nossa saúde, nosso futuro, nossas atitudes, nossos relacionamentos, e muito mais. Certamente devemos tomar cuidado com eles.

Aquilo que pensamos se torna literalmente a nossa realidade. Podemos pensar em algo que nem mesmo é verdade, mas o nosso pensamento faz com que passe a ser para nós. Posso imaginar que alguém está me ignorando e me sentir magoado quando na verdade essa pessoa nem me viu. A dor é real para mim, embora a minha mente tenha fabricado tudo.

Certifique-se de que os seus pensamentos não estejam enganando você. Descubra qual é a verdade, sabendo que a verdade o libertará. Paulo disse:

> Finalmente, irmãos, tudo o que for verdadeiro, tudo o que for nobre, tudo o que for correto, tudo o que for puro, tudo o que for amável, tudo o que for de boa fama, se houver algo de excelente ou digno de louvor, pensem nessas coisas. Tudo o que vocês aprenderam, receberam, ouviram e viram em mim, ponham-no em prática. E o Deus da paz estará com vocês (Filipenses 4:8-9).

Se seguirmos esse conselho, agradaremos a Deus e teremos muito mais paz. Ter paz com Deus e consigo mesmo é a base para ter paz na vida. Mas ainda há mais — você precisa ter paz com as pessoas que o cercam. Só então irá desfrutar a vida plena e abundante que a Palavra de Deus nos direciona a desfrutar.

Os relacionamentos pacíficos são uma evidência real de que vivemos uma vida dirigida pelo Espírito. Na próxima seção deste livro, compartilharei com você sete maneiras de manter a paz com os outros.

Parte 3

Fique em Paz Com os Outros

Assim, em tudo, façam aos outros o que vocês querem que eles lhes façam; pois esta é a Lei e os Profetas.
— Palavras de Jesus em Mateus 7:12

Parte 3

Fique em Paz
Com os Outros

Mantenedor da Paz Nº 15

CONSIDERE OS OUTROS SUPERIORES A VOCÊ

A única maneira pela qual podemos esperar ter paz nos nossos relacionamentos é se estivermos dispostos a nos humilhar e a considerar os outros como Jesus os considera. Isso significa que não devemos pensar que somos bons, ou muito importantes, se quisermos ser aqueles que vão tomar a iniciativa de viver ou manter-se em paz com alguém. Em minha opinião, aquilo que irei sugerir nestes próximos capítulos parece mais fácil de fazer do que realmente é. Seu coração pode dizer *amém*, mas sua carne poderá gritar "não consigo fazer isto" quando chegar a hora de agir. Entretanto, a humildade inspira a harmonia nos relacionamentos.

A humildade tem um inimigo chamado *orgulho*. Ele é inimigo de todos nós. Embora tenhamos visto nos capítulos anteriores que é importante amar a nós mesmos e estar em paz com quem somos, nunca devemos nos considerar mais importantes do que os outros. Na verdade, o verdadeiro teste de humildade é olhar para as pessoas como se elas fossem um prêmio, *melhor do que nós mesmos*. Os versículos a seguir contêm chaves importantes para mantermos a paz com as pessoas com as quais convivemos:

Nada façam por ambição egoísta ou por vaidade, mas humildemente considerem os outros superiores a si mesmos. Cada um cuide, não somente dos seus interesses, mas também dos interesses dos outros. Seja a atitude de vocês a mesma de Cristo Jesus (Filipenses 2:3-5).

Inspirado pelo Espírito Santo, o apóstolo Paulo nos diz para evitarmos as contendas por meio do espírito de humildade, vendo os outros como melhores *e* superiores a nós. Esse é um desafio difícil porque a nossa carne quer gritar: "Mas e eu?"

No entanto, essa Palavra nos exorta claramente a termos uma mente humilde como a de Jesus, considerando os outros melhores do que nós, estando mais preocupados com o bem-estar e com o interesse deles do que com o nosso, e não fazendo nada por presunção ou arrogância. Se formos obedientes a essa instrução, se nos humilharmos a fim de nos voltarmos para as necessidades dos outros, viveremos em harmonia e assim seremos agradáveis ao Senhor. Jesus nos ensinou a respeitar todos os homens e a tratá-los com bondade.

Às vezes uma pessoa que faz tudo rapidamente menospreza outra mais lenta, demonstrando até mesmo irritação. Esse tipo de arrogância geralmente é visível em pessoas que estão esperando na fila para serem servidas em um restaurante *fast-food*. E uma pessoa que aprende de forma rápida pode ficar impaciente com alguém que precisa ouvir instruções mais de uma vez para fazer algo. As pessoas verdadeiramente humildes demonstram paciência, e até mesmo o *desejo* de ajudar as pessoas que são fracas naquilo em que são fortes.

Mas todos nós temos defeitos reais, e este versículo da Bíblia nos diz muito claramente como lidar com os defeitos dos outros:

> Irmãos, se alguém for surpreendido em algum pecado, vocês, que são espirituais deverão restaurá-lo com mansidão. Cuide-se, porém, cada um para que também não seja tentado. Levem os fardos pesados uns dos outros e, assim, cumpram a lei de Cristo. Se alguém se considera alguma coisa, não sendo nada, engana-se a si mesmo (Gálatas 6:1-3).

Li e meditei cuidadosamente sobre estas passagens da Bíblia centenas de vezes. Tenho um temperamento que naturalmente evita a humildade, então preciso de toda ajuda bíblica possível. Realmente quero agradar a Deus, e estou disposta a fazer tudo do jeito dele, por mais difícil que isso seja. Ler essas Escrituras me lembra de que embora a má conduta deva ser confrontada de forma amorosa, em certos momentos eu também precisarei simplesmente suportar e tolerar os irritantes defeitos das pessoas. A humildade nos permite ser pacientes com os erros alheios. À medida que andarmos em amor e orarmos pelas pessoas, Deus intervirá e tratará as falhas delas. Colhemos o que plantamos: se plantamos misericórdia, colheremos misericórdia quando precisarmos dela.

Embora às vezes achemos difícil tolerar as fraquezas dos outros, a Palavra de Deus nos fortalece e nos capacita a fazer a Sua vontade. Quando estiver sendo tentado a ser orgulhoso, estude e medite na Palavra, pedindo ao Espírito Santo para fazer através da sua vida o que você certamente não pode fazer se depender apenas da sua força de vontade. Lembre-se, o orgulho é um pecado, e ele é culpado por todos os relacionamentos rompidos.

Os sinais do orgulho incluem a falta de disposição de se admitir um erro, de assumir a responsabilidade pelos seus atos e de tomar a iniciativa para estabelecer a paz. O orgulho quer falar sozinho, e não quer ouvir nada. Ele é teimoso; o orgulho não quer ser instruído, ele quer instruir os outros.

O orgulho foi o pecado de Lúcifer: ele disse que se elevaria e elevaria o seu trono acima do trono de Deus! Assim, vemos que o orgulho se manifesta no fato de a pessoa se considerar superior a outra, mas Deus diz que somos iguais aos Seus olhos. Lúcifer, é claro, não era igual a Deus, mas no que diz respeito aos relacionamentos humanos, ninguém é melhor do que ninguém.

EVITE EXPECTATIVAS IRREAIS

Todos nós temos padrões pessoais aos quais esperamos que os outros atendam, e ficamos decepcionados quando eles deixam de agir como esperávamos. Mas é realmente o que eles fazem que nos fere, ou são as nossas próprias falsas expectativas que nos tornam vulneráveis à dor que sentimos quando eles não agem de acordo com o padrão esperado?

A Palavra de Deus nos diz para esperarmos coisas de Deus, mas não do homem. Porém, como podemos ter relacionamentos e não esperar nada das pessoas? Na verdade, existem algumas coisas que temos o direito de esperar, mas também existem expectativas que colocamos sobre as pessoas cuja responsabilidade de atender não cabe a elas. Por exemplo, a minha alegria não é responsabilidade do meu marido — embora por muitos anos eu achasse que era. Se ele não estivesse fazendo o que me deixava feliz, eu ficava furiosa. *Eu* achava que ele devia estar mais preocupado com minha felicidade e agindo de um modo diferente. Era *o que eu achava* que gerava o problema, e não o que ele fazia.

Hoje Dave e eu temos poucas discussões, porque agora sei que a minha alegria é responsabilidade minha, e não dele. Dave deveria fazer coisas para mim que me deixassem feliz, assim como eu deveria tentar agradá-lo, mas houve muitos anos em minha vida em que seria praticamente impossível para qualquer pessoa me fazer feliz. Meus problemas estavam em mim; eles eram o resultado do tratamento abusivo que eu sofrera na infância. Eu era uma pessoa cheia de amargura, ressentimento, raiva, ira e autopiedade.

Eu não poderia ser realmente feliz até lidar com aquelas questões. Dave não podia lidar com elas; eu tinha de fazer isso. Eu colocava em Dave a responsabilidade de me compensar por uma dor que ele não havia causado. Eu estava literalmente tentando puni-lo pelo abuso injusto que outra pessoa havia cometido contra mim.

Com o tempo, percebi que por pior que eu agisse, Dave continuava feliz. Aquilo me irritava, mas também servia como exemplo. Por fim, acabei desejando a paz e alegria que eu via na vida dele, porque elas não dependiam de nenhuma das circunstâncias que o rodeavam. Em outras palavras, ele nunca colocava sobre mim a responsabilidade pela alegria dele. Se Dave dependesse de mim para fazê-lo feliz, nunca teria desfrutado a vida, porque eu não lhe dava nenhum motivo para se alegrar.

Por acaso você está tentando responsabilizar alguém por situações com relação às quais só você pode tomar uma atitude? Está culpando as pessoas pelos seus problemas quando na verdade Satanás é o seu verdadeiro inimigo? Vamos assumir a responsabilidade e parar de esperar que as pessoas façam o que nós deveríamos, de fato, estar fazendo por nós mesmos, ou confiando em Deus para fazer.

Se eu dedicar um pouco do meu tempo a alguém fazendo um favor a essa pessoa e depois esperar receber a mesma coisa em troca, estou me arriscando a sofrer uma decepção. Ela pode não saber qual é a minha expectativa. Quando as pessoas não sabem o que esperamos delas, é injusto ficarmos irados quando não atendem às nossas exigências.

A Bíblia diz que quando damos um presente, não devemos esperar nada em troca. É Deus quem nos retribui da maneira como Ele quer e de acordo com o nosso investimento e com a atitude do nosso coração (ver Mateus 6:1-4).

Costumamos achar que as pessoas deveriam poder ler a nossa mente, quando na verdade deveríamos estar dispostos a comunicar claramente o que esperamos delas. Se eu tenho certa expectativa como retorno de um favor que estou disposta a conceder, devo dizer desde o princípio: "Terei prazer em fazer isto ou aquilo por você, mas depois você estaria disposto a fazer aquilo e aquilo outro por mim?"

Posso dizer a Dave: "Bem, eu esperava que você ficasse em casa esta noite". Mas se não informei o meu desejo a ele com antecedência, não é justo culpá-lo mais tarde por algo que ele nem sequer sabia que eu queria. Concordo que algumas pessoas deveriam ter mais consideração, mas nós também devemos estar dispostos a comunicar nossos desejos e nos humilharmos sendo rápidos em perdoar aqueles que não realizam os nossos desejos.

Se você realmente deseja ter relacionamentos pacíficos, examine-se a si mesmo e peça a Deus para lhe mostrar se você tem expectativas com relação às pessoas que não deveria ter.

Todos nós temos momentos em que talvez tenhamos trabalhado excessivamente ou passado por uma provação difícil e precisamos de uma bênção especial para aquele momento. Aprendi ao longo dos anos a pedir a Deus para me encorajar quando eu precisasse. É verdade que Ele sempre usa pessoas para fazer isso, mas coloco as minhas expectativas nele como sendo a minha fonte, e não nas pessoas.

Peço a Deus para me encorajar quando sinto ter chegado a um ponto na vida em que preciso que algo especial aconteça. Passei muitos anos ficando irada com as pessoas quando vivia momentos assim, porque dependia delas para fazer com que eu me sentisse melhor. Isso resultava apenas em conflitos e ofensas. As pessoas não são a nossa fonte, mas Deus é.

Achegue-se a Deus, e se Ele quiser usar pessoas para abençoá-lo, Ele o fará; caso contrário, confie que a escolha dele, qualquer que seja ela, será o melhor para você no momento. Ainda que Deus escolha não lhe dar esse encorajamento imediatamente, você pode confiar que o tempo dele é perfeito na sua vida.

ACEITE O QUE OS OUTROS TÊM A OFERECER

Esperamos que as pessoas nos deem o que daríamos a elas. Também esperamos que elas nos amem como nós as amaríamos, mas isso só gera decepção — e muitas vezes, problemas ainda mais sérios. Precisamos apreciar o que as pessoas estão dispostas a fazer por nós e receber a oferta delas com gratidão.

Uma das maneiras como demonstro amor é por meio da comunicação. Digo coisas edificantes às pessoas ou dedico tempo para conversar com elas. Meu marido, por outro lado, não é do tipo falante. Muitas vezes eu quis que ele se sentasse e conversasse comigo por muito tempo, mas ele diz o que quer dizer e depois prefere ficar quieto. Eu falo sem parar sobre o mesmo assunto, de formas diferentes; Dave detesta fazer isso. Eu esperava que ele conversasse comigo da maneira como eu queria, mas ele não consegue. Para ele isso seria antinatural. Dave e eu conversamos e temos uma boa comunicação, mas eu gosto de analisar as coisas e as pessoas, ao passo que ele realmente detesta fazer isso.

Outra maneira pela qual eu demonstro amor é comprando coisas para as pessoas, então, naturalmente, eu gostaria que Dave me comprasse mais presentes. Ele me deixa comprar o que quiser se pudermos pagar, e também compra qualquer coisa que eu lhe peça, mas ele não é o tipo que sai para fazer compras e traz surpresas para mim com frequência. Ele é mais o tipo racional, e a sua lógica diz: "Por que eu deveria passar o dia inteiro procurando por um presente para você, quando você provavelmente o levaria de volta e trocaria? Não é melhor deixar você mesma ir e comprar o que quer?" Eu, é claro, como a maioria das mulheres, gostaria de apenas saber que ele passou o dia inteiro procurando um presente para mim.

Uma das principais maneiras como ele realmente demonstra amor por mim é me protegendo. Isso é muito importante para ele. Dave sente que é a minha cobertura e que deve garantir que eu esteja segura. Durante anos, algumas das coisas que ele fazia enquanto tentava me proteger me irritavam imensamente.

Por exemplo, Dave costuma me dizer para eu não me esquecer de dobrar os joelhos quando pegar algo do chão. Ele faz isso para que eu não machuque minhas costas como já aconteceu no passado. Mas eu não quero que me digam como devo me curvar, então isso me irritava. Quando saio do carro, ele me lembra de tomar cuidado com o trânsito. Ele está tomando cuidado para que eu não me machuque, mas eu achava que ele me considerava estúpida e que não podia atravessar a rua sem o conselho dele. (Tenho certeza de que você já percebeu qual era o meu principal problema: eu simplesmente não queria ninguém me dizendo o que fazer).

Depois de vários anos em que o seu senso de proteção se tornou um ponto de discórdia entre nós, li um artigo explicando que nem todos demonstram amor da mesma maneira, e aquilo me libertou. Agora entendo que assim Dave está demonstrando o seu amor por mim, e que eu recebia isso da maneira errada por não ser a minha maneira de demonstrá-lo.

Uma de minhas filhas teve uma experiência semelhante com seu marido. Ela é muito afetuosa, como a maioria das mulheres, e gostaria de ouvir muitas palavras bonitas e receber mais abraços, beijos, flores e doces. Seu marido não é assim de jeito nenhum, então, durante anos ela sentia que ele não demonstrava amor por ela. Ela até contou em público durante uma de nossas conferências que foi infeliz por muito tempo por causa da maneira como encarava a sua situação. Ela leu o mesmo artigo que eu e entendeu que ele na verdade a amava muito. O marido dela demonstrava o seu amor sendo um bom provedor, cuidando das coisas da casa, certificando-se de que a neve ou o gelo fosse retirado da entrada da casa durante o inverno para que ela não se machucasse, e outras coisas assim.

Isso não significa que as mulheres têm de se contentar em não receber afeto, mas significa que elas são diferentes dos homens e encaram a vida de uma maneira diferente, por isso não podemos esperar que os nossos cônjuges nos deem o que nós daríamos a eles.

Homens são provedores e protetores; Deus os criou assim, e quando as esposas tentam constantemente fazer com que seus maridos sejam alguém (uma pessoa) que eles não são, isso só gera problemas. Os homens devem demonstrar afeto? É claro que sim! Mas a maioria deles jamais demonstrará o seu afeto como as mulheres demonstram. É claro que existem homens muito afetuosos e algumas mulheres que não são assim, mas faço essas afirmações com base no que a maioria das mulheres vive.

Estou certa de que meu marido gostaria que eu amasse esporte como ele, simplesmente por ser algo que realmente lhe dá prazer. Mas eu não gosto muito de praticar esportes ou de assisti-los, e ele aceitou isto. Não creio que ele ache que eu não demonstro amor por ele pelo fato de eu não assistir ao futebol com ele e nem jogar golfe toda semana. De fato eu jogo golfe ocasionalmente, e ouço quando ele fala sobre os esportes de que gosta, mas o nível do meu entusiasmo certamente não é igual ao dele. Dave sabe que o amo, e me aceita como sou.

Ser aceitos por aqueles a quem amamos é muito importante, porque todos nós estamos em busca de aceitação. Mas será que temos aceitado as pessoas como elas são? Lembre-se, de acordo com a Palavra de Deus, devemos considerar os outros como um prêmio — exatamente como eles são — principalmente se quisermos ter paz em nosso relacionamento com eles.

Creio que uma atitude humilde e uma disposição de aceitar as demonstrações de amor que nos são oferecidas podem realmente ajudar muitas pessoas, como aconteceu comigo. Entenda como sua família e seus amigos demonstram amor, e pare de se concentrar em como eles não demonstram. Seja positivo e não negativo.

Não Entristeça o Espírito Santo

Já estudamos nos capítulos anteriores como o estresse gera muitas doenças. Sabemos que os sintomas são reais, mas quantos frascos de remédios são vendidos para combater distúrbios emocionais quando a causa na verdade é a falta de paz?

Eu me pergunto quantos casos de estresse e depressão são resultado de conflitos nos relacionamentos em casa ou no trabalho. Tratamos os sintomas do estresse, mas costumamos ignorar o pecado do orgulho como a causa fundamental da perda da nossa paz. Nossa saúde em geral é muito melhor quando vivemos em paz. Andar em humildade, sempre considerando os outros superiores a nós mesmos, nos manterá cheios de paz e impedirá que entristeçamos o Espírito Santo.

O capítulo 4 de Efésios nos ensina que entristecemos o Espírito de Deus (que o ofendemos, o irritamos ou o fazemos sofrer) quando não estamos nos dando bem uns com os outros — quando falta harmonia e unidade. Paulo nos exortou a abandonarmos toda amargura, ira, paixão, raiva, mau humor, fúria, animosidade, discussões, gritaria, rivalidade, maledicência, linguagem abusiva ou blasfêmia, malícia, maldade, má intenção ou baixezas de qualquer espécie (ver vv. 30-31). Se você está vivendo nessas condições, não é de admirar que o Espírito Santo esteja entristecido! No entanto, muitos lares estão cheios dessas demonstrações de conflitos todos os dias.

Entretanto, é muito simples; essencialmente, a Palavra diz que devemos estar em paz o tempo todo. O poder da paz nos une. A presença do Espírito Santo produz a paz, e Paulo nos encorajou a "nos empenharmos por alcançá-la" (Efésios 4:3).

A ideia de entristecer o Espírito Santo me deixa muito triste. Estou disposta a me humilhar e a evitar conflitos quando me lembro disso: tudo que eu faço afeta o Espírito Santo. Quando Ele se entristece, também nos sentimos assim porque Ele vive em nós.

Não Fique Cego aos Próprios Olhos

Uma das maneiras de manter uma humildade santa e de promover a paz nos nossos relacionamentos é dando uma boa, longa e honesta olhada em nossos próprios erros. Enganar a si mesmo é um dos nossos maiores problemas como seres humanos. Podemos ver fácil e rapidamente o que está errado com os outros, mas raramente vemos o que está errado conosco. Julgamos as pessoas, e o Senhor nos diz que não há justificativa para isso: "Portanto, você, que julga, os outros é indesculpável; pois está condenando a si mesmo naquilo em que julga, visto que você, que julga, pratica as mesmas coisas" (Romanos 2:1).

Por que julgaríamos alguém pela mesma coisa que estamos fazendo? Porque olhamos para os outros através de uma lente de aumento, mas nos vemos através de óculos cor de rosa, com uma lente colorida que faz tudo parecer adorável quer seja mesmo ou não.

No nosso pensamento, não há nenhuma justificativa possível para o mau comportamento dos outros, mas para nós sempre há. Parece que temos sempre uma razão para justificar o nosso mau comportamento que nos exime da responsabilidade. Por exemplo, alguém perde a paciência conosco, e achamos que foi indesculpável essa pessoa nos tratar assim. Podemos ter tratado alguém da mesma maneira em algum outro dia, mas fizemos isso porque nos sentíamos mal ou tivemos um dia ruim no trabalho.

Na verdade, deveríamos praticar ser mais severos com nós mesmos do que com os outros simplesmente porque a Palavra não nos diz que deveremos prestar contas da vida deles, mas da nossa: "Portanto, você, por que julga seu irmão? E por que despreza seu irmão? Pois todos nós compareceremos diante do tribunal de Deus" (Romanos 14:10).

Leio essa Escritura com frequência porque ela me lembra de como Deus encara o julgamento crítico que faço das pessoas. A Bíblia diz em 2 Coríntios 13:5 que devemos examinar a nós mesmos, mas geralmente estamos examinando os outros, o que não gera nada além de atitudes julgadoras e, em última análise, problemas.

Paulo disse para examinarmos a nós mesmos diante de Deus, não para condenação, mas para reconhecermos as áreas em que há falhas em nossas próprias vidas, e para pedirmos a ajuda de Deus. Mas nada mudará se estivermos cegos para enxergar a verdade sobre as nossas próprias imperfeições. O Salmo 51:6 diz: "Sei que desejas a verdade no íntimo; e no coração me ensinas a sabedoria".

Jesus pagou pela nossa liberdade para enxergarmos a verdade, mas isso de nada adianta até sermos sinceros com nós mesmos, acerca de nós mesmos. Temos medo de olhar para nós; nosso orgulho nos impede de querer perceber nossas próprias tendências egoístas. A maneira como evitamos encarar essa verdade essencial acerca de nós mesmos é procurando defeitos nos outros.

Mas quando julgamos os outros, estamos nos colocando como deuses na vida deles. Não temos o direito de julgar; eles são servos de Deus. Tiago 4:12 diz isso muito claramente: "Mas quem é você para julgar o seu próximo?"

Você consegue se lembrar de um momento ou de alguns momentos na sua vida em que Deus o convenceu firmemente de algum erro? Talvez alguma situação o tenha exposto. Momentos assim costumam nos tornar mais humildes, pelo menos por algum tempo.

Eu sempre perdia a paciência quando as pessoas fofocavam a meu respeito, e não admitia o fato de que algumas vezes eu também fofocava sobre elas. Então era apanhada em flagrante, e uma amiga que ouviu aquilo me confrontava. Eu ficava sem saída e me sentia terrivelmente humilhada. Por algum tempo depois disso acontecer, fui muito paciente com as pessoas que falavam a meu respeito, mas com o tempo meu orgulho falava mais alto, e eu tinha de ser humilhada outra vez.

Deus diz que devemos nos humilhar, mas se não fizermos isso, Ele fará por nós. Deus nos corrige em particular, ou, se persistirmos, Ele o fará publicamente. Ou caímos sobre Jesus (a Rocha) para sermos quebrados, ou a Rocha cairá sobre nós para nos quebrar — a escolha é nossa.

Se Deus começar a tratar conosco com respeito a algum comportamento errado, não tem sentido tentar evitá-lo. Quando Ele me adverte com relação ao meu comportamento em um relacionamento, é especialmente difícil para mim se eu sentir que a outra pessoa age da mesma maneira naquela área em que Deus está me pedindo para mudar. Eu já disse a Ele mais de uma vez: "Isto não é justo. E quanto à outra pessoa?" Deus sempre me lembra de que *quando* e *como* Ele corrige outra pessoa é assunto dele. Eu só preciso receber a minha correção sem reclamar ou fazer comparações.

Lembro-me de uma vez em especial quando Deus estava tratando severamente comigo sobre não ser rude com meu marido. Entretanto, eu achava que Dave também estava sendo rude comigo, e disse isso a Deus. Eu estava tão frustrada por Deus confrontar somente a mim e não a Dave, que fui perguntar a meu marido se Deus o estava corrigindo em alguma área.

Ele refletiu por um instante, e depois, com um olhar inocente no rosto, disse: "Não, acho que não". Hoje olho para trás e esses fatos me divertem, mas eles com certeza não eram nada engraçados na época.

Estar disposto a ser o primeiro a fazer o que é certo é um comportamento recomendável. Estar disposto a fazer o que é certo, ainda que ninguém mais o faça, é algo que Deus pode nos chamar a fazer. Também podemos fazer o que é certo *por muito tempo* antes de alcançarmos bons resultados, e podemos precisar tratar as pessoas que nos cercam da maneira correta (amá-las humildemente) por muito tempo até começarmos a colher as boas sementes que plantamos.

CORRIJA COM AMOR SINCERO

Lembre-se, temos o direito de orar pelas pessoas, mas não de julgá-las. Deveríamos então pelo menos tentar corrigir outro irmão, irmã ou alguém da nossa família no Senhor? Sim, como lemos no início deste capítulo, pode haver momentos em que Deus nos usará para confrontar alguém por sua má conduta, porém, mais uma vez, deve ser com humildade e sem ter uma opinião exagerada acerca da nossa importância ou espiritualidade.

Paulo era um apóstolo, por isso Deus o usava para trazer correção às igrejas com muita frequência. Mas ele disse: "Pois pela graça que me foi dada digo a todos vocês: ninguém tenha de si mesmo um conceito mais elevado do que deve ter; mas, pelo contrário, tenha um conceito equilibrado, de acordo com a medida da fé que Deus lhe concedeu" (Romanos 12:3). Sempre fui impactada pelo fato de Paulo ter dito que ele corrigia as pessoas por causa da graça de Deus que estava nele para fazer isso e não apenas por ter uma opinião e querer expressá-la.

Quando fazemos qualquer coisa pela graça de Deus, ela tem o poder de Deus nela, e por isso produz bons resultados. Quando tentamos corrigir as pessoas, mas Deus não nos deu a incumbência de fazer isso, só criamos problemas.

Aprendi rapidamente nos primeiros anos do meu casamento que não sou a professora do meu marido nem me foi dada a função de corrigi-lo. Houve raras ocasiões em que Deus me usou dessa maneira com Dave, e em cada uma delas ele recebeu a correção. Todas as vezes que eu simplesmente decidi que ia dizer a ele umas "verdades" só consegui iniciar uma pequena guerra entre nós.

Quando corrigimos as pessoas, deve ser porque realmente as amamos e nos importamos com elas, não só por querermos dizer a elas o que está errado e agir com superioridade. Tenho realmente uma missão dada por Deus que exige de mim corrigir as pessoas com frequência, tanto nos meus ensinos quanto entre a minha equipe. Tento manter uma atitude honesta comigo mesma também, para não me tornar mandona para com eles.

Posso ser a chefe e não ser mandona. Sempre digo às pessoas quando elas estão agindo bem assim como quando estão agindo mal, e também tento admitir os meus próprios erros diante delas porque acho que isso as deixa à vontade.

ESTEJA DISPOSTO A ESTAR ERRADO

A maioria de nós tem o desejo desproporcional de estar certo em tudo. A minha convicção é que a necessidade de estar certo é resultado da insegurança, que também é uma manifestação de orgulho. Se temos paz com Deus e somos pessoas seguras, por que precisamos estar sempre certos? Por que não podemos aceitar a possibilidade de estarmos errados em alguma coisa sem nos sentirmos mal conosco?

São impressionantes os sentimentos carnais que abrigamos quando tentamos ficar sentados em silêncio deixando que alguém pense que está certo quando estamos convencidos de que temos razão. Dave e eu em vários aspectos temos uma personalidade bastante forte e nenhum de nós gosta de dizer "Eu estava errado". Ambos fazemos isso às vezes, mas ainda estamos no processo de aprender a gostar de admitir isso.

1 Coríntios 13 diz que o amor não busca seus próprios interesses. Isto significa que haverá momentos nos quais precisaremos abrir mão do que pensamos ser o nosso direito de estar certos. É impressionante quantas discussões podemos evitar se alguém estiver disposto a dizer: "Acho que estou certo, mas posso estar errado". Ainda que apenas uma parte tenha a humildade de dizer que ela poderia *talvez* estar errada, só isso já parece dissipar a discussão.

Às vezes discutimos por coisas que não fazem nenhum sentido, pois são tão sem importância que deveriam ser deixadas totalmente de lado. Quando Dave e eu estávamos indo a algum lugar costumávamos discutir sobre qual seria o melhor caminho para chegar lá; ele queria tomar um caminho, e eu achava que o outro era um pouco mais curto. Seria melhor demorar um pouco mais para chegar, se esse fosse o caso, do que discutir por causa disso. Na maior parte do tempo, existe mais de uma resposta certa, e a paz é muito mais importante do que fazer as coisas do nosso jeito.

A Palavra diz que um servo do Senhor "não deve ter nada a ver com as controvérsias insignificantes (não edificantes, estúpidas) sobre questionamentos ignorantes, porque você sabe que elas geram contendas e provocam discussões" (2 Timóteo 2:23, AMP). Ficar fora dos conflitos não é uma sugestão; é uma ordem do Senhor.

Perdemos o nosso poder quando perdemos a nossa paz. Impedimos o fluir da nossa unção, que é um dos nossos tesouros mais preciosos, e também impedimos as nossas bênçãos de fluírem em abundância. Você se lembra do exemplo que dei no início do livro sobre Abraão e Ló? Abraão estava tão determinado a ficar fora dos conflitos a ponto de permitir que Ló escolhesse a melhor parte da terra para si, enquanto ele (Abraão) ficou com o que sobrou. Deus abençoou Abraão e recompensou-o por sua escolha correta dizendo que ele poderia ficar com tudo o que visse ao olhar para o norte, o sul, o leste e o oeste.

Podemos ser orgulhosos ou pacíficos. O orgulho diz: "Estou certo" e não está disposto a sequer considerar a hipótese de estar errado. A humildade diz: "Posso estar errado, e não é tão importante se estou certo ou não".

Creio que você pode ver por que a humildade é o fundamento para qualquer relacionamento de sucesso. Mesmo que apenas uma das pessoas no relacionamento trate a outra com humildade amorosa, o relacionamento florescerá, porque Deus promete exaltar aquele que é humilde (ver Salmos 147:6). A Palavra também diz que aquele "que tem um espírito humilde alcançará honra". À luz disso, nunca devemos temer as consequências de nos adaptarmos às necessidades das pessoas. No próximo capítulo, falaremos sobre as recompensas de sermos pacificadores permanecendo flexíveis e encorajando outros.

Mantenedor da Paz Nº 16

ADAPTE-SE ÀS NECESSIDADES DOS OUTROS

A Palavra diz: "Se possível, no que depender de vós, tende paz com todos" (Romanos 12:18, AMP). E 1 Pedro 3:11 deixa isso muito claro: "Afaste-se do mal e faça o bem; busque a paz com perseverança".

Os relacionamentos pacíficos parecem estar desaparecendo de nossa sociedade. A taxa de divórcios ainda continua subindo, e dizem que a porcentagem de casamentos fracassados é ainda mais alta entre os cristãos do que entre as outras pessoas do mundo. O que está errado? É essa sociedade estressante em que vivemos, ou o egoísmo ainda continua desenfreado?

A Palavra diz que nos últimos dias sobrevirão "tempos de grande estresse e problemas [difíceis de lidar e difíceis de suportar]. Pois as pessoas serão amantes de si mesmas e totalmente egocêntricas" (2 Timóteo 3:1-2, AMP). Elas amarão o dinheiro, serão avarentas, de coração duro, desobedientes, imorais, sem domínio próprio, e não terão o desejo de promover a paz.

Estamos vivendo nesses tempos. Estes são dias de grande escuridão moral, e nós, como crentes em Jesus Cristo, precisamos deixar a nossa luz brilhar nas trevas. Na prática, isso significa que precisamos deixar o nosso comportamento imitar o de Jesus para não sermos sugados pelo mundo e o seu sistema. Se as pessoas nos tratam mal, não podemos pagar o mal com o mal, mas sim com perdão e amor para que todos vejam o amor de Deus na maneira como tratamos as pessoas.

A unidade entre as pessoas é agradável. Ela libera a bênção de Deus bem como o poder e a unção da Sua presença (ver Salmos 133:1-3). A unidade, a harmonia e a paz nos relacionamentos não chegarão até nós do nada; precisamos buscá-las com toda a nossa força. Não devemos esperar que alguém dê o primeiro passo, mas precisamos ser pacificadores — precisamos estabelecer a paz e mantê-la.

Uma pessoa precisa ser espiritualmente madura antes de optar de forma determinada por ser um pacificador. Jesus disse que os pacificadores serão chamados "filhos de Deus" (Mateus 5:9). Conforme mencionei antes, Ele disse "filhos" e não crianças, indicando maturidade. Fomos chamados para deixar de lado um comportamento infantil e para estabelecer a paz e mantê-la como filhos e filhas de Deus responsáveis.

Algumas pessoas são tão fáceis de conviver. Parece que todos nós conhecemos algumas pessoas com quem precisamos conviver que são como uma lixa. Elas parecem estar sempre nos irritando e costumam ser difíceis. Nunca estão felizes, não importa o que damos ou fazemos por elas. Pessoas assim estão sempre encontrando defeitos em nós, e raramente nos encorajam de alguma forma, se é que o fazem. São pessoas que só sabem tomar, mas que não sabem dar.

E ainda existem aquelas pessoas cujos hábitos são irritantes. Nós as amamos; podemos até estar casados com elas, mas têm uma ou mais idiossincrasias que continuam a nos irritar. Um exemplo são aquelas que acham necessário dar a sua opinião a respeito de tudo, não importando se algo foi perguntado ou não a elas. E ainda existem as que dominam todas as conversas — na presença delas nós raramente conseguimos nos expressar, se é que conseguimos. Mesmo quando tentamos, elas nos interrompem. Talvez não percebam que tornam a conversa difícil; elas podem estar fazendo algo tão simples quanto um barulho, como tomar sopa ou estourar uma bola de chiclete, mas a distração quebra a nossa concentração e nos frustra.

Quero com isso demonstrar que todos nós temos a oportunidade de manter a nossa paz e sermos pacificadores. Ouso dizer que todo mundo têm algumas pessoas em sua vida que são um desafio para elas. É claro que precisamos nos lembrar de que também somos um desafio para outros. Alguém tem dificuldade de lidar conosco, com a nossa personalidade e nossos hábitos, assim como nós temos dificuldade de lidar com os outros.

Você Está Colhendo o que Plantou?

Gostamos da lei da semeadura e da colheita se estamos colhendo boas sementes que plantamos, mas também colheremos o fruto das más sementes que lançamos ao longo do nosso caminho. Lembro-me de um tempo em que eu achava que Dave estava sendo particularmente cruel e áspero na maneira como ele falava comigo. De imediato sentia-me ofendida e começava a reclamar com o Senhor. Ele me lembrou rapidamente de que eu já havia falado com Dave da mesma maneira por anos, e só estava colhendo as sementes que havia plantado no passado.

Na verdade, Dave raramente falava comigo daquela maneira enérgica, ao passo que eu havia provavelmente passado anos sendo impaciente com ele. Eu melhorei e me esqueci de todos os anos em que havia falado daquela maneira com ele. Queremos que as pessoas sejam pacientes com nossos erros, mas nem sempre estamos dispostos a colocar à disposição deles a mesma misericórdia e graça que queremos receber.

Encarar a verdade é uma das coisas mais benéficas que podemos fazer na vida, mas precisamos primeiro enfrentar a verdade acerca de nós mesmos. A verdade nos liberta; enganar a si mesmo nos mantém cativos.

Por que é tão doloroso nos vermos como realmente somos? Simplesmente por causa do orgulho. Quando vemos a nós mesmos como somos na realidade, da maneira como os outros nos veem, nosso orgulho fica ferido e ficamos constrangidos.

Quando alguém fala de mim de uma maneira áspera, essa pessoa está plantando sementes para colher essa falta de gentileza, ou eu estou colhendo o que plantei no passado? Quando temos um compromisso e a outra pessoa se atrasa, ela está plantando sementes que farão com que os outros não tenham consideração para com ela, ou estamos colhendo o resultado das vezes em que nos atrasamos para outros compromissos? Essas são perguntas que devemos fazer a nós mesmos.

Precisamos ser sinceros com nós mesmos e não passar pela vida culpando os outros por tudo que acontece de errado em nossos relacionamentos.

O orgulho faz com que fiquemos cegos para os nossos próprios erros, mas a Palavra de Deus nos encoraja a tomar cuidado quando pensamos estar de pé, para não cairmos. Em outras palavras, não devemos nos superestimar, porque esse tipo de orgulho também causará a nossa própria queda (ver Provérbios 16:18).

Não Imponha Suas Convicções Aos Outros

É arrogância tentarmos fazer com que as outras pessoas concordem com nossas convicções. Por exemplo, tento fazer refeições razoavelmente saudáveis, estudei nutrição e os seus efeitos sobre o corpo. Consequentemente, tenho uma opinião formada sobre como devemos cuidar de nós mesmos. Como doces, mas apenas pequenas porções, e costumo me preocupar ao ver alguém consumindo regularmente uma grande quantidade de doces e outros alimentos que com certeza não são saudáveis.

Já tentei dizer a algumas pessoas que estão se alimentando mal, e elas não receberam bem o meu conselho, para dizer o mínimo. Uma delas chegou a me dizer: "Se vamos ficar algum tempo juntas, não quero que você fique me dizendo o que comer o tempo todo e fazendo eu me sentir culpada quando como algo que você não aprova".

Essa pessoa disse ainda: "Sei que não como direito, mas ainda não cheguei ao ponto em minha vida de estar pronta para fazer algo a respeito. Tenho muitas coisas erradas em mim que creio que são mais urgentes do que o meu apetite. Então estou me concentrando nelas pois acho que Deus está tratando comigo, e não tenho tempo para prestar atenção também no que você está tratando comigo."

Ela foi bastante áspera e não teve uma atitude positiva comigo, mas consegui entender, e tenho sido menos propensa desde então a dizer a uma pessoa como ela deve comer. Todos nós temos a tendência de impor nossas convicções aos outros; achamos que se elas são prioridades para nós, devem ser prioridade para todos.

O fato é que todos têm o direito de fazer suas próprias escolhas, ainda que sejam escolhas erradas. Na verdade, Deus protegerá o direito das pessoas irem para o inferno se foi isso que elas escolheram fazer. Em outras palavras, por mais que Deus queira que elas passem a eternidade com Ele, não vai obrigá-las, e nós também não podemos forçá-las a fazer o que queremos.

Romanos 14 dá exemplos de como as pessoas estavam em um dilema com relação a comer ou não a carne que havia sido oferecida aos ídolos. Alguns achavam que isso seria pecado, e outros diziam que os ídolos não eram nada afinal, e que, portanto, não poderiam afetar a carne. Alguns não podiam comer por causa da sua fé fraca, e outros comiam por causa da sua fé forte. Paulo lhes disse que deixassem cada um ser convencido em seu próprio coração e que não tentassem impor suas convicções aos outros. Deus parece ir ao encontro de cada um de nós no ponto em que estamos na nossa fé. Ele começa conosco naquele ponto e nos ajuda a crescer de forma gradual e contínua.

Dê Liberdade às Pessoas Para Serem Elas Mesmas

Uma das atitudes mais destruidoras que podemos ter em um relacionamento é tentar fazer o outro ser o que jamais poderá ser. Precisamos aceitar as pessoas e não rejeitá-las quando elas não mudarem para nos agradar. Parece que todos nós encaramos nossa maneira de agir como sendo um padrão de comportamento para todos, o que certamente é outra manifestação de orgulho. Em vez disso, devemos ver que Deus criou igualmente a todos nós, mas somos diferentes. Não somos iguais, e todos nós temos o direito de ser quem somos.

Não estou falando neste momento sobre os erros que Deus vai trabalhar em mim; estou falando das nossas características inerentes, dadas por Ele, que variam de pessoa para pessoa.

Eu falo muito; Dave é quieto. Enquanto tomo decisões muito depressa, ele precisa de tempo para pensar. Conforme mencionei, Dave gosta de todo tipo de esporte, e eu não gosto de nenhum deles — pelo menos não o suficiente para dedicar muito tempo a eles. Dave quer cada item em uma sala se destaque, e eu quero que todos combinem. Estou certa de que você poderia contar histórias semelhantes sobre diferenças pessoais entre você e as pessoas com as quais se relaciona.

Sou uma pessoa séria (às vezes até demais), mas conheço pessoas que parecem não levar nada a sério. Sobre alguns eu posso dizer praticamente qualquer coisa, pois eles não se ofendem facilmente; mas conheço outros que são muito sensíveis e preciso tomar mais cuidado quando estou com eles. Sou explosiva e direta, então às vezes tenho dificuldade com pessoas de personalidade mais sensível.

Por que Deus fez a todos diferentes e depois nos uniu e disse para convivermos? Estou convencida de que é nas dificuldades da vida que crescemos espiritualmente. Deus não dá tudo "de bandeja". Ele quer que exercitemos os "músculos da nossa fé" e liberemos o fruto do Espírito, inclusive o amor, a paciência, a paz e o domínio próprio.

Se todos nos agradassem o tempo todo, se nossa fé nunca fosse provada e nosso fruto nunca fosse apertado, não cresceríamos espiritualmente. Permaneceríamos os mesmos, o que é um pensamento atemorizante. Existem dois tipos de dor na vida: a dor da mudança e a dor de permanecermos como somos. Tenho mais medo de continuar a mesma do que de mudar.

Dave e eu discutíamos e não tínhamos paz no nosso relacionamento até concordarmos em aceitar um ao outro da maneira como Deus havia nos criado. Não posso dizer que as coisas ficaram perfeitas depois disso, mas certamente melhoraram. Pessoas não conseguem mudar as pessoas; só Deus pode fazer isso. Descobrimos que seria mais sábio aceitar e desfrutar a companhia um do outro enquanto Deus estava fazendo os ajustes necessários que Ele queria fazer, no tempo dele.

Aprendi que todos têm variações de temperamento dadas por Deus e assim entendi que eu estava esperando as pessoas serem aquilo que não podiam ser. Estava lhes pedindo uma reação que elas não sabiam como dar.

Há pessoas que são dotadas de uma consideração natural, mas algumas raramente pensam em fazer algo pelos outros. Podem estar dispostas a fazer gestos de consideração se alguém sugerir, mas não tomam essa iniciativa espontaneamente. Quando alguém é dotado de consideração também pode ser impaciente, mas a pessoa que não tem muita consideração (ela sempre esquece o seu aniversário) é extremamente paciente em todas as situações. Todos nós temos boas qualidades, mas nenhum de nós tem todas elas.

Aceite as pessoas como elas são, e confie em Deus para mudar o que precisa ser mudado no tempo e do jeito dele. A rejeição é uma das maiores dores emocionais que suportamos na vida. Nunca mais quero ser a fonte desse tipo de dor na vida de ninguém. Por fim entendi que já tenho defeitos mais do que suficientes; não preciso aumentar os defeitos de ninguém.

Diga às pessoas quais são as boas qualidades que você reconhece nelas; não enfatize aquilo em que elas precisam melhorar. Elogie, não procure defeitos. Aceite, não rejeite. Seja positivo e não negativo. Seja encorajador e não desanimador. Você e eu nunca ficaremos sem amigos se praticarmos dar às pessoas a liberdade para serem elas mesmas.

Acredito sinceramente que a aceitação é algo pelo qual todas as pessoas anseiam. Não conseguimos suportar uma pessoa se ela está constantemente querendo nos transformar em algo que não sabemos como ser. Estar ao lado de alguém assim por muito tempo é como viver em uma prisão.

Podemos cair facilmente na armadilha de tentar mudar nossos filhos, assim como nossos cônjuges, amigos e colegas de trabalho. Devemos nos limitar a encorajá-los a se tornaram tudo o que Deus desejar. Não devemos esperar viver os nossos sonhos não realizados através da vida de nossa família ou amigos. Todos têm o direito à sua própria vida.

SEJA ADAPTÁVEL

Uma das melhores maneiras de evitar conflitos e ficar em paz é ser adaptável. Queremos sempre que os outros se adaptem a nós, mas eles querem que nós nos adaptemos a eles. Até alguém decidir ser adaptável, fazendo isso como se para o Senhor, os conflitos e a rivalidade governarão ou, na verdade, o diabo governará, porque a princípio ele é quem instiga o tumulto.

A Palavra diz: "Sede unânimes entre vós; não ambicioneis coisas altas, mas acomodai-vos às humildes; não sejais sábios em vós mesmos" (Romanos 12:16, ARA). Esse versículo bíblico foi muito útil para mim. É impressionante como nossa paz aumenta quando temos o simples gesto de nos ajustar ou adaptar a alguém. Esse princípio um dia já foi estranho para mim. Eu queria que todos se adaptassem a mim, mas nunca me ocorreu tentar me adaptar às preferências das pessoas.

Quanto tentei fazer isso minha carne gritou contra, pois somos inerentemente egoístas e a nossa carne quer sempre o que ela quer e quando ela quer. Entretanto, Deus nos chama a seguirmos a direção do Espírito, e não da nossa carne. Ela foi legalmente pregada à cruz com Jesus, e fomos ressuscitados para uma vida inteiramente nova. Somos diariamente chamados a nos despir do velho homem e a nos revestir do novo homem. Isso significa literalmente ignorar os apelos da carne e seguir o Espírito de Deus.

Paulo falou sobre esbofetear a sua carne, mantê-la em disciplina e domínio próprio. Isso tudo faz parte de buscarmos a paz. Por exemplo, Dave e eu planejávamos assistir a um filme à noite. Concordamos em tomar banho e nos prepararmos para a noite para podermos começar a assistir ao filme. Eu me preparei, mas Dave estava sentado no sofá lendo um folheto de propaganda de viagens sobre hotéis em todo o mundo. Fiquei pedindo a ele para se preparar, pois estava ficando cada vez mais tarde. Ele ficava dizendo "hã-hã, tudo bem", mas não se mexia. Eu podia sentir minha carne ficando irritada, então tomei a decisão consciente de não dizer mais nada e ficar em paz independentemente do que acontecesse.

Houve um tempo em que eu simplesmente seguiria os meus sentimentos, e a noite inteira teria sido arruinada. Eu teria incomodado Dave até ele se levantar ou ficar furioso. Por fim, em algum momento ao longo do caminho, entendi que eu estava dando uma importância exagerada a conseguir as coisas do meu jeito.

Em outras palavras, aliviar a pressão sofrida pela nossa carne quando ela consegue que as coisas sejam do jeito dela não vale a pressão que so-

Parte 3 — Fique em Paz Com os Outros

fremos quando discutimos e perdemos a nossa paz para conseguir isso. Quando a carne governa, todos perdem, exceto Satanás.

Um adaptador é um dispositivo usado para gerar compatibilidade entre duas partes totalmente diferentes. Nós o usamos em tomadas elétricas quando viajamos para países estrangeiros. As tomadas das paredes são diferentes dos plugues dos nossos aparelhos elétricos, então levamos sempre os nossos adaptadores. Um lado se encaixa no nosso aparelho e o outro na tomada da parede, tornando assim as duas partes compatíveis.

Quando entramos em qualquer tipo de relacionamento, precisamos estar dispostos a nos adaptar simplesmente por não existirem duas pessoas que sejam exatamente iguais. Dave e eu recentemente fizemos amizade com um casal. Gostamos das mesmas coisas e parece que este será um ótimo relacionamento; entretanto, temos diferenças e, portanto, precisaremos nos adaptar uns aos outros. Também estou certa, com base na minha experiência em outros relacionamentos, que quanto mais conhecermos uns aos outros, mais precisaremos nos adaptar.

O que acontece quando uma pessoa em um relacionamento está disposta a se adaptar, e parece que a outra nunca está? Sem dúvida isso torna as coisas mais desafiadoras. Entretanto, foi de grande ajuda para mim, pessoalmente, lembrar que sou responsável diante de Deus pela minha parte, e não pelo que a outra pessoa faz ou deixa de fazer. Não estamos liberados para agir de maneira errada simplesmente porque alguém optou por agir mal.

FIQUE FELIZ PELAS PESSOAS QUANDO ELAS FOREM ABENÇOADAS

Gosto de estar perto de pessoas que realmente ficam felizes por mim quando sou abençoada ou quando algo maravilhoso acontece em minha vida. Nem todos são assim. Devemos dar ouvidos à Bíblia quando ela diz para nos alegrarmos com os que se alegram e para chorarmos com os que choram (ver Romanos 12:15).

Recebi um presente muito especial há algum tempo, e foi interessante ver como as pessoas reagiram de forma diferente. Algumas disseram:

"Joyce, estou tão feliz por você. Realmente me abençoa vê-la ser abençoada". Eu sabia que elas estavam sendo sinceras, e aquilo aumentou minha alegria. E também fez com que eu desejasse orar para Deus também fazer algo tremendo por elas.

Outra amiga disse: "Gostaria que alguém fizesse algo assim por mim". Na verdade, essa pessoa em especial sempre reage dessa maneira quando recebo coisas boas. Mesmo quando meu marido faz algo adorável por mim, ela sempre diz: "Meu marido simplesmente parece não saber fazer coisas assim". Essas reações indicam que a pessoa tem um espírito de inveja ou um sentimento profundamente enraizado de não estar recebendo o que merece na vida.

Houve um tempo em que eu era assim: fingia estar feliz pelas pessoas quando Deus as abençoava de alguma forma especial, mas por dentro não sentia realmente aquilo. Naquela época, eu me comparava com os outros e sempre competia com eles porque a única maneira de me sentir bem comigo mesma era estando à frente ou pelo no mesmo patamar dos outros no que se refere a bens, talentos, oportunidades, literalmente em todas as áreas possíveis.

Sou grata por Deus ter trabalhado em minha vida, e hoje posso ficar verdadeiramente feliz pelos outros quando Ele os abençoa. Devo ser sincera, porém, em dizer que algumas vezes ainda tenho um probleminha quando as bênçãos são para alguém que considero um "inimigo". Você sabe a que tipo de pessoa me refiro — alguém que feriu você de alguma maneira. Ainda não estou reagindo perfeitamente bem, mas pelo menos já progredi.

Amo a amiga que acabo de mencionar, e ela supre as minhas necessidades de muitas maneiras. Sei que ela me ama e essa dificuldade mencionada acima é apenas uma fraqueza em seu caráter, então eu deixo para lá. Mas também sei que isso me impede de desejar compartilhar com ela o que Deus está fazendo em minha vida, pois sei que ela não consegue ficar feliz de verdade por mim. Também acredito que isso a impede de ser abençoada. Dave e eu sentimos fortemente que não receberemos bênçãos até conseguirmos ficar realmente felizes com as bênçãos dos outros.

Todas essas áreas são maneiras pelas quais podemos nos adaptar às necessidades dos outros. Quando pudermos nos adaptar tanto às necessidades deles quanto às suas celebrações, desfrutaremos junto com eles de uma paz duradoura. Se estivermos enfrentando dificuldades com relação a nossa capacidade de nos adaptarmos às necessidades dos outros, precisamos tomar cuidado para evitar comentários tolos e contraproducentes, pois eles podem destruir rapidamente até os nossos relacionamentos mais íntimos. Em seguida, vamos falar sobre como as palavras fúteis podem roubar a nossa paz.

Mantenedor da Paz Nº 17

CUIDADO COM AS CONVERSAS FÚTEIS

A Bíblia nos ensina a tomar cuidado com conversas fúteis — palavras vãs e inúteis que não ministram vida nem a quem fala nem a quem ouve. Os crentes devem falar palavras cheias da verdade de Deus, que edificam e encorajam, pois as palavras fúteis drenam a vida dos nossos relacionamentos. A Palavra diz: "Quem guarda a sua boca guarda a sua vida, mas quem fala demais acaba se arruinando" (Provérbios 13:3).

Algumas pessoas parecem realmente conhecer a Palavra de Deus; elas parecem ter um bom relacionamento com Ele, mas quando estamos com elas, sentimos morte e não vida em suas palavras. Algo nelas parece simplesmente não estar certo. Muitas dessas pessoas estão destituídas de vida e não lhes sobrou nada a não ser morte em função das suas conversas fúteis. Elas receberam vida de Deus, mas essa vida se escoou por intermédio de comentários descuidados e impensados.

Creio que palavras fúteis podem afetar nossa saúde e até a extensão de nossas vidas, mas é a nossa vida espiritual que se esvazia rapidamente quando cedemos a conversas vãs, inúteis e fúteis. Além de serem obviamente um pecado, as palavras fúteis causam muitos danos à nossa vida.

A Palavra diz: "Mas eu lhes digo que, no dia do juízo, os homens haverão de dar conta de toda palavra inútil que tiverem falado. Pois por suas palavras você será absolvido, e por suas palavras será condenado"

(Mateus 12:36-37). Imagine Deus julgando cada palavra inútil que falamos. Esse versículo não fala de palavras impuras, más, negativas ou caluniosas. Ela fala de palavras ineficazes e desnecessárias; palavras que não têm valor e são destituídas de fé, por isso nós simplesmente não precisamos dizê-las.

O que esta frase significa: "os homens haverão de dar conta de..." (Mateus 12:36)? Creio que significa que pagaremos por elas. Elas na verdade carregam consigo uma maldição, e de alguma maneira, sofreremos seus efeitos. Palavras fúteis roubam a nossa vida. A Palavra diz claramente: "A língua tem poder sobre a vida e sobre a morte; os que gostam de usá-la comerão do seu fruto" (Provérbios 18:21).

Você provavelmente já ouviu a frase: "Você vai ter de engolir essas palavras", e essa passagem da Bíblia confirma a afirmação. Realmente comemos as nossas palavras! O que dizemos não apenas ministra vida ou morte a quem ouve, mas também a nós que falamos.

Podemos realmente aumentar a nossa própria paz e alegria pelas coisas que dizemos ou pelas que não nos permitimos dizer. A Palavra de Deus nos encoraja a pensar nas palavras que dizemos antes de falarmos:

- O coração do sábio ensina a sua boca, e os seus lábios promovem a instrução (Provérbios 16:23).
- Não seja precipitado de lábios, nem apressado de coração para fazer promessas diante de Deus. Deus está nos céus, e você está na terra, por isso, fale pouco (Eclesiastes 5:2).
- Meus amados irmãos, tenham isto em mente: Sejam todos prontos para ouvir, tardios para falar e tardios para irar-se (Tiago 1:19).

As palavras são receptáculos de poder, positivo ou negativo. Na verdade, elas envolvem uma tremenda responsabilidade, por isso devemos tomar mais cuidado com a maneira como as usamos. Provérbios 6:1-2 diz: "Meu filho, se você serviu de fiador do seu próximo, se, com um aperto de mãos, empenhou-se por um estranho e caiu na armadilha das palavras que você mesmo disse, está prisioneiro do que falou".

Muitos relacionamentos são destruídos porque as pessoas falam coisas tolas quando nem mesmo querem dizê-las. Elas soltam palavras que machucam e são muito prejudiciais. Palavras erradas causam muitos problemas porque não se pode retirá-las com facilidade e nem apagá-las da nossa memória.

Como indivíduos sociais, muitas vezes nos sentimos desconfortáveis quando estamos com pessoas e ninguém está falando nada. Parece que achamos que alguém deve estar dizendo alguma coisa o tempo todo. Em momentos assim, quando simplesmente tentamos preencher o vazio com palavras, podemos dizer palavras fúteis que causam problemas. Podemos tagarelar sem parar sobre questões que sequer merecem ser discutidas. Pessoas fúteis com muito tempo ocioso geralmente falam muita futilidade.

Paulo deu instruções sobre as viúvas a quem os líderes da igreja deveriam sustentar. Ele disse que as viúvas mais novas não deviam ser colocadas nessa lista, pois elas poderiam se tornar mulheres ociosas que passam o tempo falando coisas que não devem. Creio que Paulo estava supondo que as mulheres mais jovens teriam energia suficiente para trabalharem e serem ativas. Se elas não tivessem nada para fazer porque a igreja as estava sustentando, isso geraria problemas. Ele escreveu:

> Não inclua nessa lista as viúvas mais jovens, pois, quando os seus desejos sensuais superam a sua dedicação a Cristo, querem se casar. Assim, elas trazem condenação sobre si, por haverem rompido seu primeiro compromisso. Além disso, aprendem a ficar ociosas, andando de casa em casa; e não se tornam apenas ociosas, mas também fofoqueiras e indiscretas, falando coisas que não devem (1 Timóteo 5:11-13).

Tenho praticado pensar antes de falar, e é impressionante perceber que muitas vezes o que estou prestes a dizer simplesmente não precisa ser dito. É algo que não fará bem algum, não edifica e nem acrescenta nada a ninguém. Em muitos casos, o que eu estava para dizer poderia ser absolutamente nocivo, ou no mínimo inútil. Creio que desenvolver esse hábito está acrescentando paz à minha vida e às vidas das pessoas ao meu redor.

Dizer palavras fúteis é uma das maneiras mais fáceis de quebrar a unidade e sabotar o poder da paz. Desculpas não consertam rapidamente

246 Parte 3 — Fique em Paz Com os Outros

a má impressão que as palavras tolas e intempestivas podem deixar. Podemos confessar nossos pecados, mas como podemos reparar as palavras fúteis ditas contra as pessoas? Como podemos reparar a reputação de alguém que destruímos com acusações tolas? Podemos procurar a pessoa e pedir perdão, mas não podemos retirar as palavras. A mensagem trazida por elas já entrou nos ouvidos de alguém, e não temos como eliminá-la. Você pode pagar por algo que roubou, mas não pode pagar o dano causado por palavras fúteis e descuidadas.

Pessoas muito falantes (como eu) têm mais chances de cometer erros com a boca do que as pessoas caladas. Aqueles que falam muito precisarão ser ainda mais cautelosos. Com o muito falar, a língua fica aquecida, e ao ficar superaquecida, ela perde a gentileza. Provérbios 15:4 diz: "O falar amável é árvore de vida, mas o falar enganoso esmaga o espírito". Devemos nos esforçar para manter nossa língua gentil e sábia, pois as palavras fúteis são a abertura por meio da qual escoa o nosso poder para a vida.

Guarde o Seu Coração

A boca fala do que o coração está cheio. Se permitirmos que pensamentos errados habitem nosso coração, acabaremos traduzindo-os em palavras. Seja o que for que esteja escondido nele, nossa boca mais cedo ou mais tarde irá expressá-lo abertamente. Satanás talvez nos dê uma sugestão maligna, talvez tente plantar um pensamento errado; entretanto, precisamos ser diligentes em guardar o nosso coração.

Existem muitas coisas em jogo e por isso é importante sermos diligentes em manter o nosso coração cheio da verdade de Deus. Nossa vida exterior é apenas uma representação visível da nossa vida interior. Se uma árvore é podre, ela vai dar frutos doentes e estragados, e se ela é boa, dará bons frutos.

Vimos que precisamos lançar fora os pensamentos errados e submetê-los à Palavra de Deus (ver 2 Coríntios 10:5). Se estivermos abrindo espaço para pensamentos contrários à Palavra de Deus, precisaremos renovar nossa mente com os pensamentos adequados. Devemos pensar em coisas boas, excelentes e nobres (ver Filipenses 4:8).

Se a atitude do nosso coração não estiver alinhada com o coração de Deus, as palavras da nossa boca também não refletirão a Sua Palavra. Embora você algumas vezes possa dizer coisas no calor da emoção, não se desculpe dizendo que não queria dizer aquilo. Assuma a responsabilidade diante de Deus e peça a Ele a Sua graça para transformá-lo caso esteja dizendo palavras fúteis que não são cheias de fé nem edificantes para quem as ouve.

Outro exemplo de palavras fúteis são as que dizemos a nós mesmos e nos angustiam ou nos deixam de mau humor. Por exemplo, podemos ter passado por um problema especialmente angustiante, pelo qual oramos e lançamos a nossa ansiedade sobre o Senhor. Ao fazermos isso, sentimos paz embora ainda estejamos em uma situação desagradável. Mas então alguém nos pergunta sobre aquele problema, e quando falamos sobre ele, entramos em detalhes horripilantes e falamos sobre o quanto toda aquela situação é injusta e dolorosa. Logo percebemos que estamos novamente angustiados.

Podemos realmente trazer angústia a nós mesmos pela maneira como escolhemos falar sobre os nossos problemas. Quando estamos cheios de vida, estamos também cheios de paz; quando deixamos a vida escoar, perdemos a nossa paz.

Diga Coisas Que Edifiquem

Dizer palavras fúteis pode se tornar um mau hábito. Felizmente, podemos quebrar os maus hábitos e formar bons hábitos. Vamos nos esforçar para formar o hábito de dizer palavras que edifiquem as pessoas. Palavras de edificação ministram vida e não morte. Assuma o compromisso de espalhar boas-novas, e deixe que todas as más notícias parem em você. Quando alguém lhe contar algum tipo de história impura, pouco gentil ou negativa, não espalhe para ninguém mais.

Se você tiver a oportunidade de deter as pessoas antes que palavras destrutivas saiam de suas bocas, faça isso. Para que esse tipo de informação pare completamente de ser divulgado por nós, precisamos nos livrar da nossa curiosidade.

A maioria das pessoas é cheia de curiosidade; até os cristãos são abelhudos. Algumas tendem a gostar de saber tudo o que se passa na vida dos

248 Parte 3 — Fique em Paz Com os Outros

outros. Sendo libertos dessa curiosidade mórbida, pecaremos menos. Teremos menos oportunidades de dizer palavras fúteis se soubermos menos.

Devo admitir que sempre fui curiosa; já disse que houve um tempo em que eu gostava de "estar por dentro" de tudo. Mas cheguei à conclusão de que podia estar totalmente em paz e desfrutando plenamente minha vida e depois descobrir algo que imediatamente roubava a minha paz. Então eu pensava que gostaria de nunca ter feito uma determinada pergunta ou dado ouvidos ao que havia acabado de ouvir, mas já era tarde demais.

Muitas vezes paguei pela minha curiosidade com a perda da minha paz. Eu ouvia um comentário negativo ou crítico a meu respeito ou a respeito de alguém a quem eu amava e logo perdia a minha paz. *Se eu apenas não tivesse ouvido aquilo... Se alguém tivesse sido sábio o bastante para não me dizer aquilo* — mas era tarde demais. Aquelas palavras já haviam causado o seu estrago e não podiam ser retiradas. Podemos ajudar uns aos outros ficando fortes e desfrutando a paz de Deus se não falarmos palavras fúteis.

Nosso desafio é nos esforçarmos "em promover tudo quanto conduz à paz e à edificação mútua" (Romanos 14:19). A versão da Bíblia em língua inglesa *Amplified Bible* diz que devemos "buscar com entusiasmo o que promove a harmonia e a edificação (desenvolvimento) mútua". Fiz questão de repetir, ao longo deste estudo, que devemos buscar a paz. Parece que devemos buscar todas as coisas boas. A carne tem uma inclinação natural para o que é negativo; sem freios, ela sempre irá na direção errada, assim como a água sempre fluirá para o ponto mais baixo, a não ser que se construa uma barragem para impedi-la.

Edificar os outros não apenas aumenta a paz e a alegria deles, como também a nossa. Sentimo-nos melhor quando estamos dizendo coisas boas e que ministram vida. Devemos ajudar uns aos outros, e não destruir uns aos outros.

Há momentos em que temos pensamentos bons sobre as pessoas com quem vivemos ou que conhecemos, mas a preguiça nos impede de abrirmos a boca para dizer as coisas boas que estão no nosso coração. Seja uma pessoa ativa no que diz respeito a dizer coisas boas e passiva com relação a dizer coisas ruins.

Por natureza, não sou alguém que encoraje os outros, mas desenvolvi o hábito de procurar o que há de bom neles e de expressar isso. Algumas pessoas têm esse dom; elas foram chamadas para serem encorajadoras. É claro que é fácil e natural para elas fazer isso porque Deus lhes deu esse dom, assim como para mim é fácil ensinar e pregar o evangelho.

Durante muito tempo, eu simplesmente dava uma desculpa para não ser uma encorajadora, pensando: *Eu não sou assim, simplesmente não penso nisso.* Até me parecia constrangedor tentar fazer isso, mas Deus me corrigiu e disse para eu começar a fazer isso de propósito. Existem muitas coisas que podemos escolher fazer de forma deliberada que ajudarão a aumentar imensamente a nossa paz. Dizer coisas boas às pessoas é apenas uma delas.

Estabeleça um limite em seu próprio coração e decida-se a não ultrapassá-lo dizendo palavras descuidadas e destrutivas às pessoas ou a respeito delas. Como você verá no nosso próximo capítulo, ter limites é muito importante para manter a paz em todos os nossos relacionamentos.

Mantenedor da Paz Nº 18

ESTABELEÇA LIMITES PARA AS PESSOAS

Para desfrutar uma vida pacífica, devemos aprender a estabelecer e manter limites. Sem limites, não somos donos de nossas vidas. Precisamos aprender que embora as pessoas possam ser boas de coração, sem limites a maioria irá mais longe do que gostaríamos, podendo até tentar nos controlar. Os limites nos protegem.

Ter um número de telefone que não está na lista é um limite. Se eu não tivesse um, muitas pessoas me telefonariam o tempo todo, pedindo para eu atender às suas necessidades e, assim, minha vida pessoal desmoronaria. Não podemos estar disponíveis para as pessoas o tempo todo e ainda conseguir ter paz em nossa vida. Dizer não quando for preciso não é errado e nem anticristão.

Não ficamos ofendidos por ver limites ou cercas na propriedade de alguém. Eles nos dizem: "Você pode vir até aqui, mas não pode ir além". Placas com os dizeres: "Não ultrapasse" são limites que nos comunicam: "Esta é propriedade particular, e você não é bem-vindo aqui". Aceitamos os limites em outras áreas da vida, mas costumamos falhar em estabelecê-los em nossa própria vida.

Os proprietários de casas que estabelecem limites em suas propriedades geralmente são rigorosos e querem vê-los ser respeitados. Pessoas que colocam cercas podem ficar zangadas com vizinhos que as ultrapassam.

Elas não querem que os cães da vizinhança façam sujeira no quintal delas. Também não querem os jornais diários de seus vizinhos sendo recolhidos em frente às suas casas. Quando adquirem uma propriedade, elas pagam para que se faça pesquisas para garantir que seus limites sejam respeitados, e assim tenham tudo pelo qual estão pagando.

Queremos conhecer os limites da nossa propriedade — então por que nos importamos mais com uma propriedade do que com a nossa própria vida?

Assim como muitas pessoas, também fui culpada por não estabelecer e manter limites em meus relacionamentos por muitos anos, mas depois de perceber como isso afetou negativamente minha saúde e minha paz, fiz algumas mudanças drásticas. As pessoas nem sempre gostam de limites, mas somos absolutamente sábios em estabelecê-los.

ESTABELEÇA LIMITES PARA PROTEGER SUA PRIVACIDADE

Moramos bem perto de todos os nossos filhos e nossos oito netos. Queremos viver próximos, pois a maioria dos membros de nossa família costuma viajar, e morar próximos uns dos outros nos dá a oportunidade de fazer visitas rápidas. Posso ir à casa de um filho ou de uma filha com minha xícara de café na mão, bater um papo por vinte minutos e depois voltar para casa. Isso ajuda a manter o nosso relacionamento forte e saudável.

Quando tomamos essa decisão, eu estava um pouco preocupada com a maneira como lidaria com o fato de as crianças quererem ir o tempo todo à casa do vovô e da vovó. Esse é certamente um desejo normal para um neto. Sabia que não ficaria feliz se eles simplesmente começassem a aparecer a qualquer hora, então falei com meus filhos, e concordamos que eles não deixariam as crianças virem sem antes pedir ou telefonar. Para algumas pessoas isso pode parecer estranho, mas era crucial para mim por causa da minha agenda apertada.

Dave, nossos netos e eu conversamos sobre os nossos limites, e desde que todos os respeitem, nós convivemos muito bem. Não é errado ter limites; eles protegem a privacidade à qual temos direito.

O que devemos fazer quando as pessoas não entendem os limites estabelecidos por você? Na maior parte do tempo, quando isso acontece, é simplesmente pelo fato de limites não serem algo de que elas precisem em suas vidas, então elas não entendem por que você precisa deles. As pessoas têm necessidades diferentes por causa das suas diferenças de personalidade e de estilo de vida.

Devemos respeitar essas necessidades uns dos outros, e não julgá-los ou criticá-los. Algumas pessoas são simplesmente egoístas, elas querem fazer tudo o que desejam , quando desejam , sem ter consideração por mais ninguém. Isso, é claro, é uma atitude errada, e ser obrigado a respeitar os limites dos outros é muito bom para esse tipo de pessoa. Pessoas egoístas certamente podem roubar a nossa paz se permitirmos que elas façam isso.

Conforme mencionei, cada pessoa tem necessidades e limites diferentes. Isso é verdade até mesmo em relação aos nossos quatro filhos. Uma de nossas filhas quer que todos da família telefonem para ela antes de passar na sua casa, e a outra diz: "Apareçam a qualquer hora, a porta está sempre aberta". Melhoramos o nosso relacionamento com os outros respeitando os seus limites. Respeito é algo crucial para os bons relacionamentos.

Todos nesta vida têm direito à privacidade. Talvez haja coisas que não queremos que as pessoas saibam ou vejam. Por mais próximos que sejamos de alguém, todos nós temos o direito e a necessidade de ter privacidade. Até mesmo em um casamento, precisamos de certa privacidade. Por exemplo, não gosto que ninguém mexa na minha bolsa sem a minha permissão, nem mesmo meu marido. Não porque eu esteja escondendo algo — não há nada em minha bolsa que seria um problema alguém ver — mas aquele é meu espaço particular para guardar meus objetos pessoais, e quero que os outros respeitem o meu direito de ter aquele espaço.

Nunca mexo na carteira de Dave, a não ser que ele me peça para fazer isso. Se eu tivesse uma emergência e precisasse de dinheiro, eu o faria, mas não mexo nas coisas particulares dele. Não mexo na pasta dele, porque é outra área onde as pessoas guardam objetos especiais para elas. Mais uma vez, digo que não é por elas estarem escondendo algo, é simplesmente para respeitar a sua privacidade. Agindo assim, estamos respeitando o direito delas como pessoa.

Tive um parente que costumava vir à minha casa, e sem pedir, pegava comida na geladeira. Muitas vezes ele comia o último pedaço de alguma coisa, sem se importar se tínhamos a intenção ou não de usar aquilo para nós mesmos. Esse é um comportamento rude e inaceitável. Precisei falar com essa pessoa acerca disso, embora, na verdade, ela não deveria nem sequer ter me colocado na posição de precisar dizer algo a respeito.

Às vezes pressionamos os outros e lhes damos trabalho porque não respeitamos a sua privacidade da maneira adequada. Alguns fazem perguntas que não deveriam fazer, outros são intrometidos, e outros simplesmente não são sábios. Sou uma pessoa muito direta e faço muitas perguntas, mas também tento usar de sabedoria e não invadir a privacidade de ninguém. Eu não perguntaria a ninguém quanto ganha, por exemplo. Jamais perguntaria a alguém que obviamente estivesse fora do peso quanto pesa. Não perguntaria quanto pagou por uma roupa a não ser que fosse alguém muito próximo e eu soubesse que não ficaria ofendido. Se alguém estivesse usando algo que parecesse ser um diamante grande, eu normalmente não perguntaria se ele é verdadeiro ou falso.

Pelo fato de ser uma pessoa direta, geralmente digo às pessoas: "Se eu lhe perguntar algo que não queira responder, simplesmente me diga, e eu não ficarei ofendida". Sou muito aberta com relação à minha vida, mas às vezes preciso me lembrar de que nem todos são assim.

Seja claro com relação ao que você quer em um relacionamento, e esteja pronto a confrontar as pessoas amorosamente quando não respeitarem os seus limites. A maneira como você inicia seus relacionamentos é a maneira como eles permanecerão, portanto, se você não aprova algo, não tenha medo de falar. Quando você deixa alguma coisa passar e não trata do assunto, as pessoas encaram isso como uma aprovação e geralmente o comportamento delas piora.

É muito comum as pessoas não confrontarem as outras, o que é outra maneira de dizer que elas não estabelecem limites. O confronto geralmente as ofende simplesmente porque a natureza humana é desenfreada e quer fazer o que quiser sem se preocupar com os outros. Isso não é saudável para nenhum relacionamento ou pessoa. Todos nós precisamos ouvir as pessoas dizerem de várias maneiras: "Você pode chegar até aqui, mas não vá além disso".

Precisamos deixar claro para as pessoas o que queremos ou não fazer. Por exemplo, os avós devem ter o direito de dizer: "Posso ficar com as crianças de vez em quando, mas não o tempo todo". Se eles quiserem fazer isso mais vezes, tudo bem, mas não devem ser levados a se sentirem como se fossem maus avós caso não queiram ficar com as crianças. Mais uma vez, devemos lembrar que cada um de nós tem um estilo de vida diferente e níveis de tolerância diferentes, e ninguém deve se envergonhar por não desejar fazer o que outra pessoa faz.

A sogra de minha filha adora cuidar dos netos. Ela faz isso o tempo todo, muitas vezes por dias seguidos. Eu não gostaria de fazer isso, não por deixar de amar meus netos — eu os amo muito e ministro a eles de outras maneiras — mas meu estilo de vida não me permitiria passar a maior parte do meu tempo livre cuidando de crianças e ao mesmo tempo continuar sendo feliz. Não me sentiria bem assim.

Muitas pessoas fazem várias coisas com as quais não se sentem bem simplesmente por não entenderem a importância dos limites. Eles não apenas nos protegem, mas a outras pessoas e também a longevidade dos nossos relacionamentos. Limites protegem nossa paz!

MANTENHA AS PESSOAS ERRADAS FORA DA SUA VIDA

Talvez nada nos afete mais do que certas companhias com as quais passamos muito tempo. A Bíblia tem muito a dizer sobre que tipo de pessoas não devemos deixar entrar em nossa vida.

Por exemplo, a Palavra nos diz para não nos associarmos com alguém que se embriaga, ou com um glutão ou ladrão, nem com quem é culpado de imoralidade ou ganância, que é idolatra ou tem a boca suja (ver Provérbios 23:20-21; 1 Coríntios 5:11). Por que não? Simplesmente por sermos tentados a fazer o que os outros fazem, e esses comportamentos levam a consequências nada saudáveis. Você alguma vez já decidiu que não ia comer sobremesa e depois mudou de ideia porque os outros decidiram comer? Obviamente não estou dizendo que é errado comer sobremesa; estou dizendo simplesmente que somos facilmente influenciados pelas atitudes dos outros.

Se as pessoas não têm uma medida de disciplina em suas vidas, elas podem fofocar e contar os seus segredos. Pessoas indisciplinadas vivem frequentemente sob a maldição de um espírito de pobreza, que afeta literalmente todas as áreas de suas vidas. Prosperidade ou pobreza é muito mais do que simplesmente uma questão financeira.

As pessoas que agem debaixo de um espírito de pobreza geralmente fazem tudo mal feito, ou na melhor das hipóteses, de forma medíocre; elas nunca se esforçam ao nível da excelência. Em geral chegam atrasadas aos compromissos, quando aparecem. Tudo que elas possuem é sujo ou precisa de conserto. Elas podem ter uma saúde precária e muitos relacionamentos rompidos.

Pessoas com as quais nos associamos determinam em parte a nossa reputação. Escolho me associar com pessoas de quem me orgulho, e não com aquelas de quem me envergonho. Eventualmente, passamos tempo com elas com a finalidade de tentar ajudá-las, mas devemos colocar os nossos limites para nos certificarmos de que elas não acabem nos ferindo. A Escritura nos adverte com relação a nos associarmos com aqueles que se entregam a conversas fúteis: "Quem vive contando casos não guarda segredo; por isso, evite quem fala demais" (Provérbios 20:19).

Podemos ter certeza de que se alguém está falando conosco de modo pouco gentil sobre os outros, provavelmente essa pessoa falará da mesma maneira a nosso respeito. Tive muitas decepções em relacionamentos, até entender essa verdade e estabelecer limites para as pessoas que eu escolhia como amigas.

Certa vez, conheci alguém de quem gostei muito. Tínhamos muito em comum e poderíamos ter sido boas amigas, mas percebi que nunca passávamos tempo juntas sem que essa pessoa dissesse algo depreciativo sobre alguém. Isso realmente me deixava com medo de me aprofundar mais no relacionamento, pois tinha certeza de que essa pessoa faria o mesmo comigo. Eu podia estar perto de alguém como ela ocasionalmente, mas não permitiria que se aproximasse muito de mim.

Não devíamos hesitar em estabelecer limites para nos protegermos. Se quisermos ter paz, precisamos ter comunhão com pessoas que trabalhem pela paz e também a promovam.

Não devemos desenvolver relacionamentos com pessoas que têm um espírito de rebelião. Paulo disse no fim da sua mensagem aos crentes de Tessalônica que eles não deveriam se associar com ninguém que se recusasse a seguir as instruções dadas naquela carta (ver 2 Tessalonicenses 3:14). Em outras palavras, evite pessoas que se rebelam contra as instruções de Deus. Na sociedade de hoje, parece que a rebelião tem crescido de forma desenfreada, e muitos acham que ser rebelde é legal e também um sinal de liberdade. Entretanto, a rebelião é exatamente o oposto da atitude que Deus nos ensina a ter na Sua Palavra.

Devemos nos submeter à autoridade certa em nossas vidas, e aqueles que se recusam a fazer isso têm um problema sério. Na verdade, a Bíblia afirma que o espírito de rebelião em operação no mundo de hoje é o espírito do anticristo (ver 2 Tessalonicenses 2:7-8). Nunca aprenderemos a viver nos caminhos de Deus sendo rebeldes; em vez disso, aprenderemos apenas a viver uma vida anárquica. Esta é uma forte passagem bíblica à qual precisei dedicar muita reflexão:

> Mas agora estou lhes escrevendo que não devem associar-se com qualquer que, dizendo-se irmão, seja imoral, avarento, idólatra, caluniador, alcoólatra ou ladrão. Com tais pessoas vocês nem devem comer (1 Coríntios 5:11).

Creio que a mesma instrução se aplica ao que mencionei anteriormente: ajude as pessoas se puder, mas não deixe que elas magoem você. Se estivermos passando tempo com elas para ajudá-las ou a fim de sermos um exemplo para elas, ou para ministrá-las, certamente não podemos fazer isso nos recusando a ficar perto delas em momento algum. Mas precisamos influenciá-las e não permitir que nos influenciem. Como eu sempre digo, precisamos nos certificar de que seremos nós que iremos *afetá-las*, e não elas que nos irão *infectar*.

Jesus comia com publicanos e pecadores, mas fazia isso para ajudá-los a ver a luz, para que pelo Seu exemplo, também pudessem ver a vida que estava disponível para eles. Jesus disse que somos a luz do mundo, e não devemos colocar a nossa luz debaixo de um velador. Em outras palavras, não podemos ficar escondidos o tempo todo, pois assim não conseguiremos fazer bem algum ao mundo.

Quando estou com pessoas problemáticas e não quero ter os mesmos problemas, mantenho meu coração protegido até certo ponto. Provérbios 4:23 diz: "Acima de tudo, guarde o seu coração pois dele depende toda a sua vida". Em outras palavras, tomo cuidados especiais para não tomar atitudes ou adotar opiniões contrárias ao que a Bíblia me diz. Estabeleço um limite e deixo que elas se aproximem o suficiente para que eu tente ajudá-las, mas não o suficiente para me machucar.

CUIDADO COM OS EMBARAÇOS

Não é sábio se envolver nos problemas alheios. Algumas pessoas são o que costumo chamar de *sugadoras*. Elas não acrescentam nada à minha vida, e Satanás as usa para me sugar, tirando toda a força tão necessária para mim. Hebreus 12:1 afirma que devemos evitar todos os obstáculos e o pecado que tão prontamente nos embaraça. Não é só o pecado que faz isso, mas também as circunstâncias caóticas relacionadas à vida dos outros. Elas nos oprimem e roubam a energia que precisamos para cumprir o chamado de Deus em nossa vida.

Em 2 Timóteo 2:4 a Bíblia nos encoraja como soldados do exército de Deus a não nos embaraçarmos em questões da vida civil. A palavra *embaraçar* é uma peça-chave a ser considerada. Naturalmente, estaremos sempre envolvidos com pessoas, e muitas delas terão problemas; também tentaremos ajudá-las com o amor e a misericórdia de Cristo. A Bíblia não diz: "Não tenha *nenhum* envolvimento com esse tipo de pessoas"; ela diz para não ficarmos embaraçados.

Embaraçar-se significa se complicar ou se confundir, entrar em uma confusão ou em um nó. Esses relacionamentos difíceis geram dor em nossa vida, assim como sentimos dor quando tentamos nos pentear e há um nó no nosso cabelo.

Penteamos nossa cadela diariamente para que o seu pelo não fique embaraçado. De vez em quando, se deixamos que ele fique embaraçado, é doloroso e leva muito tempo para retirar os nós. Do mesmo modo, devemos prestar atenção em nossas vidas e relacionamentos para termos certeza de não estarmos desequilibrados e nem embaraçados com coisas que sugam a nossa energia a ponto de nunca realmente ajudarmos ninguém.

Amo as pessoas, e o chamado sobre a minha vida é o de ajudá-las de todas as formas possíveis; entretanto, acabei precisando aprender que nem todas as pessoas que tento ajudar realmente receberão essa ajuda. Até as que afirmam querer ajuda nem sempre receberão o que temos a oferecer. Elas podem querer nos enredar em seus problemas, querendo falar sobre eles, repetindo-os sem parar e sentindo-se amarguradas por causa deles, mas na verdade não querem superá-los e seguir em frente.

Para algumas pessoas, seus problemas acabam tornando-se o centro de suas vidas, e elas não saberiam como fazer o tempo passar sem eles. Seus problemas se tornaram quem elas são: pessoas problemáticas a quem todos devem servir. Isso pode parecer um pouco severo se você for uma pessoa de coração sensível ou abençoada com o dom da misericórdia, mas quando muitas pessoas tiverem roubado o seu tempo e você perceber que elas nunca mudam, então entenderá o que eu quero dizer.

Passei três anos ministrando quase que diariamente a um parente a quem eu amava e que parecia querer desesperadamente receber ajuda. Ela afirmava realmente desejar isso e até progrediu por algum tempo, mas sempre voltava ao mesmo poço. Isso me custou dinheiro e esforço, e no fim, nada mudou em relação ao dia em que começamos.

Não lamento pelo que fiz; não lamento nem um pouco o investimento que fiz, pois creio que Deus muitas vezes nos usa para dar oportunidades às pessoas. Todas elas têm direito a uma oportunidade, mas o que fazem com ela é problema delas. Essa pessoa teve literalmente todas as oportunidades de ter uma vida maravilhosa, entretanto continuou fazendo escolhas que só lhe trouxeram mais destruição.

Percebi claramente quando chegou a hora de parar. O desejo de continuar a estar envolvida com ela me abandonou completamente. Recebia telefonemas de pessoas me dizendo que eu precisava ajudar fazer alguma coisa, ter uma resposta para aquela pessoa, mas para mim havia terminado. Eu não podia deixá-la me fazer sentir culpada porque eu tinha certeza de haver seguido a direção de Deus não apenas ao tentar ajudar, mas também ao decidir parar. Foi preciso estabelecer um limite, que nesse caso dizia: "Não ultrapasse".

Se eu me deixasse levar pela emoção ou tivesse assumido uma falsa culpa, poderia ter ficado enredada em uma situação que Deus não teria me dado graça para suportar. Quando tomamos atitudes sem a graça de Deus, estamos agindo com base na energia da nossa própria carne, o que não apenas nos frustra, mas também nos confunde e derrota.

Desperdicei muito tempo da minha vida tentando agir por mim mesma, de modo independente da ajuda e da aprovação de Deus. Recuso-me terminantemente a continuar fazendo isso. Não vou ficar embaraçada com pessoas que querem me ver usando meu tempo e energia tentando ajudá-las, quando na verdade não querem mudar. Não vou permitir que elas me frustrem e, assim, roubem a minha paz.

Lembre-se de que Jesus disse para não nos permitirmos mais ficar agitados e perturbados (João 14:27). Algumas das pessoas e circunstâncias da vida que nos angustiam nunca mudarão até estabelecermos limites e as mantermos de fora.

Nós realmente ajudamos milhares de pessoas ao longo dos anos. Pessoas que tinham problemas sérios receberam essa ajuda e mudaram completamente — e para melhor. Também aprendemos a reconhecer os sinais daqueles que nunca mudarão. Eles têm problemas eternos, e incessantemente afirmam que são sempre culpa de alguém. Ficam magoados se você tentar fazer com que eles encarem a verdade ou assumam qualquer responsabilidade, e se recusam a seguir um programa traçado por alguém para ajudar em sua recuperação. Como sempre, eles dizem que querem ajuda, mas de algum modo, terminam nunca aproveitando essa ajuda.

Você nunca deve se sentir culpado por estabelecer um limite de proteção ao redor da sua vida para manter esse tipo de pessoa de fora. Na verdade, você não estará usando de sabedoria se não colocar esses limites. A Palavra de Deus nos chama à paz, e os limites nos ajudarão a mantê-la.

A Familiaridade Gera Desprezo

Estabelecer e manter os limites adequados impede que a familiaridade se desenvolva. Isso é muito importante, porque a familiaridade gera des-

260 Parte 3 — Fique em Paz Com os Outros

prezo ou desrespeito. Pense na maneira como uma pessoa trata um carro novo. Ela o admira, lava-o o tempo todo e espera que todos tomem muito cuidado quando estão dentro dele. Não permite sapatos sujos e nem comida dentro do carro.

Mas o que acontece quando o carro já tem alguns anos? Acaba ficando sempre sujo, amassado, cheio de latas vazias de refrigerante e papel de hambúrguer. O que aconteceu? O dono do carro acostumou-se com ele, já o considera uma coisa comum e não demonstra mais ter o mesmo cuidado com ele que tinha quando era novo. Ele poderia ter continuado a mantê-lo com a mesma aparência de novo se tivesse lhe dado sempre a mesma atenção.

Quando as pessoas começam a trabalhar em nosso ministério, acham que é a melhor coisa que lhes poderia acontecer, ficam impressionadas e extremamente gratas pela oportunidade que Deus lhes deu. Entretanto, se não tomarem muito cuidado, com o passar do tempo elas estarão reclamando das mesmas coisas que antes achavam maravilhosas. Por que isso acontece? Por um único motivo: a familiaridade.

Encontramos um ótimo exemplo dos perigos da familiaridade na Bíblia com relação à arca de Deus. Quando Davi estava tentando levar a arca para casa, um homem chamado Uzá estendeu a mão para firmá-la sobre a carroça que a estava carregando, e Deus o fulminou porque ninguém devia tocá-la (ver 1 Crônicas 13).

Uzá conhecia as instruções estritas com relação à arca, então por que ele a tocou? Creio ter sido por ela ter ficado guardada na casa de seu pai por um bom tempo — ele havia se familiarizado com ela. Assim Uzá achou que podia tomar algumas liberdades. Seu nível de respeito havia diminuído sem que ele sequer percebesse, simplesmente devido ao fato de permanecer perto da arca por muito tempo. Nesse caso, a familiaridade lhe custou a vida.

Em nossa própria vida, talvez a familiaridade nos custe mais do que podemos perceber. Talvez deixemos que os relacionamentos com pessoas que são de Deus se percam por perdermos de vista o valor dessas pessoas em nossa vida.

O mesmo acontece com o casamento, com uma amizade ou com qualquer privilégio que nos é concedido. Tudo que é novo parece maravilhoso, mas quando ficamos familiarizados, começamos a ter menos respeito pelo que temos, ou podemos até mesmo desdenhar. Uma jovem noiva pode concordar com cada palavra de seu marido, admirando-o abertamente por sua sabedoria, mas depois de dez anos de casamento, ela pode discordar de todas as opiniões dele. No entanto, alguém que ela mal conhece pode ter a mesma opinião de seu marido e ela irá respeitar e aceitar tudo o que essa pessoa diz. Você já disse ao seu cônjuge: "Eu lhe disse a mesma coisa que eles disseram, e você discutiu comigo"? Isso já aconteceu comigo.

O Senhor certa vez falou ao meu coração, dizendo: "Se você demonstrasse ao seu marido a metade do respeito que demonstra ao seu pastor, o casamento de vocês seria muito melhor". Fico envergonhada ao admitir que Ele estava absolutamente certo. Por que eu me comportava assim? Não era por não amar meu marido, mas eu havia permitido que a familiaridade diminuísse a minha admiração e disposição de receber conselhos dele. O pastor foi um novo elemento acrescentado à minha vida naquela época, e eu não o conhecia tempo suficiente para que ele me parecesse familiar.

Como podemos viver com alguém sem nos familiarizarmos com ele? Certamente conheceremos bem aqueles com quem passarmos muito tempo. Mas perder de vista o *motivo pelo qual* costumávamos admirar uma pessoa é o que gera essa familiaridade negativa, destruindo a paz nos relacionamentos ordenados por Deus.

Por esse motivo, muitas pessoas em posição de autoridade acham que não podem passar muito tempo com aqueles que estão debaixo de sua autoridade. A experiência lhes mostrou que a maioria das pessoas perde o respeito quando se tornam mais íntimas. É preciso ser sábio e ter uma grande maturidade espiritual para trabalhar sob a autoridade de alguém e também ser amigo íntimo dessa pessoa.

Muitos costumam admirar "o chefe", e isso é bom; devemos respeitar e honrar a quem é devido. Se realmente respeitamos e admiramos os que estão acima de nós, isso nos ajudará a servi-los adequadamente. Mas estar muito tempo ao lado deles pode fazer com que comecemos a encará-los como o "meu velho amigo João" ou o "meu coleguinha Carlos", e algo acontece em nosso coração que termina matando o relacionamento. O respeito é a chave para os bons relacionamentos, e sinto que a falta dele é uma das principais razões pelas quais os relacionamentos são destruídos.

Não devemos nos permitir estar familiarizados demais com as coisas e com as pessoas que nos cercam e hoje são especiais para nós. Algumas coisas que possuo são muito especiais para mim; eu as trato como preciosas, tomando todas as precauções para que não sofram qualquer tipo de dano. A maneira como vemos as coisas determina como lidamos com elas. E mais ainda, as pessoas que são especiais para nós são aquelas com as quais devemos nos relacionar com grande respeito, tratando-as com cuidado, apreciando-as, agradecendo a Deus pela amizade delas. Não deixe o que é especial tornar-se comum. Para impedir que consideremos uns aos outros como algo comum e banal, podemos adquirir a prática de nos lembrarmos do quanto essas pessoas são preciosas e nos concentrarmos na gratidão pela presença delas em nossa vida.

Pode até ser saudável pensar como nossa vida seria afetada se perdêssemos a amizade ou a presença de certas pessoas. *E se essa e aquela pessoa não fizessem mais parte da minha vida? E se de repente elas partissem?* Isso pode nos ajudar a ter em mente o quanto essas pessoas são vitais para nós, e nos ajudar também a tratá-las com o devido cuidado. Fiz isso com meu marido, Dave. Pensei no quanto minha vida mudaria se de repente ele não estivesse nela. Ele é muito precioso para mim, e pretendo tratá-lo com respeito e honra.

ESTABELEÇA LIMITES PARA AS BRINCADEIRAS

Sei de um relacionamento entre dois homens que tinham realmente afeto um pelo outro e foi arruinado em função do excesso de brincadeiras. No início havia um grande respeito e admiração entre eles; ambos gostavam de brincar e se divertiam mexendo com as pessoas. À medida que foram se familiarizando mais um com o outro, a brincadeira começou a ficar mais agressiva. A princípio, as piadas eram bonitinhas e engraçadas, mas logo se tornaram uma manifestação de rivalidade, e percebi que eles usavam o pretexto de estarem brincando para fazer comentários cruéis entre si quando estavam irritados.

Eles deveriam ter mostrado respeito um pelo outro praticando o confronto honesto durante um desentendimento, mas em vez disso, um fazia comentários sobre o outro, com a intenção de corrigi-lo, mas fazia isso sob o pretexto de estar brincando. Então o outro respondia da mesma forma. Essa provocação vinha dos dois lados, é claro, sob a máscara do "estou brincando". Mas quando o caráter, a aparência física ou os membros da família de alguém são afetados pelas "brincadeiras", elas deixam de ser engraçadas.

Os comentários se tornaram cada vez mais rudes e cruéis até que aqueles dois homens começaram a se desrespeitar e perderam o desejo de manter a amizade. Eu certamente não gostava de estar perto deles; a maneira de lidarem um com o outro era constrangedora. Eu percebia que havia um conflito no ar. Sabia que a "brincadeira" não era realmente tão engraçada quanto eles aparentavam ser. A Bíblia diz em Efésios 5:4 que devemos nos livrar de todas as "conversas tolas e gracejos imorais, que são inconvenientes", porque eles geram problemas entre as pessoas, que por sua vez, entristecem o Espírito Santo de Deus.

Eles podiam brincar um com o outro e se divertir assim, bastava apenas manter os limites. Até o divertimento precisa de limites, ou se torna algo maligno. Em outras palavras, precisamos saber até onde ir e quando parar. Podemos estabelecer uma medida para nós mesmos e nunca colocar alguém na posição de precisar impor seus próprios limites.

No fundo, eu mesma sei quando estou gastando demais ou falando e trabalhando demais sem descansar o suficiente. Também sei quando a brincadeira se torna rude e já foi longe demais. A essa altura, preciso pedir desculpas e permanecer dentro dos limites ordenados por Deus, ou então posso acabar arruinando um relacionamento que de outro modo seria ótimo.

A familiaridade em geral é a raiz dos gracejos grosseiros. Quando não conhecemos alguém muito bem, tomamos mais cuidado com o que dizemos, mas parece que quanto mais conhecemos uma pessoa, mais o nosso "verdadeiro eu" se manifesta enquanto a importância que damos às boas maneiras diminui. É melhor continuar agindo respeitosamente em todos os relacionamentos, tratando sempre a todos com cortesia.

Siga O Espírito Santo

Nosso objetivo é permitir que o Espírito Santo de Deus nos conduza ao que produzirá bons frutos em nossa vida, como por exemplo o fruto da disciplina, que é outra maneira de demonstrar que temos limites em nossa vida.

Sem limites, tudo fica fora de controle. Deus quer estar no controle, mas Ele não vai nos obrigar a nada. Nós nos disciplinamos para segui-lo, e isso significa aprendermos a viver dentro de limites.

Não podemos seguir o Espírito Santo e também seguir as pessoas. Ou vamos agradar a Deus, ou vamos agradar às pessoas. Se estabelecermos limites para os outros assim como para nós mesmos, estamos no caminho certo para sermos guiados pelo Espírito de Deus.

Se você pensar realmente no assunto, perceberá que a vida está cheia de limites. A hora de dormir é um limite que diz: "Vou ficar acordado até uma determinada hora e não até mais tarde". Esse limite nos permite ter um bom sono e nos sentirmos saudáveis no dia seguinte; ele nos dá a energia tão necessária. Se ignorarmos nossos limites nesta área com frequência, isso afetará negativamente a nossa saúde.

As placas de sinalização e os sinais de trânsito são limites, bem como a sinalização de limite de velocidade e as faixas amarelas no meio da estrada. Esses limites foram estabelecidos para a nossa segurança.

Não olhe para eles como algo a ser desprezado, mas como algo que oferece segurança a todos nós. Se *limite* é uma palavra com a qual você não está familiarizado, sugiro que você aprenda tudo que puder nessa área. Recomendo enfaticamente o livro do Dr. Henry Cloud e do Dr. John Townsend intitulado *Boundaries* (Limites). Ele foi muito útil para mim e para várias pessoas que conheço. Sem limites, jamais desfrutaremos paz em nossa vida.

Se você tomou a decisão de buscar a paz, estabelecer e manter limites deve se tornar uma prioridade para você. Os limites o protegerão contra a tendência de ofender-se com facilidade, que é a próxima maneira de manter a sua paz.

Mantenedor da Paz Nº 19

ESQUEÇA AS OFENSAS

Precisamos aprender a escolher nossas batalhas. Já existem conflitos demais na vida — não precisamos combater todos eles. Temos muitas questões importantes para tratar, então o mínimo que podemos fazer é adotar a prática de esquecer todas as pequenas coisas que as pessoas fazem para nos irritar. Como vimos no capítulo sobre ter consideração pelas pessoas, Deus pode nos levar a confrontar os outros por sua má conduta ou até por ultrapassarem os limites estabelecidos, mas há vários problemas menores que precisamos simplesmente ignorar.

Não estamos sozinhos em nosso dilema; até os doze discípulos a quem Jesus treinou pessoalmente tinham problemas de relacionamento uns com os outros. Pedro perguntou a Jesus quantas vezes deveria perdoar o seu irmão pela mesma ofensa (ver Mateus 18:21-22). Isso indica que alguém, talvez um dos outros discípulos, irritava Pedro continuamente de alguma maneira. Pode ter sido algo tão simples quanto um conflito de personalidades ou um hábito irritante, mas seja lá o que fosse, Satanás usava aquilo para roubar a paz de Pedro.

Jesus disse a ele para perdoar setenta vezes sete, o que significava o número perfeito de vezes. Devemos ignorar as ofensas dos outros seja quantas vezes for necessário para permanecermos em paz ao longo da nossa vida.

Todos devem manter seus olhos bem abertos ao entrar em um relacionamento íntimo, entendendo que haverá coisas nas pessoas que os incomodarão. *Depois* de iniciarmos esses relacionamentos, precisaremos *fechar nossos olhos* para muitas coisas. Não adiantará nada nos concentrarmos nas falhas, pois algumas delas podem nunca desaparecer. Com o passar dos anos, algumas características da pessoa mudam e outras parecem permanecer para sempre.

"... o amor perdoa muitíssimos pecados" (1 Pedro 4:8). A Bíblia nos instrui a nos suportarmos uns aos outros (ver Efésios 4:2). Em outras palavras, devemos permitir que as pessoas tenham algumas imperfeições.

Pessoalmente reajo muito melhor quando permitem que eu seja humana do que quando certas pessoas esperam que eu seja divina (em outras palavras, perfeita). Detesto a pressão de tentar agradar alguém em tudo. Isso me deixa inquieta e no limite; sinto como se tivesse de pisar em ovos para não ofender ninguém nas mínimas coisas. Se eu quiser colher relacionamentos que me permitam ser eu mesma, preciso semeá-los.

Recentemente, eu falava com a minha assistente administrativa. Discutíamos o fato de ser impossível passar tanto tempo juntas sem nunca percebermos as imperfeições uma da outra. Precisamos ser generosos e deixar para trás o que passou. Isso significa que não precisamos fazer uma tempestade em um copo d'água por cada erro cometido e que muitas vezes não precisamos nem mesmo mencionar esses erros.

Já percebi por experiência própria e de outras pessoas que quando estamos dispostos a perdoar, queremos que a pessoa a quem estamos perdoando *saiba* que a estamos perdoando. Geralmente queremos pelo menos mencionar isso.

Você Será Testado Todos Os Dias

Por que é tão difícil ignorar completamente uma ofensa? Ao contrário, fazemos questão de mencionar o fato de que relevamos esse tipo de comportamento ofensivo para que nossos ofensores não pensem que podem nos tratar de forma inadequada sem que aja qualquer consequência, e isso é um tipo de autoproteção. Mas Deus quer que confiemos nele para nos proteger assim como para nos curar de *todas* as mágoas e feridas emocionais, *todos os dias.*

Imagino o quanto ficaríamos esgotados ao fim de cada dia se Deus mencionasse cada pequenina coisa que fizemos de errado. Ele realmente trata conosco, mas tenho certeza de que também passa por cima de muita coisa. Se as pessoas são corrigidas demais, isso pode desencorajá-las e quebrantar o seu espírito.

Devemos criar o hábito de lidar apenas com o que o próprio Deus nos impulsiona a lidar, e não com tudo que temos vontade de confrontar ou com cada pequena situação que nos incomoda. Sou o tipo de pessoa que não tenho a tendência de levar desaforo para casa.

Não gosto de sentir que alguém está tirando vantagem de mim, em parte porque sofri abuso na minha infância e em parte porque sou humana, e nenhum de nós gosta de ser desrespeitado. No passado, eu era rápida em dizer a todo mundo quais eram os seus erros, mas aprendi que isso não agrada a Deus.

Assim como queremos que os outros sejam misericordiosos conosco, precisamos ser misericordiosos com eles. Colhemos o que plantamos — nem mais nem menos. Até Deus pode reter a Sua misericórdia se não estivermos dispostos a ser misericordiosos com as pessoas.

Devemos ser pacificadores, e não opositores. Lembre-se de que quando um não quer, dois não brigam. Se você responder com palavras duras instigará a raiva, mas se responder a uma afirmação ofensiva com uma "resposta branda", você "desviará o furor" (Provérbios 15:1). Alguém disse que sentir raiva é nos colocar a um passo do perigo.

Creio que nossas vidas podem ser cheias de paz se simplesmente decidirmos fazer o que é certo em todas as situações. Existe uma maneira certa e uma maneira errada de lidar com as tempestades da vida. Mas até ser cheia do Espírito Santo e começar a aprender sobre o poder que está a minha disposição, como crente, para fazer o que é certo eu nunca lidava com as ofensas corretamente.

A economia de Jesus funciona ao contrário do que o mundo nos ensina. Ele diz que podemos ter paz em meio à tempestade. Agora, pense simplesmente em como seria tremendo se *em qualquer circunstância* você pudesse permanecer na mais completa paz.

Você pode manter a paz em um engarrafamento inesperado. Pode mantê-la quando precisa esperar na fila do supermercado, enquanto os

268 Parte 3 — Fique em Paz Com os Outros

produtos da pessoa na sua frente não têm preços, o caixa fica sem fita na caixa registradora ou quando está sendo atendido por um funcionário novo que não sabe o que está fazendo direito, enquanto você está com a maior pressa.

Mesmo assim, você pode evitar perder a sua paz ou ter uma dor de cabeça e mesmo uma úlcera, bem como evitar fazer do seu testemunho um desastre se tomar cuidado para não agir como um tolo. Mesmo assim, você pode simplesmente ficar firme porque tem dentro de você o poder para continuar em paz.

Jesus disse que nos dá poder até para "pisarmos sobre serpentes e escorpiões, e sobre todo o poder do inimigo" (Lucas 10:19). Ele prometeu que nada nos causará dano algum. Se nós temos poder sobre o inimigo, com certeza temos poder para ignorar as ofensas dos outros. Deus nos dá a energia de que precisamos para tratar as pessoas corretamente.

Entenda que todas as vezes que você é tentado a ficar ofendido e irritado, a sua fé está sendo provada. A Palavra diz:

> Nisso vocês exultam, ainda que agora, por um pouco de tempo, devam ser entristecidos por todo tipo de provação. Assim acontece para que fique comprovado que a fé que vocês têm, é muito mais valiosa do que o ouro que perece, mesmo que refinado pelo fogo é genuína e resultará em louvor, glória e honra, quando Jesus Cristo for revelado (1 Pedro 1:6-7).

Pedro estava dizendo: "Não fiquem impressionados com as provações abrasadoras que vocês estão passando, porque elas estão acontecendo para testar a sua qualidade". Cada teste de relacionamento é uma oportunidade de glorificar a obra de Deus em você como um testemunho para aqueles que estão observando você suportar a ofensa.

Por que você acha que na escola era necessário fazer as provas finais antes de passar para o próximo ano? Você não se formava e era aprovado para o próximo ano só por comparecer à escola todos os dias. Você só conseguiu receber um diploma quando fez as provas finais e mostrou que podia responder às perguntas.

De acordo com a Bíblia, Deus nunca permitirá que nos sobrevenha mais do que podemos suportar. Mas com cada tentação, Ele também dará o escape. Lembre-se, o único momento em que não encontraremos a força de Deus em nossas vidas para fazer o que está diante de nós é se estivermos tentando fazer algo que Deus nunca nos disse para fazer. Ele nunca nos disse para nos ressentirmos pelas ofensas dos outros. Na verdade, o perdão é algo muito importante para Deus.

Jesus disse:

> Pois se perdoarem as ofensas uns dos outros, o Pai celestial também lhes perdoará. Mas se não perdoarem uns aos outros, o Pai celestial não lhes perdoará as ofensas (Mateus 6:14-15).

NÃO PEÇA CONSELHOS A SI MESMO

Salomão disse que ele se aconselhava com a sua própria mente, e na essência ele concluiu que agir assim era como "correr atrás do vento" (ver Eclesiastes 1:17). A nossa mente nos diz para ficarmos irritados se alguém nos ofender, mas Deus diz que devemos esquecer.

Costumo ensinar algo que chamo de "sacuda isso". Esse ensinamento se baseia no momento em que Paulo estava na ilha de Malta. Ele estava ajudando algumas pessoas a acenderem uma fogueira quando uma serpente venenosa se prendeu à sua mão. A princípio, quando viram isso, todos pensaram que Paulo devia ser uma pessoa má para algo tão ruim acontecer com ele. Elas observaram, esperando ele cair morto.

Mas a Bíblia diz que Paulo simplesmente "sacudiu a víbora no fogo". Podemos aprender muito com isso. Quando alguém nos ofende ou nos rejeita, precisamos encarar isso como uma mordida de Satanás e simplesmente sacudi-la. Se ouvirmos que alguém andou falando mal de nós precisamos sacudir isso. Quando estamos sentados em um engarrafamento e começamos a nos sentir irritados, precisamos deixar esse sentimento de lado.

A frustração não vai passar sozinha. Ela continua fazendo a pressão subir cada vez mais, como se alguém estivesse apertando os parafusos dos nossos nervos. Mas quando se sentir assim, você pode simplesmente

270   Parte 3 — Fique em Paz Com os Outros

sacudir isso para longe de você e se recusar a ceder a esse sentimento. Às vezes tornamos as coisas maiores do que elas precisam ser; nós as sopramos e as enchemos como se fossem bolas até passarem a ter um tamanho desproporcional. Podemos optar por deixar as ofensas para trás antes de criarem raízes em nós e causarem problemas graves.

Jesus disse aos discípulos que se entrassem em alguma cidade que não os recebesse, deveriam ir para a próxima cidade. Ele lhes disse para sacudirem a poeira dos pés e seguirem em frente. Ele não queria que os discípulos ficassem paralisados pela rejeição que haviam experimentado, mas que estivessem focados em compartilhar o testemunho da obra que o Senhor havia feito em suas vidas.

Do mesmo modo, à medida que seguimos o Espírito, podemos sacudir e lançar fora as ofensas para mantermos a nossa paz. Quando os outros virem que podemos permanecer calmos mesmo quando "a serpente" nos morde, eles vão querer saber de onde vem aquela paz em nossa vida.

Quando estamos irritados, não podemos ouvir Deus claramente. A Bíblia nos promete que Deus nos guiará e conduzirá para fora dos nossos problemas, mas não podemos ser guiados pelo Espírito se estivermos ofendidos e agitados.

Não podemos fugir das tempestades da vida, ou da tentação de ficarmos irritados com alguém, mas podemos reagir às ofensas dizendo: "Deus, Tu és misericordioso, e Tu és bom. E vou colocar a minha confiança em Ti até que esta tempestade passe" (ver Salmos 57:1). Não podemos evitar que sintamos emoções negativas, mas podemos aprender a administrá-las. Podemos confiar em Deus para nos dar graça para agir da maneira de Deus em uma situação que não provém de Deus.

Um dia, estávamos procurando uma vaga para estacionar e um carro estava dando marcha a ré, então Dave esperou para poder ocupar a vaga. Ele estava com o pisca alerta ligado, indicando claramente que estava esperando para estacionar. Bem, um homem atrás de nós em uma bicicleta ficou muito irritado porque nós paramos. Ele gritava e esbravejava, e ficou parado ao lado de Dave, mas mantivemos a nossa paz e sorrimos para ele. Mas enquanto aquele sujeito gritava conosco, outra pessoa veio e pegou a nossa vaga!

Lembro-me da época em que esse tipo de coisa podia realmente nos irritar, mas passamos por tantas provações que conseguimos encolher os ombros e dizer: "Seja abençoado, espero que aproveite bem essa vaga!" e encontramos outro lugar para estacionar. Aprendemos a não mais deixar que pessoas ofensivas roubem a nossa alegria. Poderíamos dizer que aprendemos a não deixar que as pessoas ofensivas nos ofendam.

De que adianta ficar irritado com alguém por tomar a sua vaga? Você pode ficar furioso e incomodado, mas a outra pessoa continuará estacionada na sua vaga. E você provavelmente nunca mais a verá enquanto viver, então, por que deixar isso roubar a sua paz, ainda que por alguns minutos?

No momento em que você perde a sua paz, o diabo vence. Se o fato de fazer você ficar ofendido funcionar uma vez, acredite em mim, ele vai continuar sempre preparando armadilhas iguais para você.

Mais tarde, Dave disse que a pessoa que tomou a nossa vaga na verdade nos ajudou. Nós não sabíamos que estávamos na quadra errada, e se tivéssemos estacionado ali ficaríamos longe do lugar onde queríamos ir. O que Satanás tenciona para o nosso mal, Deus transforma em bem. Fazer o que é certo leva à paz e à alegria.

Justiça, paz e alegria no Espírito Santo constituem uma progressão. Se não soubermos quem somos em Cristo, então não entenderemos que temos a força dele em nós para fazer o que é certo. Dessa forma não teremos paz, e se não tivermos paz, não teremos alegria. Então, se você perdeu a sua alegria, precisa retroceder e descobrir onde foi que perdeu a paz para depois fazer o que é certo naquela situação.

As pessoas sem Cristo, que não vivem no reino de Deus, não têm o poder de evitarem ficar ofendidas. Quando têm um problema, a única escolha para elas é ficar angustiadas. Mas nós temos uma escolha. Podemos acreditar que Jesus está conosco na nossa situação, e embora às vezes Ele pareça estar dormindo no meio da nossa tempestade, podemos saber que Ele é capaz de dizer à tempestade para se aquietar — e quando Ele fizer isso, ela vai parar.

Não Chore Pelo Leite Derramado

Se você quiser ter paz, precisa estar disposto a ser adaptável e a ajustar-se às pessoas e às circunstâncias. Quando eu vivia no "modo explosivo", todas as noites meus filhos sempre derramavam alguma coisa na mesa do jantar. E todas as noites eu tinha um ataque.

Eles viravam suas xícaras e começavam a chorar assim que viam o leite escorrendo. Aprendi que quando você derrama algo, precisa tentar limpar antes que o líquido chegue à dobra do meio da mesa. No caso do leite, por exemplo, ele vai azedar depressa ali com toda aquela sujeira escondida! Por fim, você precisará desmontar a mesa inteira e raspar o leite seco e os restos de comida das fendas da mesa com uma faca. (Hoje tenho uma mesa com tampo de vidro, mas o problema agora é que todo mundo a arranha! Como você vê, existe sempre algo na vida que você precisará tolerar e deixar para lá).

Eu costumava gritar com as crianças: "Será que não podemos fazer uma refeição em paz?" Eu não entendia que poderíamos fazer uma refeição em paz se eu parasse de gritar com todos eles. Eu poderia ter levado paz à nossa mesa todas as noites se apenas limpasse a sujeira e ficasse calada.

Então, se você tem se perguntado como ter paz, posso lhe dizer que você a terá se parar de fazer uma tempestade em copo d'água por qualquer coisa. Você precisará estar disposto a deixar de se perturbar com qualquer acidente ou por não conseguir que as coisas sejam do seu jeito.

Certa noite, eu estava debaixo da mesa porque as crianças haviam derramado alguma coisa que havia chegado à dobra do meio antes que eu conseguisse impedir, e então o líquido já estava escorrendo pelas pernas do centro da mesa. Eu tive um ataque, deixando as crianças irritadas. Nessa hora alguém bateu na minha cabeça, e aquilo me deixou ainda mais furiosa. Eu sabia que havia sido um acidente, sabia que ele ou ela não havia feito aquilo de propósito. O pobre Dave devia estar cansado de se sentar para jantar depois de trabalhar duro o dia inteiro e ser obrigado a suportar minha explosão de fúria. (E eu não conseguia entender por que ele queria ir para o campo de golfe todas as noites para ficar dando tacadas nas bolas, e por isso acabava tendo mais um ataque).

Então ali estava eu, debaixo da mesa, dizendo: "Toda noite alguém tem de derramar alguma coisa! Nós precisamos de um pouco de paz por aqui..." E o Espírito Santo veio a mim (bem ali debaixo daquela mesa), dizendo: "Joyce, quando o leite for derramado, por maior que seja o seu ataque, você não vai conseguir fazer com que ele escorra de volta e suba pelas pernas da mesa, atravessando de volta para dentro do copo". E completou: "Você precisa aprender a seguir de acordo com o fluxo".

Existem algumas coisas a respeito das quais podemos fazer algo, mas existem muitas outras a respeito das quais não podemos fazer nada. Se a situação for do tipo que não podemos fazer nada, então precisamos deixar para lá e manter a nossa alegria. Precisamos manter a nossa paz, fazer o que é certo, e deixar Deus trabalhar a nosso favor.

Quando Jesus disse: "Parem de se *permitir* ficar agitados e perturbados; e não se *permitam* ficar... inquietos" (João 14:27, AMP, grifo da autora), Ele estava dizendo que precisamos nos controlar.

Durante muitos anos, argumentei: "Deus, não quero agir assim, mas simplesmente não consigo evitar". A Bíblia diz que o domínio próprio é um fruto do Espírito, que habita em nós. Não somos obrigados a ceder lugar às emoções desenfreadas. Deus lhe dará poder para fazer o que é preciso ser feito, quantas vezes for necessário. Deus o ajudará a administrar as suas emoções. Se você costuma perder a paz por conta de reações emocionais às provações da vida, não deixe de ler o meu livro *Administre Suas Emoções*. Seja para nos ajudar a não ficar irritados com o leite derramado, seja para perdoar uma ofensa, o Senhor nos dará graça tantas vezes quantas forem necessárias.

A única maneira de termos paz é deixarmos as pequenas ofensas e irritações para trás. Por que não poupar um pouco de tempo e de sofrimento simplesmente perdoando as pessoas imediatamente? Quando estamos irritados, é muito menos provável sermos guiados pelo Espírito de Deus. Não somos sensíveis ao Seu toque quando não mantemos uma vida interior tranquila, e é isso que veremos a seguir.

Mantenedor da Paz Nº 20

MANTENHA UMA VIDA INTERIOR TRANQUILA

Para termos mais paz em nossas vidas, precisamos adotar a prática de simplesmente ficarmos calmos mesmo quando temos vontade de despejar tudo o que pensamos e sentimos. Muitos relacionamentos são rompidos porque todos querem ter a última palavra. Às vezes, o simples fato de manter a nossa paz é o melhor que podemos fazer.

Embora já tenhamos falado sobre a importância de não dizermos palavras fúteis, também há um grande valor em aprendermos a confiar nossas batalhas ao Senhor. Saber que Ele lutará por nós nos encherá de uma profunda paz que excede a todo entendimento, como a paz que Daniel sentiu quando foi jogado na cova dos leões. Davi escreveu algumas palavras que podem expressar os sentimentos de Daniel:

> Ele me guarda ileso na batalha, sendo muitos os que estão contra mim. Deus, que reina desde a eternidade, me ouvirá e os castigará. [Pausa] Pois jamais mudam sua conduta e não têm temor de Deus (Salmos 55:18-19).

Se passarmos tempo meditando nas promessas de Deus, considerando as grandes coisas que Ele fez em nossa vida, isso nos encherá com uma profunda paz que fará que fiquemos calmos mesmo quando os outros parecerem estar cheios de medo, raiva ou ansiedade. A nossa paz trará paz aos outros. A Palavra ensina que ganharemos o respeito das pessoas pela maneira como vivemos nossas vidas: "Esforcem-se para ter uma vida tranquila, cuidar dos seus próprios negócios e trabalhar com as próprias mãos, como nós os instruímos; a fim de que andem decentemente aos olhos dos que são de fora e não dependam de ninguém" (1 Tessalonicenses 4:11-12).

Deus quer que tenhamos disposição de abençoar os outros; somos embaixadores de Cristo, pacificadores que devem demonstrar a presença calma e tranquilizadora de Jesus. Deus nos criou à Sua imagem, e nossas vidas devem ser cheias do fruto da Sua presença que habita em nós.

Muitas pessoas acreditam que se Jesus entrasse em uma sala cheia de conflitos, Ele só precisaria de alguns minutos para trazer paz à situação, fosse ela qual fosse. Ele tinha uma natureza tranquilizadora; era revestido de mansidão, não queria provar nada a ninguém nem estava preocupado com o que as pessoas pensavam a Seu respeito. Ele já sabia quem era por isso não achava que precisava se defender.

Na verdade, nem mesmo quando Pilatos o acusou, Jesus não lhe respondeu nenhuma palavra (ver Mateus 27:14). Outras pessoas ficaram irritadas com Jesus e tentaram iniciar todo tipo de discussão com Ele, mas a Sua reação era sempre pacífica e amorosa. Sua temperamento suave era resultado de uma vida interior tranquila e de um relacionamento de confiança com Seu Pai. Paz interior gera paz exterior.

Jesus era o próprio cumprimento da profecia de Isaías:

> Eis o meu servo, a quem escolhi, o meu amado, em quem tenho prazer. Porei sobre ele o meu Espírito, e ele anunciará justiça às nações. Não discutirá nem gritará; ninguém ouvirá sua voz nas ruas. Não quebrará o caniço rachado, não apagará o pavio fumegante, até que leve à vitória a justiça. Em seu nome as nações porão sua esperança (Mateus 12:18-21).

Deus quer que tenhamos a mesma paz interior que era visível na vida de Jesus, e Ele espera que abençoemos os outros com a mesma graça. 1

Pedro 2:15-16 confirma: "Pois é da vontade de Deus que, praticando o bem, vocês silenciem a ignorância dos insensatos. Vivam como pessoas livres, mas não usem a liberdade como desculpa para fazer o mal; vivam como servos de Deus".

A *Bíblia Viva* parafraseia esse versículo da seguinte maneira: "É da vontade de Deus que a vida correta de vocês faça calarem-se aqueles que insensatamente condenam o Evangelho sem saberem o que ele pode fazer por eles, pois nunca experimentaram o seu poder".

MEDITE NA BONDADE DE DEUS

A carta de Pedro convocou os crentes a demonstrarem respeito por todos e principalmente a amarem os outros cristãos. Devemos honrar aqueles que estão no governo e nos submeter não apenas aos que ocupam posições de autoridade sobre nós e são bondosos, mas também aos que são injustos (ver 1 Pedro 2:17-18). Tenha em mente que o motivo pelo qual Deus nos pede para fazer isso é para que sejamos um testemunho do Seu amor para as pessoas que nunca experimentaram o Seu poder. Deus não tem prazer no nosso sofrimento nesse tipo de situação, mas tem prazer quando nos comportamos à Sua maneira e glorificamos o Seu nome com as nossas atitudes durante essas situações.

Sei o quanto isso parece difícil, mas nossa paz deve vir da confiança que temos no fato de que o Senhor lutará nossas batalhas por nós. Hebreus 13:6 diz: "Podemos, pois, dizer com confiança: O Senhor é o meu ajudador, não temerei. O que me podem fazer os homens?"

Devemos manter a nossa mente em Deus, que opera "maravilhas na terra" e põe fim às guerras. O Senhor diz: "*Aquietai-vos* e sabei que Eu Sou Deus. Serei exaltado entre as nações! Serei exaltado na terra!" (Salmos 46:8-10, ARA grifo da autora).

Se passarmos tempo meditando nas maravilhas que Deus está fazendo no mundo e o exaltarmos acima de todas as diferenças que possamos ter com as pessoas, desfrutaremos uma alegria calma no fundo do nosso coração. Então, quando formos atingidos pela pressão dos relacionamentos e pelas provações da vida diária, de nós brotará o fruto tranquilizador do Espírito.

Há em nós uma vida exterior e uma vida interior; há em nós mais do que podemos ver quando nos olhamos no espelho. Existe outra vida acontecendo dentro de cada um de nós, e essa vida interior precisa aprender a se aquietar e saber que Deus fará todas as coisas cooperarem para o nosso bem.

Sabemos que as pessoas podem fingir algo exteriormente e ter outra coisa totalmente diferente se passando no seu interior. E a Bíblia deixa muito claro que a nossa vida interior é mais importante para Deus do que a exterior, porque Ele vê o nosso coração. Algo que realmente transformou minha vida foi quando entendi que eu poderia estar enganando muitas pessoas, mas não estava enganando a Deus.

O fato de eu agir como se tudo estivesse bem enquanto havia grandes conflitos no meu coração não agradava ao Senhor. Decidi que eu precisava encontrar uma maneira de consertar as coisas dentro de mim. A verdadeira paz não pode ser falsificada. Embora possamos esconder nossas verdadeiras atitudes das pessoas, não podemos escondê-las de Deus, porque Ele vive *dentro* de nós.

Mantenha o Templo de Deus Cheio de Paz

Em 1 Coríntios 3:16 a Bíblia diz: "Vocês não sabem que são santuário de Deus e que o Espírito de Deus habita em vocês?" Ela nos ensina que quando nascemos de novo, nos tornamos a casa de Deus. Dá para imaginar algo mais tremendo do que isso? Somos a casa de Deus, somos o lugar da Sua habitação, e deveríamos desejar que Ele se sentisse bem vivendo em nós.

Ninguém se sente bem vivendo em uma casa cheia de conflitos, e o Espírito Santo fica especialmente entristecido quando não estamos em paz. Todos aqueles anos em que passei vivendo uma vida tumultuada foram desperdiçados. A paz que tenho agora é tão inspiradora que meu desejo é alcançar todas as pessoas do mundo com as boas-novas de que essa paz está disponível por intermédio de Jesus.

Antes de aprender a ter uma vida interior de paz, eu estava sempre zangada; se não fosse com alguém, era comigo mesma. Descobri que se quisesse ter paz, eu teria de optar por ela.

Quando li em 1 Pedro 3:11 que não devíamos apenas *"desejar* ter relações pacíficas" (grifo da autora), mas que deveríamos buscar a paz com todos, entendi que isso queria dizer que não devemos apenas esperar a paz acontecer.

Creio que muitas pessoas *desejam* ter relacionamentos pacíficos, mas estão esperando que a outra pessoa aja corretamente para que elas possam se sentir em paz. Sempre lembro às pessoas que se elas realmente desejam algo não basta apenas fazer um pedido e esperar; elas precisam agir. Precisamos *fazer* a paz acontecer.

ADOTE A PRÁTICA DE SE AQUIETAR

Descobri que em muitas situações, Dave e eu podíamos ter paz se eu me adaptasse um pouco ou se optasse por *não dizer algo que realmente queria dizer.* Descobri que bastaria eu me aquietar, e assim poderia fazer a paz acontecer.

Veja, no início, eu queria ter paz, mas queria que Dave me desse essa paz e meus filhos também. Queria que Deus me desse paz, e então eu estava sempre orando: "Ah, Deus, dá-me paz". Mas depois entendi que Jesus já havia deixado a Sua paz comigo, então pedir a Deus que me desse paz era uma bobagem. . Eu só precisava usar a paz que estava disponível bem dentro de mim.

Vivi dias em que tinha paz, muito dinheiro e ninguém estava me incomodando. Afinal todos faziam o que eu queria, e assim eu conseguia que tudo fosse feito do meu jeito. Eu me sentia bem e tudo estava no seu lugar. Mas esse era o tipo de paz que o mundo nos dá, e não precisamos do poder do Espírito Santo para ter paz quando tudo vai bem.

A paz que Jesus disse ter deixado para nós traz uma profunda convicção de sabermos que, embora nem tudo esteja bem hoje, por fim tudo dará certo. Acreditamos que *isso também passará.* Essa calma vem do poder do Espírito Santo, e ela nos equipa para termos tranquilidade mesmo quando não faz sentido algum ter paz. Como crentes cheios do Espírito, temos essa força do Espírito Santo para não nos preocuparmos mesmo quando existem muitas coisas para nos preocupar.

Acalmar-se é algo que você faz deliberadamente. Você pode ficar irritado sem se esforçar para isso, mas caso queira se acalmar, precisará de algum esforço. Ficar calado é uma maneira poderosa de se acalmar. Em geral, para ter paz, como acabo de mencionar, é importante *não dizer* algo que realmente quero dizer. E eu falo muito, então geralmente para mim é *difícil* não dar a minha opinião e nem ter a última palavra. Mas aprendi que o fruto da paz é uma recompensa maior do que a satisfação temporária de "meter o nariz" em toda e qualquer situação. Estou aprendendo (conforme mencionei no capítulo 16) que estar certo é algo supervalorizado. Geralmente nos esforçamos para isso, mas será que vale a pena passarmos por tantas situações complicadas para ter a simples satisfação, momentânea e carnal, de estar com a razão?

Acalmar-se é uma decisão. Não tem nada a ver com sentimentos. É um ato de obediência, e fazemos isso para honrar a Deus porque Ele habita em nossa casa, e está dizendo: "Eu quero isso — quero um pouco de paz nesta casa. Eu quero silêncio por aqui. Quero que você esteja cheio de paz".

O que é normal para um cristão? Será que todos nós devemos ficar agitados e ansiosos enquanto tentamos entender uma determinada situação? Devemos ficar zangados enquanto nossa imaginação desenfreada e pensamentos malignos tomam conta de nós? Não. Mas é impressionante quantas pessoas vivem assim; elas vão à igreja no domingo achando que não precisam fazer mais nada além disso.

Ter um relacionamento correto com Deus vai exigir o comprometimento do seu tempo. Você precisará dedicar sua vida interior ao Senhor — não apenas a frequentar a igreja, realizar algumas boas obras e dar um pouco do seu dinheiro. Um espírito tranquilo é provavelmente o maior sacrifício que podemos oferecer a Deus.

Watchman Nee, autor de *O Homem Espiritual*, foi um talentoso pregador do Evangelho na China durante os primeiros anos do século XX. Ele escreveu o seguinte trecho sobre como os cristãos devem ter um espírito tranquilo:

"Procureis viver quietos" (1 Tessalonicenses 4:11). Este é o dever de todo cristão. Os cristãos modernos falam demais. Às vezes as palavras que estão implícitas em seu discurso são de muito maior número do que as palavras por eles faladas. Pensamentos confusos e conversas intermináveis colocam nosso espírito no caminho da divagação, fora do controle da nossa vontade. Um "espírito rebelde" sempre leva as pessoas a andarem segundo a carne. Quão difícil é para os crentes deixarem de pecar quando seus espíritos se tornam ingovernáveis! Um espírito errante invariavelmente acaba tendo uma conduta errada.

Antes que alguém possa demonstrar uma boca silenciosa, precisa primeiro possuir um espírito tranquilo, pois da abundância do espírito fala a boca. Devemos manter cuidadosamente nosso espírito em paz; mesmo quando o tempo for de intensa confusão, nosso homem interior deve ser capaz de conservar uma quietude independente. Um espírito sereno é essencial para qualquer um que queira andar segundo o espírito; sem ele, cair em pecado será inevitável. Se nosso espírito está em silêncio, podemos ouvir a voz do Espírito Santo nele, obedecer à vontade de Deus e entender o que não podemos compreender quando estamos confusos. Tal vida interior sossegada constitui o adorno do cristão, que indica algo manifestado exteriormente.[5]

O que precisamos fazer quando estamos com problemas é ouvir Deus. É por isso que é tão importante ao enfrentarmos uma provação — quando um verdadeiro tumulto está acontecendo exteriormente — que consigamos manter nosso espírito tranquilo. Se ficarmos agitados interiormente, não ouviremos Deus. Não podemos entendê-lo quando estamos confusos e então não podemos obedecer à Sua vontade.

Teremos paz quando aprendermos a manter uma tranquilidade interior. Este não é um trabalho que podemos dar a Deus; temos a função de depender do poder do Espírito Santo pela fé para manter um espírito tranquilo. Então podemos ouvir Deus e obedecer à direção do Seu Espírito. Compartilho um pouco mais sobre como fazer isso em meu livro *Como Ouvir a Voz de Deus.*

---

[5] Tradução livre de *The Spiritual Man* (O Homem Espiritual), Watchman Nee (Nova Iorque: Christian Fellowship Publishers, Inc., 1968), p. 180—181.

Quando ficamos perturbados em nossa carne, liberamos palavras fúteis e prejudicais. Mas aquietar-se não é apenas deixar de falar; tem a ver com viver todos os dias em um estado de calma confiança em Deus que encoraja o Espírito Santo a florescer em nossa casa. A serenidade da presença de Deus nos torna atraentes aos olhos dos outros e é um testemunho poderoso da obra de Deus em nossa vida. Simplesmente amo a paz. Sou viciada em paz. Paulo conhecia o valor da paz, podemos perceber isso quando ele treinava Timóteo, um jovem pregador. Ao dar a Timóteo instruções sobre como lidar com o seu ministério, Paulo lhe disse: "Você, porém, seja sóbrio em tudo, suporte os sofrimentos, faça a obra de um evangelista, cumpra plenamente o seu ministério" (2 Timóteo 4:5).

Este é um bom conselho para todos nós. Se formos calmos e firmes, as pessoas saberão que podem depender de nós. Deus pode depender de nós. Ninguém precisa ficar tentando imaginar como nos comportaremos no dia seguinte. Quando nossos amigos não salvos perceberem que há uma fé calma e firme em nós, eles se abrirão para o nosso testemunho do evangelho. A estabilidade é o fruto gerado por vivermos uma vida pacífica.

A Estabilidade Libera a Capacidade

Creio que estabilidade libera capacidade. Creio também que muitas pessoas têm capacidade porque Deus lhes deu dons, mas elas não são cristãos estáveis, e assim Ele não pode usar os seus dons publicamente no ministério. Elas terminariam ferindo a causa de Cristo em função do seu comportamento imprevisível.

Não podemos ser estáveis somente quando as coisas estão acontecendo conforme nós queremos. Temos de ser estáveis quando enfrentamos problemas e provações, quando as pessoas se levantam contra nós e estão falando de nós. Paulo sabia que a instabilidade poderia ferir o testemunho e a unção de Timóteo e o impediria de ouvir Deus. Não poderemos desfrutar a vida se não desenvolvermos a capacidade de permanecer estáveis em meio à tempestade.

Quando estamos angustiados, geralmente não escutamos. Não escutamos porque não ficamos em silêncio o suficiente para ouvir o que Deus está dizendo. Ele não vai gritar com você. Geralmente Ele fala com uma voz mansa e suave, e para ouvi-lo precisamos manter uma calma interior. Na verdade, a própria paz é uma diretriz que indica se Deus está aprovando algo ou não em sua vida. Todos nós precisamos aprender a seguir a paz se quisermos seguir a Deus.

Você precisa escolher deliberadamente permanecer calmo, colocar a sua confiança em Deus e ser um ouvinte atento à Sua voz. Depois, você precisa estar disposto a fazer os ajustes necessários para ter paz em sua vida.

Alguns podem até dizer: "Bem, não é justo que seja eu quem está sempre mudando e se ajustando para manter a harmonia com todos". Talvez não seja justo, mas Deus fará justiça em sua vida se você fizer o que Ele está lhe pedindo. Talvez não seja justo, mas certamente valerá a pena.

Só porque alguém é difícil de conviver, não precisamos ser difíceis de conviver também. Precisamos parar de deixar que o comportamento negativo das pessoas roube a nossa alegria.

Mencionei que nos primeiros dias do nosso casamento, quando eu tinha ataques de raiva e não falava, Dave simplesmente se mantinha calmo e feliz. Ele perambulava pela casa cantando e assoviando; ele saia para jogar golfe, assistir futebol e brincar com as crianças; ele continuava desfrutando a vida. Enquanto eu estava a ponto de perder o controle, ele permanecia firme e estável, e embora eu ficasse furiosa por não conseguir deixá-lo irritado, ele acabava sempre me conquistando por causa da paz que sempre mantinha.

Pessoas infelizes querem deixar outras pessoas infelizes também; elas ficam irritadas quando estão perto de alguém que é feliz. Mas pessoas cheias de paz podem afetar positivamente pessoas infelizes. Eu via o exemplo de Dave e ficava zangada em função do que ele tinha. Sei, sem sombra de dúvida, que se Dave não tivesse aquela estabilidade em sua vida, eu não estaria no ministério hoje.

Eu precisava ter um exemplo de paz porque cresci em um lar cheio de conflitos. Na verdade, eu nem sabia como ficar em paz quando não gostava das circunstâncias à minha volta. Mesmo se alguém pregasse sobre isso diretamente para mim, não bastaria; *eu precisava ver*. O exemplo dele foi muito importante para o cumprimento do que Deus havia planejado para minha vida.

Então, se você tem um relacionamento com alguém que é como eu era — irado, angustiado, descontrolado, sujeito a ataques de raiva e que faz escolhas erradas — você pode influenciar essa pessoa a receber a graça de Deus para mudar, se você for estável no poder do Espírito Santo.

De nada adiantará deixar folhetos evangelísticos espalhados pela casa ou colocar meus DVDs de ensino para tocar bem alto. Também não adianta deixar livros abertos com passagens sublinhadas para essa pessoa encontrar. A Palavra diz que convencemos não pela discussão, mas pela nossa vida piedosa (ver 1 Pedro 3:1). Naturalmente, às vezes Deus usa o nosso testemunho verbal para ajudar pessoas, mas Ele usa ainda mais o nosso exemplo.

Cresci em um lar no qual nunca sabia o que poderia acontecer de um minuto para o outro. Alguém podia estar feliz em um dia e pronto para me bater no dia seguinte, e eu sequer entendia por quê. Enfrentei muita violência e raiva, em um lar onde as gritarias e as brigas eram diárias.

Talvez você viva em um lar assim agora, mas Deus pode mudar isso se você permanecer nele. Isaías 32:17-18 promete: "O fruto da justiça será paz; o resultado da justiça será tranquilidade e confiança para sempre. O meu povo viverá em locais pacíficos, em casas seguras, em tranquilos lugares de descanso".

1 Pedro 3:2 nos dá as diretrizes para vivermos nossas vidas de forma a ganharmos aqueles que nada sabem sobre a graça de Deus. Embora esse trecho tenha sido escrito àspara com as mulheres e seus maridos, os mesmos princípios se aplicam a todos os nossos relacionamentos. Ele diz que devemos nos conduzir com reverência para com as pessoas, "respeitar, reverenciar, submeter... considerar, apreciar, valorizar e, no sentido humano, adorar" e gostar daqueles que Deus nos deu para amar. A atração das pessoas por nós não será baseada em nosso exterior, no estilo do nosso corte de cabelo, ou em nossas roupas bonitas.

Em vez disso, atrairemos as pessoas a nós pelo "homem encoberto no coração; no incorruptível traje de um espírito manso e quieto, que é precioso diante de Deus" (1 Pedro 3:4). Seremos verdadeiros filhos de Deus se fizermos o bem e não deixarmos que nada nos aterrorize, se não "dermos lugar aos temores histéricos nem deixarmos que as ansiedades nos enervem" (v. 6).

Nossas circunstâncias não mudarão até nós mudarmos. Lembre-se, devemos manter nossa mente firmada em Deus, e Ele nos manterá em perfeita paz. E aquele que der ouvidos à sabedoria "habitará em segurança, e estará livre do temor do mal" (Provérbios 1:33, ACF).

Watchman Nee disse que devemos manter o nosso espírito na posição de "estar leve e livre o tempo todo — tendo em mente que o homem exterior é diferente do interior". Podemos ter tempestades enfurecidas ao nosso redor e ainda assim termos perfeita paz em nosso interior.

Creio já ter lhe dado muita informação sobre como manter a paz em sua vida, mas no próximo capítulo ainda compartilharei com você mais um Mantenedor da Paz, que o ajudará a permanecer dentro da vontade de Deus pelo restante da jornada.

Mantenedor da Paz Nº 21

BUSQUE A PAZ COM DETERMINAÇÃO

O ponto principal que espero que você guarde sobre este estudo é a necessidade de buscar a paz com determinação. Por intermédio de Jesus Cristo, Deus forneceu tudo de que você precisa para desfrutar uma vida de paz. A Palavra nos diz: *"Esforcem-se* para viver em paz com todos e para serem santos; sem santidade ninguém verá o Senhor" (Hebreus 12:14, grifo da autora).

Em diversas versões da Bíblia a palavra em destaque foi traduzida como "sigam, busquem ou esforcem-se de todas as maneiras". É importante entender que Deus espera que interajamos com as pessoas. Conheço crentes que se esquivam de todos, e não acham importante ir à igreja ou passar tempo com as pessoas. Mas o coração de Deus não é assim. Ele quer que encontremos paz *com* as pessoas, e não longe delas. Na verdade, o Senhor nos diz para cuidarmos uns dos outros, ajudando uns aos outros a nos edificar na fé, como estas Escrituras ordenam:

E consideremo-nos uns aos outros para incentivar-nos ao amor e às boas obras. Não deixemos de reunir-nos como igreja, segundo o costume de alguns, mas encorajemo-nos uns aos outros, ainda mais quando vocês veem que se aproxima o Dia (Hebreus 10:24-25).

286 Parte 3 — Fique em Paz Com os Outros

Deus nos dá as Suas bênçãos como um dom gratuito, mas nós as recebemos ou tomamos posse delas pela fé. Se não liberarmos nossa fé nas promessas de Deus, elas não nos ajudarão. Podemos encorajar uns aos outros a permanecermos fiéis. Podemos orar uns pelos outros quando a nossa própria fé enfraquece. Acima de tudo, podemos nos encorajar uns aos outros a buscar a paz com determinação.

Um pacificador determinado permanece vigilante para ter certeza de que ninguém no corpo de Cristo fique excluído da graça de Deus. Hebreus 12:15 nos ordena: "Cuidem que ninguém se exclua da graça de Deus; que nenhuma raiz de amargura brote e cause perturbação, contaminando muitos".

As pessoas poderiam supostamente ter dinheiro no banco, mas viver como se não tivessem nenhum simplesmente por nunca terem ido ao banco sacar esse dinheiro. Jesus fez tudo para que tivéssemos paz, mas precisamos buscá-la. Na verdade, é importante lembrarmos que a Palavra de Deus diz no Salmo 34:14 que devemos *"buscar a paz e nos empenharmos por alcançá-la!"* (grifo da autora). Ler essa passagem bíblica e depois esta outra semelhante em 1 Pedro 3:10-11, foi algo que transformou a minha vida:

> Pois, quem quiser amar a vida e ver dias felizes, guarde a sua língua do mal e os seus lábios da falsidade. Afaste-se do mal e faça o bem; busque a paz com perseverança.

Quando entendi essa passagem da Bíblia, percebi que embora eu orasse regularmente pela paz, havia algo mais que eu precisava *fazer*: eu precisava buscá-la, ir atrás dela com determinação.

Comecei a estudar sobre paz e examinei o que fazia com que eu a perdesse. Decidi que não estava absolutamente disposta a viver a minha vida frustrada e angustiada.

As Coisas Não Mudam Da Noite Para o Dia

Gostaria de poder lhe dizer que as coisas mudaram da noite para o dia; entretanto, isso não aconteceu. Precisei estudar o tema da paz por muito tempo e praticar seus princípios até eles se tornarem um hábito para mim.

Formamos hábitos viciantes ao longo da nossa vida. Aprendemos a reagir de determinada forma e fazemos isso sem sequer pensar. Precisamos quebrar esses hábitos, formar alguns outros, e isso leva tempo. Quero *enfatizar* que tornar-se um pacificador e desenvolver uma forma pacífica de viver levará tempo, do contrário você poderia desanimar no começo e simplesmente desistir. Eu o encorajo a ficar firme na sua busca até obter vitória, porque vale muito a pena.

Um dos hábitos que precisei quebrar foi o de ficar angustiada sempre que as coisas não saíam como eu queria. Examinei meu comportamento para entender por que eu sempre reagia assim. Entendi que havia observado meu pai reagir dessa maneira por anos, durante a minha fase de crescimento. Ele era um homem muito irado e controlador, que sempre ficava furioso quando as coisas não aconteciam da maneira como ele queria.

Conforme já mencionei, a casa onde cresci era muito tumultuada. Essa era a nossa atmosfera normal. Não consigo me lembrar de ter algum dia de paz realmente quando criança. Meu pai era alcoólatra e cometia abuso sexual contra mim, e era violento com quase todo mundo. Minha vida era cheia de medo: de ser machucada, de alguém descobrir o que meu pai estava fazendo comigo, de ninguém nunca descobrir e me ajudar, de que de alguma maneira aquilo pudesse ser culpa minha, de cometer erros porque eu sempre me metia em encrencas quando os cometia. Medo! Medo! Medo! Era isso que a vida era para mim.

Eu nunca aprendi a viver em paz quando era criança, mas graças a Deus nos tornamos novas criaturas quando iniciamos um relacionamento pessoal com Deus e ao colocarmos nossa fé em Jesus Cristo (ver 2 Coríntios 5:17). Falo mais sobre a história da obra redentora de Deus em minha vida em meu livro *Beleza em Vez de Cinzas*. Ele relata nossos testemunhos de que claramente recebemos um novo começo através da fé em Jesus Cristo; podemos ter a nossa mente renovada e aprender a pensar e a reagir corretamente a cada situação da vida.

Deus me abençoou com uma personalidade forte. Isso me ajuda de muitas maneiras, mas também pode ser um grande impedimento, pois não desisto facilmente. Em outras palavras, se decidi que algo deve ser de uma determinada maneira, não é fácil deixar isso para lá e confiar em Deus. Agora, quando preciso avançar e terminar algo e me recuso a desistir, minha personalidade é um benefício. Mas quando realmente não consigo mudar alguma situação e preciso deixá-la de lado e deixar Deus trabalhar, muitas vezes acho isso extremamente difícil. Por isso costumo dizer que é tão importante mudar o que é possível, aceitar o que não podemos mudar, e ter a sabedoria para saber a diferença entre os dois.

Talvez você diga: "Bem, Joyce, eu não fui criado em uma casa tumultuada, e nem tenho o tipo de personalidade que você tem. Mas também não tenho paz! E então, qual é o meu problema?" Satanás trabalha duro durante toda a nossa vida para garantir que não tenhamos justiça, paz e alegria. Ele encontra maneiras de roubar cada um de nós.

Examinamos aqui detalhadamente muitos dos caminhos pelos quais ele tentará roubar a nossa paz, mas o mais importante é estar determinado a ter paz independentemente de quanto tempo isso demore ou do que seja necessário para conseguirmos isso.

Busque a paz, e empenhe-se por alcançá-la! Amo essa afirmação. Cada vez que a ouço ou leio, sinto um ímpeto de determinação dentro de mim para desfrutar a vida que Jesus morreu para me dar.

SATANÁS ROUBA A PAZ

Satanás tenta incansavelmente roubar tudo que Deus preparou para os Seus filhos por intermédio de Jesus Cristo. A paz é um dos seus focos principais; ela é uma das coisas que ele trabalha com afinco extra para nos impedir de desfrutar. Lembre-se, *temos paz* — Jesus a deu a nós — mas *precisamos tomar posse dela*. Satanás faz todo o possível para nos impedir de viver essa paz, começando pelo engano; ele quer nos convencer de que a paz não é possível e sequer é uma opção.

Como podemos permanecer em paz quando a vida parece desmoronar ao nosso redor? Ele grita ao nosso ouvido quando temos uma situação desafiadora: "O que você vai fazer? O que você vai fazer?".

Frequentemente não sabemos o que fazer, no entanto, Satanás nos

Mantenedor da Paz Nº 21   289

pressiona para darmos respostas que não temos. Ele tenta nos fazer acreditar que é nossa responsabilidade resolver os nossos problemas quando a Palavra de Deus afirma claramente que nossa função como crentes é crer. Cremos, e Deus opera em nosso favor para trazer respostas capazes de suprir nossas necessidades.

Um bom exemplo aparece em Êxodo 14. Os egípcios estavam perseguindo os israelitas; todos os carros e cavalos de Faraó, seus cavalheiros e o seu exército estavam perseguindo o povo de Deus. Quando os israelitas se viram encurralados entre o Mar Vermelho e o exército egípcio, parecia não haver esperança para aquela situação. Eles não podiam ver uma saída, então, naturalmente, ficaram com medo e angustiados. Começaram a reclamar e a fazer acusações contra seu líder, Moisés. Ele respondeu ao povo: "Não tenham medo. Fiquem firmes e vejam o livramento que o Senhor lhes trará hoje, porque vocês nunca mais verão os egípcios que hoje veem. O Senhor lutará por vocês; tão-somente acalmem-se" (Êxodo 14:13-14).

Naquele momento, pode ter parecido tolice para os israelitas ficar parados, manter a paz e permanecer descansados, mas essa foi a instrução de Deus para eles — era a maneira de conseguirem a libertação. Quando permanecemos sossegados em meio a circunstâncias tumultuadas, isso mostra claramente que estamos confiando em Deus. Costumamos dizer: "Deus, confio em Ti", mas os nossos atos mostram que isso não é verdade.

As mentiras de Satanás roubam a nossa paz; entretanto, a verdade nos liberta. A mentira de Satanás é: precisamos cuidar de nós mesmos. A verdade é: Deus cuidará de nós quando colocarmos nossa confiança nele. Quando comecei a praticar esse "princípio da paz" de simplesmente confiar em Deus, na verdade eu me sentia culpada, como se não estivesse fazendo a minha parte. Eu sentia a obrigação de me preocupar e tentar calcular como resolver o problema que estava enfrentando naquele momento. Isto, sem dúvida, é exatamente o que Satanás quer. Ele deseja mais do que tudo nos instigar para tomarmos atitudes desnecessárias. Então acabamos ficando exaustos e desanimados.

Para desfrutar uma vida de paz, você precisa examinar sua própria vida para aprender quais são os "ladrões da sua paz". Satanás muitas vezes usa as mesmas coisas para atingir a todos, mas também usa coisas específicas para atingir cada um de nós individualmente. Por exemplo, uma pessoa pode ficar muito perturbada por ter de fazer duas coisas ao mesmo tempo, enquanto outra pode na verdade se sentir desafiada e fortalecida exercendo tarefas múltiplas e executando diversos projetos simultaneamente. Todos nós somos diferentes, por isso precisamos aprender a conhecer a nós mesmos.

Meu marido não se preocupa nem um pouco quando ouve que alguém está falando a seu respeito de forma pouco cortês, mas se perturba facilmente quando um motorista não fica na sua faixa no trânsito ou corta a nossa passagem. Eu sou exatamente o oposto. Embora não goste de ver pessoas dirigindo de modo perigoso, isso não me perturba tanto quanto ouvir falar que estou sendo acusada injustamente.

Quando nossos filhos passam por dificuldades, Dave diz que isso é bom para eles e ajudará a formar o caráter deles; por outro lado, quero ajudá-los. Como somos todos diferentes, Satanás usa métodos diferentes para cada um de nós, e ele geralmente já nos estudou por tempo suficiente para saber exatamente que botões acionar e quando.

Posso tolerar melhor as dificuldades quando não estou cansada, e o diabo sabe disso, então ele espera para atacar quando eu estou esgotada. Aprendi, buscando a paz, aquilo que Satanás já sabia a meu respeito, e agora tento não ficar excessivamente cansada, pois sei que quando fico assim isso, estou abrindo uma porta para Satanás.

Será praticamente impossível desfrutar uma vida de paz se você não procurar conhecer quais são os ladrões da sua paz. Mantenha uma lista de todas as vezes que você fica irritado. Pergunte a si mesmo o que gerou esse problema, e anote a resposta. Seja sincero consigo mesmo, ou você nunca conseguirá se libertar.

Talvez você tenha coisas como estas em sua lista:

- Não consegui que as coisas corressem do jeito que eu queria.
- Precisei me apressar.
- Fiquei impaciente e irada.
- A pressão financeira me deixou irritada.
- Eu estava cansada demais para resolver qualquer coisa.

- Precisei lidar com uma determinada pessoa que sempre me deixa frustrada.
- Uma amiga me deixou constrangida.
- Fiquei presa em um congestionamento.
- Fui atendida por uma balconista muito lenta.
- Encontrei uma mancha em meu vestido.

Você terá muitas coisas diferentes em sua lista, mas ela o ajudará a perceber o que o incomoda. Lembre-se, não podemos fazer nada a respeito daquilo que não reconhecemos. O fato de que a verdade nos liberta é algo maravilhoso que é mencionado na Palavra de Deus e que realmente transformou a minha vida. É claro que para poder ajudar alguém a verdade precisa ser encarada. Essa geralmente é a parte mais dolorosa. Por que a verdade dói? Simplesmente por não gostarmos de nos ver como realmente somos, por isso passamos toda a vida desenvolvendo sistemas de fuga, dando desculpas e culpando os outros pelos nossos problemas.

Durante muitos anos, todas as vezes que ficava irritada eu sempre achava que isso era culpa de outra pessoa. Eu pensava: *se Dave pelo menos agisse de um modo diferente, eu não ficaria irritada. Se a vida não fosse um desafio tão grande, eu poderia viver em paz. Se meus filhos se comportassem melhor, eu poderia ter paz.* Na minha mente, perder a minha paz nunca era culpa minha; era sempre culpa de alguma coisa ou de alguém.

Somente quando assumi a responsabilidade pelas minhas reações e decidi buscar a paz foi que comecei a ver mudanças. Dar desculpas e colocar a culpa nos outros não adianta nada. Se esse tem sido o seu comportamento padrão, como foi o meu um dia, eu o encorajo firmemente a pedir ao Espírito Santo para lhe revelar a verdade *sobre você,* e assim você começará a conseguir desfrutar uma vida de paz.

PAZ É IGUAL A PODER

Aprendi ao longo da minha experiência, assim como na Palavra de Deus, que paz é sinônimo de poder. Este é um dos grandes motivos pelos quais Satanás tenta roubar a nossa paz o tempo todo. Ele quer que todos os filhos de Deus sejam fracos e sem poder, e não fortes e poderosos.

292 Parte 3 — Fique em Paz Com os Outros

Manter a sua paz é ter poder sobre Satanás. Considere este versículo da Bíblia: "Sem de forma alguma deixar-se intimidar por aqueles que se opõem a vocês. Para eles isso é sinal de destruição, mas para vocês de salvação, e isso da parte de Deus" (Filipenses 1:28).

Podemos ver que permanecer em paz é um sinal claro para Satanás da sua derrota iminente. *Paz é poder!*

Estudamos em um capítulo anterior que a Bíblia nos ensina que permanecer calmos e dar uma "resposta branda" desvia a ira (Provérbios 15:1). Em outras palavras, se alguém está furioso e gritando, responder-lhe de forma calma e suave mudará a situação e dará fim à possibilidade de uma discussão. Que tremendo! Mas para que isso funcione, uma das pessoas envolvidas precisa estar disposta a se humilhar e a reagir da maneira oposta ao que ela possa estar sentindo. Alguém precisa escolher ser um pacificador em todas as situações.

A Bíblia ensina que "ao servo do Senhor não convém brigar, mas, sim, ser amável para com todos, apto para ensinar, paciente" (2 Timóteo 2:24).

Por que o servo do Senhor deve ser um pacificador? Creio que o Senhor nos instrui a evitarmos brigas porque elas não apenas ferem o nosso testemunho ao mundo, como também nos torna impotentes. Precisamos andar neste mundo com poder — poder contra as forças das trevas. Satanás procura atiçar conflitos entre as pessoas, pois nós só andamos com poder quando andamos cheios de paz.

Em 2 Timóteo 2 a Bíblia continua nos dizendo claramente como um pacificador deve ser treinado na habilidade de manter a paz com os outros:

> [Deve] ser amável para com todos, apto para ensinar, paciente. Deve corrigir com mansidão os que se lhe opõem, na esperança de que Deus lhes conceda o arrependimento, levando-os ao conhecimento da verdade, para que assim voltem à sobriedade e escapem da armadilha do diabo, que os aprisionou para fazerem a sua vontade (2 Timóteo 2:24-26).

Percebi que frequentemente Dave e eu começávamos a discutir ou passávamos por confusões imediatamente antes de sairmos para ministrar às pessoas ou para dirigir um seminário. Levamos algum tempo para perceber o plano de Satanás, mas acabamos percebendo que o diabo estava preparando uma armadilha para nos deixar irritados, a fim de conseguir roubar o nosso poder.

Provérbios 17:1 diz que uma casa cheia de sacrifícios e com contendas não agrada ao Senhor. Em outras palavras, poderíamos fazer todo tipo de sacrifícios de tempo e esforço para tentar ajudar as pessoas, mas Deus não se agrada disso se não estivermos em paz.

Buscar a paz significa fazer um esforço. Não podemos manter a paz apenas com nosso próprio esforço carnal; precisamos da ajuda de Deus e precisamos de graça, que é o Seu poder nos ajudando e nos capacitando a fazer o que precisa ser feito. Nosso esforço deve ser *em Cristo*. Frequentemente tentamos simplesmente fazer o que é certo sem pedir a ajuda de Deus, e esse tipo de empenho carnal nunca dá bons frutos. A Bíblia chama isso de "obra da carne". É o esforço humano tentando fazer o trabalho de Deus.

O que estou dizendo é: esteja certo de depender de Deus e de pedir a Sua ajuda. Quando obtiver êxito, dê a Ele o crédito, a honra e a glória, porque o sucesso é impossível sem Ele. Jesus disse: "Sem Mim, nada podeis fazer" (João 15:5).

A maioria de nós leva muito tempo para crer nessa Escritura o suficiente para parar de tentar fazer coisas sem depender de Deus. Tentamos e falhamos; tentamos e falhamos; isto acontece várias vezes em seguida até finalmente nos esgotarmos e entendermos que o próprio Deus é a nossa força, o nosso sucesso e a nossa vitória. Ele não apenas nos dá força — Ele é a nossa Força. Ele não apenas nos dá a vitória — ELE é a nossa Vitória. Sim, fazemos algum esforço para manter a paz, mas não ousamos fazer esforço sem depender do poder de Deus fluindo através de nós; se fizermos isso, o fracasso é certo.

O Senhor abençoa os pacificadores, aqueles que trabalham pela paz e a estabelecem. Os pacificadores são comprometidos com a paz: anseiam, buscam por ela e a perseguem. Jesus prometeu: "Bem-aventurados os pacificadores, porque serão chamados filhos de Deus!" (Mateus 5:9).

Os pacificadores dão o primeiro passo para resolver a situação quando existe discórdia, desarmonia ou desunião. Eles trabalham em prol da paz;

não apenas esperam ou desejam a paz, e também não apenas oram por ela. Eles buscam a paz com determinação no poder de Deus.

Assuma o compromisso de buscar a paz de hoje em diante: de descobrir tudo que puder sobre quais são os ladrões da sua paz, de conhecer a si mesmo e encarar a verdade que o libertará.

Assuma a identidade de um pacificador, de alguém que trabalha pela paz e que estabelece a paz com Deus, consigo mesmo e com os outros.

Sobre a Autora

Joyce Meyer é uma das líderes no ensino prático da Bíblia no mundo. Renomada autora de best-sellers pelo *New York Times*, seus livros ajudaram milhões de pessoas a encontrarem esperança e restauração através de Jesus Cristo.

Através dos *Ministérios Joyce Meyer*, ela ensina sobre centenas de assuntos, é autora de mais de 80 livros e realiza aproximadamente quinze conferências por ano. Até hoje, mais de doze milhões de seus livros foram distribuídos mundialmente, e em 2007 mais de três milhões de cópias foram vendidas. Joyce também tem um programa de TV e de rádio, *Desfrutando a Vida Diária*®, o qual é transmitido mundialmente para uma audiência potencial de três bilhões de pessoas. Acesse seus programas a qualquer hora no site www.joycemeyer.com.br

Após ter sofrido abuso sexual quando criança e a dor de um primeiro casamento emocionalmente abusivo, Joyce descobriu a liberdade de viver vitoriosamente aplicando a Palavra de Deus à sua vida, e deseja ajudar outras pessoas a fazerem o mesmo. Desde sua batalha contra um câncer no seio até as lutas da vida diária, Joyce Meyer fala de forma aberta e prática sobre sua experiência, para que outros possam aplicar o que ela aprendeu às suas vidas.

Ao longo dos anos, Deus tem dado a Joyce muitas oportunidades de compartilhar seu testemunho e a mensagem de mudança de vida do Evangelho. De fato, a revista *Time* a selecionou como uma das mais influentes líderes evangélicas dos Estados Unidos. Sua vida é um incrível testemunho do dinâmico e restaurador trabalho de Jesus Cristo. Ela crê e ensina que, independente do passado da pessoa ou dos erros cometidos, Deus tem um lugar para ela, e pode ajudá-la em seus caminhos para desfrutar a vida diária.

Joyce tem um merecido PhD em teologia pela Universidade Life Christian em Tampa, Flórida; um honorário doutorado em divindade pela Universidade Oral Roberts em Tulsa, Oklahoma; e um honorário doutorado em teologia sacra pela Universidade Grand Canyon em Phoenix, Arizona. Joyce e seu marido, Dave, são casados há mais de quarenta anos e são pais de quatro filhos adultos. Dave e Joyce Meyer vivem atualmente em St. Louis, Missouri.